KB253826

하나님이 원하시는 기도

하나님이 원하시는 기도

초판 인쇄일 · 2002년 9 월 15일
초판 발행일 · 2002년 9 월 25일

발행인 · 설 영 환
지은이 · 양 승 호
발행처 · 도서출판 생명의 샘
주소 · 서울시 송파구 삼전동 65번지
전화 · 02) 419-1451
팩스 · 02) 419-1452
등록 · 제22-657호(2001. 7. 31.)

값 8,000 원

* 잘못된 책은 바꾸어 드립니다.

ISBN 89-86751-11-9 03230

그리스도인의 기도와 삶에 대한 연구

하나님이 원하시는 기도

양승호 지음

생명의샘

기도를 주신 목적과 기도의 참된 기능

주님께서 가르치신 기도에 대해 쓴 종래의 책들이 주님께서 의도하신 정신에서 벗어난 감을 느꼈는데 이번에 깊은 성경신학적 통찰을 통해 그 정신을 바르게 드러내고 우리의 신앙생활 전반을 돌아보게 만드는 책이 나의 사랑하고 소중한 제자인 양승호 목사의 저작으로 나오게 되어 먼저 환영하면서 축하한다.

저자가 누누이 강조하는 우리 하나님께 대한 바른 인식의 중요성과 기도를 주신 목적과 기도의 참된 기능은 우리가 곱씹어 보아야 할 것들이다. 이 책을 통해 우리의 기도와 경건 생활을 성화시킬 만큼 커다란 변화를 가져다주리라고 확신하는 것이다.

또한 깊은 주경 신학적 말씀 강해들은 성경 해석에도 신선한 충격을 가져다줄 것이고 구구절절이 저자의 말대로 "아무런 제한 없이 하나님의 영광을 반영하여 드러낼 만한 인격과 삶"에의 거룩한 열심을 불러일으킬 것이다. 하나님과 동행하는 참된 경건을 위한 저자의 제안은 우리가 따라야 할 본이다.

오늘날 한국 기독교 신앙의 저변에 깔려 있는 현세적이고 물질적인 기복 신앙은 기도의 목적과 기능을 많이 왜곡시켰다. 돈, 권세, 명예, 지위 획득을 성공의 척도로 받아들이고 남을 앞서고 이기려는 세속적인 정신이 우리를 지배한다. 하나님의 능력을 자기 소원 성취를 위해 끌어쓰는 수단으로 기도가 오용되고 있다.

그래서 주기도문이 주문처럼 외워지고 기도가 주술처럼 이용되는 암울한 때에 이 책은 주기도문에 올바른 이해와 더불어 참된 경건과 종교가 무엇인가를 가르쳐 우리 가운데 하나님께서 원하시는 삶을 회복시켜 주는 데에 크게 공헌하리라고 생각된다.

이와 같은 책이 나온 것 자체가 신선한 충격이다. 모든 그리스도인들이 곁에 두고 하나님 앞에서 본상을 이루고 자신의 신앙과 심령의 부흥을 위하여 늘 음미해야 할 것으로 믿어 이 책을 추천한다.

한국대학생선교회 대표 김 준 곤 목사

**"너희는 먼저 그의 나라와 그의 의를 구하라
그리하면 이 모든 것을 너희에게 더하시리라. (마 6:33)"**

사람에겐 누구나 각자의 인생의 목적과 목표들이 있어 그에 따라 이것을 성취하기 위해 사는데 이것이 그의 인생이 됩니다. 다시 말해서 무엇인가에 마음을 두고 살아가는 것이 그의 인생을 이루는 것입니다. 그런데 이러한 인생은 그 관점이나 방향이 다르거나 또는 같을지라도 이해의 깊이가 다르면 서로 충돌하기도 합니다.

더욱이 성공의 기준을 돈, 권세, 명예, 지위 등으로 가늠하는 세상에서 어두움의 권세와, 남을 앞서고 이기려는 자기 주장을 하려는 의지의 지배를 받기 때문에 이러한 경향은 더욱 심각해집니다. 그래서 인간이 사는 곳인 사회와 자신과의 문제는 항상 있습니다. 갈등이 없는 곳이 없고 그칠 날 또한 없어 보입니다.

이러한 인생들에게 주님께서 기도를 주신 까닭은 무엇입니까? 인생들과 인간 사회에서 무엇을 일깨우고자 하시는 것입니까? 다만 자신들의 야망만을 효과적으로 달성하도록 매진하게 하는 수단으로 기도를 주신 것입니까? 세상이 가지지 못한 또 다른 힘을 소유하여 좀더 유력한 사람이 되고 권모술수에 능하게 되어 승리하는 적자생존, 자

연도태, 약육강식의 사회를 발전시켜 나가라고 한 것입니까? 아닙니다. 결코 아니라고 주님께선 말씀하십니다

"저희를 본받지 말라(마 6:8a), 너희는 무엇을 먹을까 무엇을 마실까 하여 구하지 말며 근심하지도 말라 이 모든 것은 세상 백성들이 구하는 것이라(눅 12:29~30)."

그러면 기도를 주신 목적과 기도의 기능은 무엇입니까? 후히 주시고 꾸짖지 않으시며 우리의 필요를 아시고 계시면서도 불구하고 기도하라고 하신 것은 무슨 까닭입니까? "구하기 전에 너희에게 있어야 할 것을 하나님 너희 아버지께서 아시느니라(마 6:8b), … 너희 아버지께서 이런 것이 너희에게 있어야 될 줄을 아시느니라 … 하물며 너희일까 보냐(눅 12:30, 28)"

위의 말씀들은 자신의 목적 달성이나 무엇인가 세상적인 자신의 어떤 것만을 얻기 위한 수단으로 기도를 주신 것이 아니며 더욱이 적극적인 사고비법, 출세, 성공 비법을 고취시키기 위해 기도를 주신 것도 아니라 그 이상의 목적과 기능이 있음을 깨닫게 합니다.

그리스도인들이 잊어서는 안 될 것은 하나님께서 주신 다른 은혜들도 마찬가지지만 기도도 세상에 거룩한 성격을 지닌 하나님의 백성을 지어 아무런 제약이 없이 하나님의 영광을 반영하여 드러내게 하시며 하나님의 나라를 확립하셔서 하나님께서 영광을 받으시려고 주셨다는 것입니다.

"이 백성은 내가 나를 위하여 지었나니 나의 찬송을 부르게 하려 함이니라(사 43:21), … 이는 그리스도 안에서 전부터 바라던 우리로 그의 영광의 찬송이 되게 하려 하심이라 … (엡 1:3~14), 이는 곧 물

로 씻어 말씀으로 깨끗하게 하사 거룩하게 하시고 자기 앞에 영광스러운 교회로 세우사 티나 주름잡힌 것이나 이런 것들이 없이 거룩하고 흠이 없게 하려 하심이니라(엡 5:26~27)."

성경에서 '짓는다' 라는 말은 지혜와 심혈을 다해 무엇인가를 공교하게 깎아 내는 조각가의 사역을 나타내는 말입니다. 그와 같이 구원은 죄와 사망의 권세로부터 구속, 건져내어 그리스도 예수 안에서 선한 일을 위하여 새 생명을 주시며 새롭게 지어 주시는 하나님의 사역입니다(골 1:13~14; 엡 2:1~10).

따라서 하나님께서 우리를 사랑하여 그리스도의 속죄 사역을 통해 구속하여 주시고 새 생명 주시고 세상의 모든 것 가운데 역사하시며 이모저모로 이끄시어 세워 가시는 것은 우리로 하여금 하나님의 백성으로 뚜렷하게 세움 받아 하나님의 영광을 드러내도록 하기 위한 것입니다. 다만 세상사나 자기 욕망에 사로잡혀 살다가 흙으로 돌아가는 부질없는 인생을 살도록 하신 것이 아닙니다.

그런데 거룩한 목적을 가져 중요한 기능을 하는 기도를 무시하고 특히, 하나님과의 거룩한 교제와 자신의 경건을 증진시키는 은혜의 방편으로, 하나님의 백성을 세우고 하나님의 나라를 확립하며 하나님의 뜻을 이룩하며 하나님께서 영광을 받으시는 것을 생각지 않을 때가 많습니다. 오히려 무엇인가 자기 삶의 수단으로, 자기 야망을 효과적으로 달성하는 수단으로 기도를 오용한다면 어찌되겠습니까? 바울은 "우리가 하나님과 함께 일하는 자로서 너희를 권하노니 하나님의 은혜를 헛되이 받지 말라(고후 6:1)"고 했습니다.

그럼에도 불구하고 돌이켜 보면 오늘날 하나님과 교통하는 은혜의 방편으로 주신 기도만큼 남용되고 헛되이 받는 은혜도 없을 것입니다. 따라서 우리는 우리의 기도 생활을 반성하고 기도에 대하여 다시 배워 기도 생활을 새롭게 해야 합니다. 잠언은 "사람이 귀를 돌이키고 율법을 듣지 아니하면 그의 기도도 가증하니라(잠 28:9)"고 하고 있습니다. 그리고 "너희는 먼저 그의 나라와 그의 의를 구하라 그리하면 이 모든 것을 너희에게 더하시리라"는 말씀은 그리스도인들에게는 세상을 구원하여 하나님의 나라를 건설하시려는 하나님의 경륜에 참여하는 것을 인생의 목적 삼고 여기에 최우선 순위를 두고 이에 따라 모든 삶을 규정하여 사는 뚜렷한 삶의 자세와 태도가 삶의 기본이라는 뜻입니다. 세상 사람들은 세상에서 누릴 물질과 쾌락과 출세와 성공과 명예 등 세상적인 것들을 얻는 것에 매여 삽니다.

그러나 그리스도인들은 이와는 대조적으로 하나님의 나라와 의를 추구하며 이 원칙 아래서 삶을 이루어 가는 생활방식이 그렇다는 말입니다. 따라서 이러한 그리스도인들의 기본이 우리 각자에게는 얼마나 자리 잡혀 있는가를 냉정하게 돌아보아야 하겠습니다.

주님께서 가르쳐 주신 기도를 이와 같은 점들을 염두에 두고 해명하여 우선 이 글을 쓰고 있는 저 자신부터 반성하고 배우려고 합니다. 후반부에 부록으로 실은 "불의한 재판관의 비유"는 자의적인 기도라도 자꾸 번거롭고 귀찮게 졸라대면 하나님께서 마지못해서 응답하시고 만다는 식의 잘못된 기도의 문제들을 다루었습니다.

이 책의 참고문헌은 주로「International Standard Bible Encyclopedia」4 vols(편집장 G.W.Bromiley)과 O.Hallesby의 「기도」와 김홍전 박사의 「신앙의 도리」 등입니다. 본래 강의안으로 준비하여

가르치던 것을 책으로 편집하였기 때문에 참고문헌을 다 제시하지 못한 부분도 있을 것입니다. 그런 부분은 양해를 구합니다. 또한 이 책이 논문이기보다는 경건 서적이므로 참고문헌들은 출전만을 간단히 기록하였습니다.

아무쪼록 이 글을 통해서 우리의 삶과 교회와 우리가 몸을 담고 있는 사회와 세상에 오직 하나님의 뜻이 이룩되고 확립되게 하는 데에 일익을 담당하기를 기도합니다. 하나님의 나라의 진흥과 복음의 진보가 이루어지기를 소원합니다. 깨달은 만큼 인격과 삶을 소유하여 나아가며 그리스도인들이 아무런 제약 없이 하나님의 영광을 반영하여 드러낼 만한 성숙된 인격과 믿음과 경건의 자리에 이르는 데에 일조하여 하나님께 영광이 되기를 기도합니다.

양 승 호 목사

목 차

기도는 하나님과 교제하는 은혜의 방편으로 그리스도인의 삶의 으뜸과 중심이 되어야 합니다. 기도는 필수적이고 근본적인 부분입니다. 성경공부나 예배를 시작하거나 마감하는 데에 쓰이는 요식 행위나 부수적인 것이 결코 아닙니다. 예수님의 생애에서도 기도는 필수적이고 근본적이었음을 볼 수 있습니다. 그분은 하나님이셨으면서도 자주 사역을 중단하시고 기도하시려고 한적한 곳을 찾으셨고 그것도 다른 모든 사역을 시작하기 전인 새벽 미명이었습니다(눅 5:16; 마 14:23). 아버지와 함께 영광중에 선재하셨기에 그의 뜻을 잘 알고 계셨겠지만 아버지와 기도를 통해 항상 깊은 친교를 가지셨습니다. 그래서 아버지의 뜻을 벗어나신 적이 없으셨고 하나님의 뜻을 행하신다는 확신을 가지셨으며[1] 그의 계시의 총화성취이셨습니다(요 3:32; 5:17~19, 30; 8:29; 11:41, 42; 마 26:36~46).

---

1) Denis Lane, God's powerful weapon (Singapore : OMF, 1984), 7~8. Denis Lane 의 책은 선교기도를 가르치기 위한 짧은 내용이지만 몇 가지 핵심적인 내용을 담고 있습니다.

그러므로 우리는 마땅히 시간을 따로 내어 기도하는 시간을 가져야 하고 기도에 힘써야 할 것이며 쉬지 말고 기도해야 할 것입니다. 그러나 주의할 것은 돈이나 젊음이나 재능, 시간도 마찬가지지만 기도도 은혜의 방편으로 주셨는데 자기의 야망을 성취하려는 수단으로 오용하면 하나님과 거룩한 교제와 자신의 경건의 증진 대신에 오히려 파멸을 초래하게 됩니다. 젊음이나 돈이 좋은 것이지만 잘못 사용하면 자기 파멸을 초래하는 것과 같습니다.

그러므로 우리는 기도에 대해서 바르게 배워 은혜의 방편으로 주신 기도를 헛되이 받지 않고 기도를 주신 목적과 기능이 이루어지는 기도생활을 해야 할 것입니다(고후 6:1).

그러면 기도의 목적과 기능은 무엇입니까? 후히 주시고 꾸짖지 않으시며 우리의 필요를 아심에도 불구하고 기도하라고 하신 것은 무슨 까닭입니까?

사람마다 인생의 목적과 목표가 있고 그 목적과 목표를 향하여 나아가고 그에 따른 소원이 있어서 그 소원 성취를 위하여 추구하며 사는데 이것이 그의 인생이 됩니다.

그런데 우리는 성공의 기준을 돈, 권세, 명예, 지위 등으로 생각하여 그것들을 획득하고자 경쟁하는 세상에 살고 흑암의 권세와 남을 앞서고 이기려는 자기 의지의 지배를 받기 때문에 크고 작은 심각한 갈등이 끊임없이 일어납니다.

그러면 기도를 주신 까닭은 무엇입니까? 그의 인생에서 무엇을 일으키고자 하시는 것입니까? 다만 자신들의 야망만을 달성하려고 매진하게 하는 수단으로 기도를 주신 것입니까? 이런 것들을 잘 생각해 보면 무엇인가 얻기 위한 수단으로 기도를 주신 것이 아니라 그 이상의 목적과 기능이 있음을 알게 될 것입니다. 그것은 무엇입니까?

기도하는 시간이 얼마나 은혜의 시간이고 풍성한 시간이라는 것을 경험해 본 사람들이라면 다 잘 알 것입니다. 기도하는 시간에 참된 기쁨이 있고 안식이 있습니다. 그리고 독수리처럼 새로운 청춘으로 새 힘이 솟아나는 원천이 되며 하나님의 뜻을 깨닫고 그 뜻을 따르려고 마음이 정해져서 큰 확신과 능력이 넘치는 시간이며 우리 하나님과 깊은 교통 가운데서 하나님과 그의 영광과 선하심을 경험하는 시간이기도 합니다.

그러면 기도의 목적과 기능을 몇 가지로 요약해 보겠습니다. 기도는 무의미한 말의 성찬이 아니라 하나님과 깊이 교제하는 가장 숭고한 영적 활동이요, 예배입니다. 기도는 안식이요, 노역이며, 영적인 활력의 회복을 가져다줍니다. 받은 은혜의 보존과 증진을 가져오고 자신을 지탱하며 거룩을 지켜 줍니다. 또한 하나님의 나라의 거룩한 사상이 생각과 삶 속에 뿌리내려 열매 맺게 하고 자기를 부인하고 자기와 자기의 삶 가운데 하나님의 뜻을 수용, 온전히 받들어 그의 형상을 이루는 성화에로 정진함이며 자신의 경건을 증진시켜 줍니다. 타락한 세상에서 영적으로 깨어 있게 하여 자신을 지키고 어두움의 세력과 싸우는 영적인 전쟁이며 무기이며 자신을 들어올려 부패된 본성이 고개를 들고 발휘되는 것을 막는 능력이기도 합니다. 나아가서는 세상에 거룩한 성격을 지닌 하나님의 백성을 지어 세우고 하나님의 나라를 확립하셔서 하나님께서 영광을 받으시는 것입니다.

"이 백성은 내가 나를 위하여 지었나니 나의 찬송을 부르게 하려

함이니라(사 43:21), … 이는 그리스도 안에서 전부터 바라던 우리로 그의 영광의 찬송이 되게 하려 하심이라 … (엡 1:3~14)."

여기서 짓는다는 말은 무엇인가를 지혜와 심혈을 다해 공교하게 깎아 내는 조각가의 사역을 나타내는 말입니다. 그러니까 하나님께서 우리를 사랑하여 그리스도의 속죄 사역을 통해 구속하여 주시며 새 생명 주시고 세상의 모든 것 가운데 역사하시며 이모저모로 돌보시고 이끄시며 세워 가시는 것은 하나님의 백성으로 뚜렷하게 세움 받아 하나님의 영광을 아무런 제약이 없이 반영하여 드러내어 하나님의 영광을 선양하기 위한 것입니다. 단지 세상사나 자기 욕망에 사로잡혀서 살다가 흙으로 돌아가는 부질없는 인생을 살게 하신 것이 아닙니다.

"우리는 그의 만드신 바라 그리스도 예수 안에서 선한 일을 위하여 지으심을 받은 자니 이 일은 하나님이 전에 예비하사 우리로 그 가운데서 행하게 하려 하심이니라(엡 2:10), 그가 우리를 흑암의 권세에서 건져 내사 그의 사랑의 아들의 나라로 옮기셨으니 그 아들 안에서 우리가 구속 곧 죄 사함을 얻었도다 … 이제는 그의 육체의 죽음으로 말미암아 화목케 하사 너희를 거룩하고 흠 없고 책망할 것이 없는 자로 그 앞에 세우고자 하셨으니(골 1:13~23)"

이와 같은 기도의 거룩한 목적과 중요한 기능을 무시하고 특히 하나님과 거룩한 교제와 자신의 경건을 증진시키는 은혜 방편으로 기도를 생각지 못하고, 하나님의 백성으로 세움 받고 하나님의 나라가 확립되며 하나님의 뜻이 이룩되며 하나님께서 영광을 받으시는 것을 생각지 않고 단지 자기 야망을 효과적으로 달성하는 수단으로 기도를 오용한다면 어찌되겠습니까?

예수님의 제자가 되는 첫걸음은 자기를 부인하는 것이며 그 다음 자기 십자가를 지고 예수의 발자취를 따르는 삶인데 오늘날 많은 사람들은 잘못된(아니 잘못된 것인지 어떤 것인지도 분별할 필요도 느끼지 못하고) 자신의 야망이나 욕망을 극복하기는커녕 종교를 이용하여 그것들을 더 채우고 달성하려고 합니다.

기도는 또한 말보다 깊은 것으로 말로 나타나기 전에 영혼 속에 이미 있습니다. 하나님의 존전에서 하나님 중심의 삶을 살게 합니다. 하나님을 찾고 그를 의식하며 그의 음성을 듣고 그의 뜻을 분별하며 거기에 자기를 헌신해 가는 것입니다. 그래서 우리의 필요를 아시지만 기도하라고 하셨습니다(마 6:8).

그러므로 기도는 하나님으로 하여금 나의 소원을 이루어 주시도록 만드는 수단이 아니라 나를 부인하고 변화시키는 능력입니다. 하나님께서 일하시도록 자기를 내어 드리며 성령님께서 활동하실 수 있도록 마음을 그의 활동무대로 내어 드리는 것입니다. 자신이 변화를 가져와 하나님의 영광을 아무런 제약 없이 반영하여 드러내는 하나님의 거룩한 백성으로 세움 받는 것입니다. 그리하여 하나님을 드러내며 나의 뜻이 아니라 하나님의 뜻이 이룩되게 하는 기도 생활이 되어야 합니다. 하나님과 이웃이야 어찌되든 내 야망과 욕망만 이루어지기만을 고집하여 나아가는 것이 아닙니다. 비록 내 뜻과는 거리가 멀고 내게는 불만족이라도 하나님의 뜻이 이루어지는 것을 즐거워하며 살아가는 기도 생활이 되어야 합니다.

그러기 위해서는 기도 응답에 있어서도 나의 좁은 소견으로 드린 기도를 절대화하여 고집하지 말아야 합니다. 오히려 하나님의 뜻과 계획이 이루어지고 하나님께서 기뻐하시는 뜻 가운데서 이루어지기를 바라며 하나님께서 자기의 영광을 위해 그의 권능과 지혜 가운데서 이루어 주실 것을 믿어야 합니다. 그의 뜻에 응답을 맡기고 기대하며 비록 그것이 내게 만족스럽지 못하더라도 최선으로 받고 하나님께서 그렇게 응답하시는 그의 사랑과 지혜를 깨달아 가고 그의 거룩한 뜻과 선을 깨달아 그의 성품을 배워 닮아 가는 것입니다. 하나님의 자녀로서 거룩한 성품과 자기를 형성해 가는 것입니다. 이렇게 해서 인격과 삶이 하나님께서 받으실 만하게 되며 그 앞에서 의의 삶이 이루어집니다. 그리하여 하나님께서 예비하신 이상적인 인간상에 이르는 것, 이것이야말로 참된 종교요 경건입니다.

그리고 기도를 필요로 하는 사람이 얼마나 많고 기도가 필요한 부분은 또 얼마나 많습니까? 영적인 최전선 선교지의 선교 사역과 선교사들을 위해, 어두움의 권세와 싸우는 사명자들을 위해, 질병과 시험에 직면한 성도들을 위해, 성도들의 성숙된 믿음과 인격과 삶을 위해, 복음의 진보와 하나님의 나라의 진흥을 위해, 시험으로 가득 찬 세상 가운데 우는 사자처럼 삼킬 만한 성도들을 찾는 사탄을 대적하기 위해, 성도들의 삶을 지고 가는 사역자들을 위해 기도해야 하는 등 얼마나 많은지 모릅니다.

그러므로 기도 없이 하루를 시작하는 것은 눈감고 산길을 가는 것과 같아 넘어지거나 시험에 들기 십상이며 기도 없이 하루를 지내는 것은 하나님의 나라에 대해 무관심한 행위이며 또 얼마나 위험천만한 일입니까?

그럼에도 불구하고 대부분의 그리스도인들이 기도를 하나의 부수적인 것으로 생각하여 예배순서의 하나로 또는 성경공부를 마감하는 데 씁니다(특히 주님께서 가르치신 기도는 더욱 그러하다). 즉 요식 행위처럼 생각하고 기도하는 시간을 따로 내지 않습니다. 어떤 이들은 성경 연구나 신학은 깊이 하면서도 기도는 이와 같이 소홀하게 생각하여 취급합니다. 이런 때 토마스 아 켐피스의 말은 귀담아 들을 만합니다. "만일 삼위의 하나님 존전에서 자기 삼감이나 경외심이 없어서 삼위의 하나님을 기쁘시게 못한다면 삼위일체에 대해서 논함이 무슨 유익이 있겠는가?"

정말 이웃 사랑이 없어서 하나님을 기쁘시게 못한다면 우리의 많은 신학 지식이 무슨 소용이 있겠습니까?(고전 13:1~3)

또한 항상 하나님께 마음을 열어 놓고 그와 교제하며 그의 가르침과 승인과 인도를 받는 쉬지 않는 기도 생활을 해야 합니다. 우리 한국 교회는 하나님의 주권을 강조하지만 실상은 그렇지 못합니다. 그런데 하나님의 뜻을 묻고 그의 음성을 들으면서 행하려는 이런 기도 생활이야말로 하나님의 주권을 실제적으로 인정하는 삶이 된다는 것을 알아야 합니다. 주님께서 가르쳐 주신 기도는 모범 기도로 우리에게 이러한 기도와 하나님의 나라, 참된 경건, 참된 종교가 무엇인가를 알게 해 줍니다. 무엇을 추구하면서 살아가야 하는가를 알려 줍니다.

1.

이 기도를 주신 배경

1. 산상보훈의 문맥
예수께서 세우시는 하나님 나라의 대헌장의 일부

2. 직접적인 문맥 (마 6:1~13)

3. 누가복음 (눅 11:1~8)
: 영적인 활력을 회복함

4. 요 약
모든 기도의 정신과 원리를 가르치는 기도의 원형이며 뼈대

이 기도를 주신 배경

주님께서 주신 기도를 바로 이해하기 위해서는 모든 성경 말씀이 그렇듯이 문맥적 살핌이 있어야 바른 해석에 이를 수 있습니다. 그래서 주님께서 기도를 가르치신 두 가지 배경에 대해 살펴보겠습니다.

1. 산상보훈의 문맥(마 5~7)
: 예수께서 세우시는 하나님 나라의 대헌장의 일부

첫째 문맥은 산상보훈으로 하나님 나라의 대헌장인 산상보훈의 일부로 주신 것입니다. 산상보훈은 마태에 의하면 예수님께서 공생애의 사역을 시작하시면서 처음으로 베푸신 조직적인 설교 말씀으로 하나님 나라를 출범시키시는 자신의 사역에 비추어서 구약을 해석하시고 그 바른 정신을 드러내시며 그 당시 시대인들의 삶을 감안하여 예수님께서 가져오시는 사회 곧, 하나님의 나라와 그 시민의 특성, 제자도, 참된 경건과 종교의 본질에 대해 가르치신 것입니다.

하나님께서 옛 언약 공동체 이스라엘에게 모세를 통해 내리신 옛 언약적 율례인 율법이 언약 관계 내에서 삶을 규정하여 그 율례를 따라 살 때에 하나님의 백성으로서 거룩한 인격과 삶을 이룹니다. 그러면 하나님의 거룩하심이 그들의 삶 가운데 반영되어 나타나 이것을 보는 이방인들로 하여금 하나님께 대한 바른 인식을 갖게 하여 그들을 하나님께로, 구원으로 인도 받도록 도울 수 있게 되었습니다.

그와 같이 산상보훈은 새 언약 공동체를 위한 새 언약적 율례로 우리가 이 율례를 따라 살 때에 우리는 하나님의 자녀로서 거룩한 품성의 인격과 삶을 이루고 세상의 소금이라는 존재로서의 사명~날로 저하되어 가는 세상의 삶의 표준을 유지하고 삶의 질을 고조시키는 방부제와 같은~과 빛이라는 적극적인 사명~세상으로 하여금 무엇이 잘못되었는가를 보게 하고 진리와 생명의 길을 보여 주고 그 길로 인도하는 복음 선포의~을 다하여 사람들을 그리스도 안에서 자기를 계시하신 하나님께로 인도하는 것을 돕게 되는 것입니다(마 5:13~16).

그리고 산상보훈은 예수님께서 질문에 답하신 것도 아니고 우발적으로 가르치신 것도 아닙니다. 그것은 예수님의 사역에 비추어 구약을 복습하시고 당시 그 시대인들의 잘못된 종교행습들을 돌아보시면서 그것들을 교정하시고자 주신 것입니다. 자신의 사역에 비추어서 율법과 선지자의 진정한 의미를 드러내시고 참된 종교와 경건이 무엇인가를 가르치신 것이며 예수님께서 확립하시려는 새로운 질서와 사회, 천국의 특성과 그 나라의 시민이 어떠한 성격을 지니고 살아야 할 것인가를 가르치신 것입니다. 그러므로 산상보훈은 하나님 나라의 대헌장입니다.

가르치신 순서를 보면 예수님께서는 하나님의 나라를 선포하심으로(마 4:17) 공생애를 시작하시고 그 나라의 일꾼들을 부르시고 귀신을 쫓아내고 병을 고치심으로 그 나라의 권능을 시위하시며 실제를 보여 주서서 죄와 사망의 권세 아래서 신음하고 있는 세상을 구원하시려는 하나님의 통치를 드러내셨습니다(마 4:18~24). 그러자 많은 무리들이 모여 들었습니다(마 4:25). 여기서 예수님께서는 이 나라가 이 세상 나라와는 전혀 다른 성격을 지닌 사회와 세계임을 가르치시고 그러한 거룩한 하나님의 나라를 건설하시고자 그 나라의 특성, 그 나라의 백성들이 지녀야 할 거룩한 성격을 산상보훈, 특히 벽두에 팔복을 통해서 가르치셨습니다(마 5:1~12).

팔복을 요약하면 먼저, 그리스도인이 자신의 영적인 핍절과 무능과 무가치함, 죄악성을 인식하고 자신과 세상의 것들로 가득 차지 않고 심령을 비워 하나님께 향하는 것입니다. 복 있는 사람은 하나님께서 그 이름에 합당한 영광 대신에 모욕 당하는 것과 자신의 부족과 연약, 사람들의 죄악의 비참함, 하나님의 창조의 왜곡과 불협화음, 영적인 각성의 부재로 말미암아 수많은 인생을 낭비하는 것을 보면서 애통해 합니다. 또한 하나님 앞에서 자아가 처리되어 자기 주장하려는 의지가 사라지고 부당한 대우를 받아도 저항하지 아니하고 하나님을 바라보고 그에게 맡기며, 온갖 형태의 죄악과 세력으로부터 완전히 벗어나 하나님께 드려질 만한 존재가 되고자 하는 의와 구원에 대한 갈망과 불의와 폭력이 난무하는 죄악 세상의 풍조를 보면서 이래서는 안 되는데 하면서 하나님의 의로운 통치가 임하기를 갈구합니다.

또한 복 있는 사람은 자기의 약함을 알기에 약한 사람들을 이해하고 세워 주며 함께 슬픔과 아픔을 나누고, 오로지 하나님만을 찾고 하나님께서 자기 아들의 피를 흘리기까지 원하셨던 평화와 화해를 추구하며, 의를 위해서라면, 예수님을 위해서라면, 그의 뜻이 이룩되는 일이라면, 그에 대한 충성 때문에 오는 것이라면 어떠한 희생과 심지어는 핍박이라도 기꺼이 감수하며 사는 사람입니다. 이러한 자질들이 진정 복 있는, 즉 모든 사람들이 찬양하고 흠모하고 따라야 할 자질들입니다.

그런데 예수님께서는 이렇게 세상과는 전혀 다른 삶의 철학을 말씀하시고 나서 이러한 철학과 표준을 가지고 사는 제자들을 세상의 소금과 빛이라고 말씀하셨습니다. 왜냐 하면 이렇게 거룩한 성격을 지니고 사는 것이 세상에 대해 무엇을 의미하는가를 말씀하신 것입니다. 그것은 우리가 세상에 아무런 제약이 없이 하나님의 영광을 반영하여 드러내어 하나님의 나라의 증거가 되는 것을 말합니다. 그러니까 옛 언약 공동체 이스라엘이 언약적 율례였던 율법을 따라 살아 그들의 삶 가운데 반영된 하나님의 거룩하심을 이방인들이 보고 하나님께 대한 바른 인식을 갖게 해주었던 것처럼 우리는 이러한 팔복과 산상보훈, 하나님 나라의 대헌장이 가르치는 성격을 뚜렷이 지니고 살아 그러한 거룩한 성격을 지닌 사람과 사회를 이루어 세상에 하나님과 그의 나라에 대한 증거가 되어야 합니다.

소금은 물질 속에 스며들어 있으면서 물질의 부패를 막습니다. 그리스도인들은 세상을 떠나서 고고하게 사는 것이 아니라 세상 가운데 삽니다. 그러나 세상 가운데 살지만 세상에 속하지 않습니다. 세상과 관련되어 살면서 존재로서의 사명을 지고 가는 것입니다. 소금이 됨 즉, 거룩한 성격을 뚜렷이 지니고 사는 것 자체가 그 사회의 도덕적인 표준을 유지시키고 삶의 질을 고조시킵니다. 이렇게 우리는 홍수처럼 범람하는 세상의 타락한 풍조 속에서 도덕적 홍수의 범람을 막는 둑처럼 세상의 도덕적 기준이 되어야 합니다. 그런데 소금 속에 불순물 즉, 타락한 요소들이 섞여 있으면 밖에 버려지고 발에 밟히고 마는 것입니다.

빛은 세상이 무엇이 잘못되었으며 또한 무엇이 진리이며 어디로 가야 생명에 이르는 길인가를 밝혀 주어 세상을 그곳으로 인도하는 것입니다. 아무리 조그마한 빛이라도 어두움을 밝힙니다. 그리고 등불은 숨겨 두려고 켜는 것이 아니라 등경 위에 두기 위해 즉, 적극적으로 드러내어 어두움을 비추도록 하는 것입니다. 그러니까 이것은 그리스도인들의 적극적인 사명을 말합니다. 하나님의 나라와 의를 추구해 나간다는 뚜렷한 의식을 지니고 살아야 되는 것입니다.

그리고 이제 이러한 거룩한 성격을 뚜렷이 지니고 발하면서 사는 삶을 위한 참된 경건과 종교를 가르치십니다. 먼저 마태복음 6장 1절에서는 참된 경건과 종교의 대원칙을 제시하셨습니다.

"사람에게 보이려고 그들 앞에서 너희 의를 행치 않도록 주의하라 그렇지 아니하면 하늘에 계신 너희 아버지께 상을 얻지 못하느니라."

이것은 제자들의 모든 삶이 하나님과의 관계 가운데서 규정되고 이루어져야 함을 뜻합니다. 그후 구제를 가르치시고 기도를 가르치시며 금식과 재물관에 대해서도 가르치십니다. 그리고 그 관계 가운데서 이루어지는 삶은 구체적으로 어떻게 표현되어야 할 것인가를 말씀하셨습니다.

"너희는 먼저 그의 나라와 그의 의를 구하라 그리하면 이 모든 것을 너희에게 더하시리라(마 6:33)."

그러니까 세상 사람들은 세상에서 누리고 살 물질에 매여 살고 그것을 얻고 누리는 데에 인생을 바칩니다. 그러나 그리스도인들은 세상을 구원하여 하나님 나라를 건설하시려는 하나님의 경륜에 참여하는 데 인생의 최우선 순위를 두고 그것을 추구해 나가며 여기에 따라 모든 삶을 규정하여 사는 것입니다. 영원한 소망을 소유한 사람으로서 뚜렷한 삶의 자세와 태도, 철학과 표준을 지니고 사는 것입니다. 그것은 삶의 스타일을 말합니다.

그런데 안타까운 사실은 오늘날 그리스도인들은 세상에 영향을 주어 세상의 문제를 해결하는 사람이 아니라 오히려 해결 받아야 할 문제가 되기도 한다는 것입니다. 정말 안타깝고 슬픈 일입니다. 그래서 세상이 오히려 종교가 개혁되어야 한다고 말하고 있는 것은 우리가 크게 각성하고 회개해야 할 일입니다.

기독교인이 천 만이 넘어 인구의 1/4에 달한다고 합니다. 기쁜 일입니다. 그러나 신앙고백만큼 얼마나 삶을 살고 있는지 돌아보면 부끄럽습니다. 우리에게는 "주여, 주여" 하면서 주의 이름으로 선지자 노릇하고 주의 이름으로 귀신을 쫓아내고 주의 이름으로 능력을 행하는 등 대단한 신앙고백과 종교적인 업적들과 간증들이 있습니다. 그러나 주님께서 "내 너희를 도무지 알지 못하니 불법을 행하는 자들아 다 내게서 떠나가라"고 하신 책망을 들을 만한 일들이 얼마나 많습니까?(마 7:21~23). 그래서 야고보는 "네가 하나님은 한 분이신 줄을 믿느냐 잘하는 도다 귀신들도 믿고 떠느니라 아아 허탄한 사람아 행함이 없는 믿음이 헛것인 줄 알고자 하느냐(약 2:19~20)"고 반문합니다. 우리는 우리가 주님으로 신앙고백을 하는 예수님의 뜻과 가르침을 얼마나 따라 살고 있습니까?

이러한 의의가 있는 말씀 가운데 그리고 이러한 순서를 따라 주님께서 가르치신 기도가 들어있다는 것, 특히 참된 경건과 종교를 가르치시면서(마 6) 기도를 주셨다는 것은 기도의 중요성을 말합니다. 더욱이 이것을 간단명료한 내용으로 가르쳐 주신 것은 이 기도를 모든 기도에 대한 모범적이고 조직적이며 함축적인 기도로 주셨다는 것과 누구나 이것을 마음에 새겨 이러한 원칙에 따른 기도 생활과 삶을 구체적으로 살아가도록 하신 것을 의미합니다.

2. 직접적인 문맥(마 6:1~13) : 참된 경건과 종교

여기서는 기도를 자기를 알리는 수단으로 전락시키는 종교 습관과 기도를 하나의 공력으로 쌓아 하나님으로 하여금 자기의 야망을 이루어 주시도록 만들려 하는 것을 배척하신 부분입니다.

오용되는 기도의 습성(외식자의 기도) : 자기를 알리는 수단으로 오용함

먼저 예수님께서는 외식하는 사람들과 이방인들의 잘못된 기도 습관을 예로 들면서 그들을 본받지 말고 모두가 진정으로 따라야 할 모델 기도를 주신다고 하십니다. 외식하는 사람들은 "사람에게 보이려고 회당과 큰 거리 어귀에 서서 기도하기를 좋아하느니라(마 6:5)" 즉, 하나님이 아니라 사람을 염두에 두었고 사람들에게 영광을 구합니다(마 6:2).

원래 "외식하는 자"는 연극배우를 의미하는데 실제로는 아니면서도 그런 것처럼, 거기에 있거나 이르지 않았으면서도 거기에 있거나 이른 것처럼 자기를 가장하는 것입니다. 마음에는 없으면서도 있는 체하는 것이기도 합니다. 자기의 본질을 가장하는 것입니다. 나아가서는 사람들에게 자기가 그만큼 폭넓게 기도하고 있다는 것을 알리고 자기의 영성과 경건, 자기의 감화력을 과시하고 알려서 자기가 알려지고 인정받고 존경받는 것 곧, 자기의 영광을 구한 것입니다. 그는 자기의 위대함을 알리는 수단으로 기도를 전락시킨 것입니다. 그러므로 사람들이 자기의 위대함을 알아줄 때 자기의 상을 이미 받았다고 주님은 말씀하십니다(마 6:5).

그가 구한 것은 하나님의 응답보다는 사람들로부터 인정받고 존경받는 것이었으니 사람들이 그를 굉장하다고 인정하고 존경할 때 그가 구한 대로 응답되어 버린 것이기 때문에 하나님께서 돌아보실 필요가 없는 것도 당연합니다.

그러나 우리 하나님께서는 은밀한 중에 보시는 아버지이십니다.

그러므로 우리는 골방 즉, 하나님께만 마음을 열어 놓고 기도하는 시간들을 가져야 합니다. 건성으로 또는 바빠 들뜬 마음으로 기도해서는 안 됩니다. 골방은 특별하게 방해를 받지 않는 외딴 곳이 될 수도 있지만 버스 안이나 사무실이나 하나님께만 마음을 열어 놓고 기도할 수 있는 곳이면 어느 곳에서든 마음의 골방을 가질 수 있습니다. 그러나 예수님께서도 한적한 곳을 찾으셨던 것과 우리의 경험을 감안하면 요란한 세상과 떨어진 기도원과 같은 한적한 어떤 곳을 찾아가서 기도할 필요가 있을 때도 있습니다.

오용되는 기도의 습성(중언부언하는 이방인의 기도)
: 하나님을 감동시키고 조종하여 자기의 소원 성취의 수단으로 오용함

그 다음 중언부언하는 것은 공허한 말을 되풀이하는 것입니다. 그러니까 사려 없이, 이 기도가 하나님께 받아들여질 만한 합당한 기도인지, 하나님께서 이 기도를 어떻게 보실런지에 대해서는 아무런 생각 없이 다시 말하면, 믿음 없이 기계적으로 말을 늘어놓는 것입니다.

원래 중언부언한다는 것은 그 당시 이방인들의 종교적 습성으로 자꾸 졸라 신들을 지치게 하여 자기들의 소원을 이루어 주도록 만드는 것을 뜻하는 말입니다. 그들의 신관념을 보면 이렇게 하는 이유를 알게 됩니다.

그리스 로마 신화를 보면 그들의 신들은 공의와 사랑과는 관계없이 기도하는 자의 죄악은 불문곡직하고 정성만 쌓으면 응답해 주는 그러한 허망한 신들로 인식되고 있습니다. 이러한 신에 대한 인식 때문에 그들은 말을 많이 해야 즉, 자꾸 졸라대고 나아가서는 기도를 일종의 공력으로 쌓기만 하면 응답 받아 소원을 성취할 수 있다고 생각하는 것입니다.

그런데 오늘날 그리스도인들도 그래야만 즉, 많이 기도해야 하나님께 주목받는다고 생각하여 기도를 공로로 쌓기도 하며 하나님을 납득시키려는 자세로 하나님께 설교하듯이 기도하기도 합니다. 더 나아가서는 하나님께서 자기 안에 타는 듯한 소원을 보셔야 한다는 생각으로 목소리를 금방 흐느낌으로 변화시키기도 합니다.[2]

그래서 그들에게 있어서 기도는 하나님을 감동시켜 자기들의 소원을 이루어 주도록 하는 수단이 되고 맙니다. 물론 성경은 끈기 있게 강청하는 기도를 가르칩니다. 그러나 자의적인 기도라도 번거롭게 자꾸 조르고 강청하면 마지못해서 응답해 주시고 만다는 생각은 잘못된 것입니다(부록 : "불의한 재판관의 비유"를 참고하십시오).

그리하여 예수님도, 종교도 자기의 소원 성취와 자기 만족을 가져다주는 수단이 되어 버려 자기를 변화시켜 하나님의 백성됨을 이루며 하나님 앞에서 본상을 이루는 의의 삶을 살고 창조주의 뜻과 그가 기대하시는 형상을 이루는 성화와는 거리가 멀어지고 자기의 이기심만을 키우는 수단으로 기도를 전락시키는 것입니다. 하나님께서 본래 의도하신 이상적인 인간상에 이르지 못하는 것입니다. 하나님의 백성으로 세움을 받아 아무런 제약 없이 하나님의 영광을 반영하여 드러

---

2) O. Hallesby, Prayer, trans., C. J. Carlsen (London : IVP, 1965), 49. O. Hallesby의 기도는 과히 기도의 교과서라고 할 만큼 기도에 대하여 잘 가르칩니다.

내지 못하고 하나님의 영광을 오히려 가리우는 일이 많게 되는 것입니다.

그리고 요즈음 많은 그리스도인들의 경향이 영어로 표현하자면 feeling good만을 추구하고 있는 것을 봅니다. 예수님의 발자취를 따르고 그를 본받고자 하는 거룩한 삶에의 의욕은 없으면서도 성령 충만의 실재를 경험했다고 떠들며, 성령충만의 실재로 고조된 감정 체험을 추구하며, 따라서 회개도 행동의 변화 없이 그저 feeling good, 고조된 감정 체험만으로 끝나고, 주님의 뜻을 구체적으로 행하려고는 하지 않고 feeling good만으로 만족하는 경우가 허다합니다. 이런 것은 조심해야 할 시대 조류입니다.

3. 누가복음(눅 11:1~8) : 영적인 활력을 회복함

누가복음에서는 하나님과의 깊은 교제와 영적인 활력의 회복을 가져다주는 기도 생활을 가르칩니다. 주님께서 가르치신 또 다른 문맥은 세례 요한이 자기 제자들에게 기도를 가르친 예를 들면서 기도를 가르쳐 달라는 제자들의 요청에 대해 좀더 간략하게 가르치신 것으로 나타납니다. 그런데 세례 요한의 예를 든 것은 부차적인 것이지 실제로는 예수님의 모범적인 기도생활을 보고서 도전을 받아 요청한 것입니다.

예수님께서는 바쁘고 힘든 지상의 생애를 사셨습니다. 때로는 식사할 겨를도 없으셨습니다. 그는 인성을 지니셨기 때문에 지칠 때도 있으셨습니다. 그러나 깊은 기도 생활을 통하여 하나님과 깊은 교제를 가지면서 확실하게 하나님의 뜻을 행하셨고 영적인 활력을 회복하시고 새롭고 능력 있게 사역에 임하시곤 하셨던 것입니다(마 14:23; 막 6:46; 눅 6:12; 9:28 etc.). 그는 새벽 미명에 기도하셨고 밤이 맞도록 힘쓰고 애써서 기도하시기도 하셨습니다.

제자들은 이러한 하나님과의 깊은 교통과 영적인 활력의 회복을 가져오는 기도 생활, 능력 있는 기도 생활의 비결을 가르쳐 달라고 요청하셨을 때 예수님께서 여기에 답하여 가르치신 것입니다.

4. 요약 : 모든 기도의 정신과 원리를 가르치는 기도의 원형이며 뼈대

이런 문맥에서 볼 때 주님께서 가르치신 기도는 모든 기도가 따라야 할 기도의 정신과 원리를 가르치는 기도의 원형이고 모든 기도의 중요한 요소와 모든 형태의 기도를 포괄하는 기도의 뼈대요 모델 기도인 것입니다. 그래서 주님께서는 바리새인들이나 이방인들의 기도 습관을 본받지 말고 그들과는 다르게 "너희는 이렇게 기도하라"고 하셔서 우리가 본받을 참된 기도의 원형이자 뼈대요 모델로 이 기도를 주신 것입니다.

그런데 오늘날 대부분의 그리스도인들은 이 주님께서 가르쳐 주신 기도를 축도할 목사가 없이 예배를 마쳐야 할 때라든가 기타 심지어는 요식 행위 등으로 쓰기도 합니다. 이와 같은 현상은 다른 기도들에 있어서도 볼 수 있습니다. 그리스도인들 가운데서도 기도가 바리새인들이나 이방인들이 했던 방식대로 오용되고 있는 것도 볼 수 있는 것입니다. 그러므로 기도를 주신 목적과 기능이 이루어짐으로만 경험할 수 있는 기도의 참된 능력과 은혜를 알지 못합니다.

따라서 우리는 그 옛날 제자들이 요청했던 것처럼 주님께 기도를 가르쳐 달라고 겸손하게 요청해야 하겠습니다. 그러한 영을 가지고 주님께 나아가야 하겠습니다. 그리하여 더 큰 은혜 가운데로 인도함을 받아야 하겠습니다.

그리고 한 가지 더 기억할 것은 우리는 이 기도를 드릴 자격이 없지만 거룩한 담대함 즉, 살아 계신 하나님의 순전한 은혜와 선하심에 대한 좀 뻔뻔스러운 찬양으로 드려야 되는 것입니다. 그래서 서양의 예배의식서에는 성만찬 때 이 기도를 드리곤 하는데 이럴 때면 "우리 구주 그리스도께서 명하시고 가르치신 대로 담대히 이 기도를 드리나니 (As our Saviour Christ has commanded and taught us, we are bold to say …)"라는 엄숙한 말과 함께 기도를 드립니다. 그래서 이 기도와 내용에 우리 자신을 드리는 것부터 시작하는 것을 봅니다. 예배나 무슨 모임을 마감하기 위해 하는 요식 행위는 용납되지 않는 것입니다.

2.

주님께서 가르치신 기도의 구조

1. 구 조

2. 순서와 구조가 가르치는 메시지
   먼저 하나님께 영광, 다음 인간의 필요

주님께서 가르치신 기도의 구조

1. 구조

기도의 대상 : "하늘에 계신 우리 아버지"

첫번째 세 가지 간구 : "하나님의 영광"

   첫간구   : "이름이 거룩히 여김을 받으시오며"

   둘째 간구 : "나라가 임하옵시고"

   셋째 간구 : "뜻이 하늘에서 이루어진 것 같이 땅에서도 이루어지이다"

두 번째 세 간구 : 인간의 필요

   넷째 간구 : "오늘날 우리에게 일용할 양식을 주옵시고"

   다섯째 간구: "우리가 우리에게 죄 지은 자를 사하여 준

것 같이 우리 죄를 사하여 주옵시고"
여섯째 간구 : "우리를 시험에 들게 하지 마옵시고 다만
악에서 구하옵소서"
송 영 : "나라와 권세와 영광이 아버지께 영원히 있사옵나이다"
마 침 : "아멘"

2. 순서와 구조가 가르치는 메시지
: 먼저 하나님께 영광, 다음 인간의 필요

여기서 주님께서 가르치신 기도의 순서와 구조를 살펴보면 하나님
이 먼저고 그 다음에 인간이 오는 것을 봅니다. 그러니까 첫번째 세
간구는 하나님의 이름이 거룩히 여김을 받음, 하나님의 나라의 임함,
하나님의 뜻이 이루어짐 등으로 하나님의 영광과 관련된 것입니다.
그 다음 두 번째 세 간구는 일용할 양식, 죄를 사함 받음, 시험에 들지
않게 됨 등 우리들의 필요를 말하고 있는 것입니다.

이것은 기도의 목적이 세상과 그의 백성들 대한 하나님의 궁극적
인 목적의 구현과 하나님의 영광이고 우리의 특별한 필요를 위해 기
도할 때도 하나님의 궁극적인 목적의 실현과 그의 영광을 구하는 정
신으로 해야지 하나님의 뜻을 우리 자신의 뜻에로 굴절시키려는 정신
으로 해서는 안 된다는 것을 일깨워 줍니다.[3]

우리 주님께서는 겟세마네 동산에서 힘쓰고 애써 더욱 간절히, 땀
이 흘러 땅에 떨어지는 핏방울같이 되도록 기도하셨는데 그의 기도는

자기의 소원이 이루어지기를 위해서가 아니라 하나님의 뜻이 이루어지길 기도하신 것이었습니다. 그러니까 예수님의 기도는 하나님의 뜻에 자기를 복종시키는 것이었습니다(마 26:36~46; 눅 22:39~46).

우리도 이와 같이 해서 하나님의 의를 이루고 그리하여 우리는 우리의 삶 가운데서 하나님의 뜻이 이루어지고 하나님이 드러나 주의 나라와 의를 구하는 삶이 되어야 하는 것입니다.

---

3) J. I. Packer, I want to be a Christian (Wheaton : Tyndale House Publishers, 1985), 177.

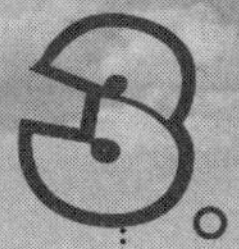

기도의 대상 :
하늘에 계신 우리 아버지여

1. 바른 신관의 중요성

2. "하늘에 계신"

   초월적이며 거룩하신 하나님

3. "우리 아버지여"

   영원한 부성애를 소유하신 아버지

4. "하늘에 계신 우리 아버지여"의 요약

기도의 대상 : 하늘에 계신 우리 아버지여

이제 주님께서 가르쳐 주신 기도의 본문으로 들어가서 맨 먼저 이 기도를 여는 "하늘에 계신 우리 아버지여"를 생각해 보겠습니다.

이렇게 "하늘에 계신 우리 아버지여"라고 부름은 깊은 의미로 가득 차 있습니다. 우리의 기도를 들으시는 분에 대한 지식과 인식은 기도의 문을 여는 열쇠입니다. 그것은 하나님께 나아가는 기도자의 바른 정신과 자세를 가져다줍니다.

우리들의 종교에 있어서 진정 중요한 것은 우리가 믿고 예배하는 하나님을 어떻게 생각하는가 하는 바른 신관입니다. 그것은 우리들의 삶의 전 영역 특히 기도하는 데 영향을 미칩니다. 그래서 잘못된 신관을 갖고 하나님을 소홀하게 생각하면 우리의 삶과 기도 또한 소홀해집니다. 우리가 믿고 예배하며 그에게 기도하는 하나님께서는 어떤 분이십니까? 이에 대한 바른 지식을 갖는 것이 중요합니다. 그렇기 때문에 예수님께서는 모든 간구 이전에 "하늘에 계신 우리 아버지여"를 맨 앞에 놓으신 것입니다.

기도는 하나님과 교통하는 것입니다. 오늘날을 성령의 시대라고 합니다. 그런데 성령님은 거룩한 교통의 코이노니아를 가져오고 하나 되게 합니다(엡 4:1~12).

오늘날 축도의 전형이 된 고린도후서 13장 13절의 바울의 축도는 성령의 감화 감동이 아니고 성령의 교통하심입니다. 기도는 성령 안에서 하나님과 교통하는 것입니다. 사도행전의 성령강림도 새로운 언약공동체인 교회를 출범시킨 것입니다. 또한 기도는 그분과의 교통 자체는 물론 그 교통을 통해서 그분의 존전에 우리를 내어놓고 앉아 그의 뜻을 묻고 그의 음성을 듣고 그 길을 가려고 하는 것입니다.

창세기를 보면 야곱은 그의 아들 요셉의 초청을 받고 애굽으로 내려가게 됩니다. 세상적으로는 소위 애굽에서 출세한 그의 사랑하는 아들의 초청이니 기뻐하며 거드름을 피우며 당당하게 내려갈 만도 했습니다.

그러나 야곱은 내려가기 전에 브엘세바에 이르러 하나님께 희생을 드리고 하나님의 음성을 듣는 시간을 가집니다(창 46:1~6). 이에 하나님께서는 밤에 이상 중에 나타나셔서 말씀하십니다.

"나는 하나님이라 네 아비의 하나님이니 애굽으로 내려가기를 두려워 말라 내가 거기서 너로 큰 민족을 이루게 하리라 내가 너와 함께 애굽으로 내려가겠고 정녕 너를 인도하여 다시 올라올 것이며 요셉이 그 손으로 네 눈을 감기리라(창 46:3~4)." 이와 같이 하나님께서는 그의 뜻과 음성을 듣고자 하는 야곱에게 애굽으로 내려가는 것을 승인하시고 함께하고 다시 가나안으로 인도하시겠다고 하십니다. 그렇게 해서 야곱은 하나님의 승인과 가르침을 받고 애굽으로 내려간 것입니다.

그러면 그분은 누구십니까? 우리가 나아가서 음성을 듣고자 하는 그분은 누구십니까? 여기에 대한 인식이 기도의 첫걸음입니다.

우리는 우리보다 열등하다고 생각하는 사람 앞에서는 함부로 하기 쉽고 소홀하게 생각하여 가르치려는 입장이 되어 내 주장을 내세우기 쉽습니다. 그런데 우리의 기도 생활에서 그런 모습이 많이 나타납니다. 하나님의 음성을 듣는 것보다 내 생각과 내 주장을 잔뜩 늘어놓기도 하며 내세우기도 합니다. 때로는 하나님께 설교하듯이 기도하며 또한 그런 기도가 끝나면 일어나 나와 버립니다.

그러니까 이렇게 기도하는 사람들에게 하나님께서는 내가 세워 놓은 계획을 도와주시고 내 뜻을 이루어 주시며 내 야망을 성취하도록 도와주는 수많은 수단이나 길 가운데 또 한 가지일 뿐입니다.

그러므로 이런 사람들에게는 종교가 자신의 심성의 변화를 가져오고 영원하신 하나님께로 이끄는 것이 아니라 자신의 끝없는 욕망과 야망을 채워 주는 수단일 뿐입니다. 그렇기때문에 금식기도, 철야기도 40일 기도, 기도성회 등 수많은 기도를 드린다 해도 아무런 변화를 경험하지 못하는 것입니다. 따라서 이런 악에 빠지지 않기 위해서는 내가 지금 어떤 분의 존전에 서 있는가를 인식하는 것이 중요합니다.

중학생 때 기억인데 선생님들이 계시는 교무실 문 앞에는 거울이 걸려 있고 그 위에는 "용의단정"이라는 문구가 있어서 교무실에 들어

갈 때에는 그 거울에 자기를 비추어 보고 얼굴에 무엇이 묻어 있지는 않는지, 단추는 제대로 끼워져 있는지 등 용의가 단정한지 자기를 살펴보고 난 다음에 들어갔던 일이 새롭습니다.

그런데 우리는 거룩하신 하나님께 나아가면서 아무런 자기 살핌이 없이 무턱대고 입을 열어 기도하고 자기 기도가 끝나면 일어서 나와버립니다. 그래서 우리는 경건하기 어렵고, 다만 기도보다 앞서지 않았고 기도로 시작했다는 요식 행위에 그치는 외식자의 기도가 되기 쉽고 따라서 우리의 기도는 중언부언이 되기 쉬우며 우리 자신들의 신념을 확고하게 해주는 수단이 되고 마는 것입니다. 그러므로 우리는 어떤 분의 존전에 있음을 의식하고 그래서 먼저 자기를 살피고 기도에 들어가야 할 것입니다. 주님께서 당신이 가르치신 기도를 "하늘에 계신 우리 아버지여"로 시작하게 하신 까닭과 목적이 여기에 있는 것입니다.

그러면 우리가 기도를 드리려고 나아가는 하나님께서는 어떤 분이십니까? 그는 "하늘에 계신 우리 아버지여"이십니다. "하늘에 계신 우리 아버지여"는 하나님께서 우리의 아버지이시며 동시에 거룩하시고 초월자이심을 일깨워 줍니다. 이것은 바른 신관과 관련된 것입니다.

1. 바른 신관의 중요성

인간의 상상과 사상에 따라 고안되고 인간의 손으로 만들어지며 인간의 필요에 봉사하는 우상 종교

먼저 우상이란 무엇인가를 알아보면 중요한 어떤 것을 발견하게

될 것입니다. 우상 숭배는 인간의 자기 추구와 필요를 위해 인간의 상상과 사상에 따라 고안되고 인간의 손으로 만들어져 인간들의 필요와 자기 추구의 목적에 봉사하는 것입니다(사 2:20; 44:9~20; 46:1~7). 그러한 좋은 예를 성경에서 찾아볼 수 있습니다.

열왕기상 12장 25~33절에 보면 이스라엘이 남왕국과 북왕국으로 분열된 후에도 북왕국의 백성들은 하나님께 제사드리기 위해서는 남왕국의 수도인 예루살렘까지 가야 했습니다. 그런데 북왕국 이스라엘의 왕 여로보암은 예루살렘 제사 때문에 민심이 남왕국의 다윗 왕가로 바뀔 것을 염려하여 종교를 하나 고안해 냅니다.

그것은 송아지 우상을 만들어 제사장도 하나님께서 규정한 레위 족속이 아닌 보통 백성으로 세우고 절기도 남왕국 유다 지파의 절기와 비슷하게 만듭니다. 게다가 "이는 너희를 애굽에서 인도하여 올린 신"이라고 합당한 명분까지 주어 숭배케 합니다. 그러니까 종교로서의 구색은 충분히 갖춘 것입니다. 그러나 그것은 여로보암이 민심이 바뀔 것을 막기 위해 세운, 다시 말하면 인간이 자기 필요를 위해서 고안한 우상 종교로 대대로 이스라엘을 죄에 빠뜨린 우상 숭배의 전형이 됩니다(왕상 15:34; 16:2; 19; 26; 31).

오늘날의 우상숭배

그런데 오늘날은 많은 기독교인들마저도 보이지 않는 영적 초월자이신 하나님 대신 자기 상상과 사상에 의해 고안한 우상 종교와 같은 저급한 신관념과 종교의식(意識)을 가지고 신앙생활을 하고 그러한 프로그램을 만들어 가르칩니다.

　더욱이 세상에서 출세, 성공하고 물질적으로 풍요한 것을 신앙이 좋은 결과로 오해하여 가르치고 있습니다. 그래서 목회자들은 성공의 복음을 잘 선포하며, 성도들은 성공을 위한 복음 설교를 좋아합니다. 또한 주일 성수하고 십일조와 각종 감사헌금 잘하고 각종 행사 절기에 빠짐없이 참여하면 축복을 받아 출세, 성공하고 물질적 풍요 누리고 육신적 건강, 신령한 은혜를 받는다는 생각 가운데 젖어 있습니다(주일성수를 하고 헌금하는 것은 복음의 진보와 하나님의 나라의 진흥에 참여한다는 정신으로 하는 것이 정당합니다). 예수님을 믿고 교회 잘 나가는 것을 사업이 잘되고 모든 일이 순조롭게 잘 풀리는 수단으로 생각해서는 안 됩니다.

　성공의 신이 오늘날 새로운 우상으로 등장하여 인간들을 지배하는 것을 봅니다. 성공의 잣대로 모든 것을 재려고 합니다. 그래서 하나님의 크신 경륜과 뜻을 이루기보다는 자기의 뜻을 달성하기 위해 하나님의 능력을 끌어쓸 수 있다는 생각을 합니다. 마치 심청전에 나타난 신관처럼 심청을 인당수에 빠뜨리어 분노한 신을 달래 자기들의 소원을 이루어 파도를 잔잔케 하려는 것처럼, 하나님을 그러한 신들처럼 자신들이 원하는 일을 하도록 조종할 수 있는 어떤 존재로 생각하여 소홀히 행하는 것입니다. 그러므로 그들에게 있어서 기도는 자기 소원과 야망을 이루기 위한 수단으로 전락해 버립니다.

　무속 종교나 우상 종교는 인간들의 자기 편의에 따라 자기들의 상상과 사상을 따라 고안하여 자기들의 손으로 신들을 만들었기 때문에 자신의 욕망과 야망을 채우는 데에 조종하고 끌어쓸 수 있는 신으로 인식되어 자신의 삶의 변화를 기대할 수 없습니다. 인생이 어디에서 비롯되어 어디로 가는지도, 인생의 목적과 의의도 알지 못합니다(행 17:24~29).

또한 인간들이 고안, 주조한 신들은 우리가 온갖 잡동사니 신들의 전시장이나 신들의 품평회라도 열어 놓은 듯한 그리스 로마 신화에서 찾아볼 수 있습니다. 그러한 신들은 도덕적으로는 다분히 문란하고 자기들의 기분에 따라 행동하는 비인격적인 우상으로, 공의라든가 사랑과는 관계없이 다만 사람들이 쌓는 치성에 따라 그들의 죄악은 불문곡직하고 소원을 들어 주는 신으로 인식되어 있습니다.

우리 나라의 인현왕후전을 보아도 장희빈이 취선당을 지어 인현왕후의 화상을 그려 걸어 놓고 자신은 그 화상의 가슴에 활을 쏘아 대고 우상의 제사장인 무당으로 하여금 인현왕후가 죽도록 날마다 치성을 쌓게 합니다. 기도하는 사람의 죄와 기도의 내용의 선악은 불문곡직하고 정성만 쌓아 자기들의 원하는 것을 해주도록 만들려는 것입니다.

뿐만 아니라 고대 근동의 신들은 인간과 같이 남신과 여신이 있어 그들 사이에 인간적인 사랑도 하고 싸우고 번식도 합니다. 그들은 서로 지위의 높낮이가 있고 맡은 일들도 서로 달랐습니다. 그들은 수명이 있어서 태어나고 죽고 지옥에 내려갑니다. 이러한 신들은 인간들보다 못한 존재로 미래에 대한 계획이나 경륜도 없이 기분이 나는 대로 행합니다. 그들에게는 힘이 우상화되어 있으며 제우스 같은 신은 도덕적으로 다분히 그리고 무소불위하게 문란하고 그의 부인 헤라는 그렇게 자기 남편에게 당한 인간을 죽이기도 하고 다른 목석으로 바꾸어 버리며 그리스의 여신은 질투가 심해서 어떤 여왕이 자기보다 딸들을 더 예쁘다고 했다고 자식들을 다 죽이기까지 하는 것을 볼 수 있습니다.

또한 우상들은 그들을 섬기는 민족이나 국가의 흥망성쇠에 따라 운명이 좌우되었습니다(사 36:18~20; 37:8~13). 이것은 그들이 인간들에 의해서 자기들의 권위를 세우고 백성들에게 공포를 주어 지배하기 위해 고안한 허황된 신이거나 그들의 조상들을 영웅화하기 위해 고안한 신들이기 때문입니다.

예를 들면 애굽의 왕 바로는 태양신의 아들로 불려졌고 그래서 그에게 거역한다는 것은 태양신에게 거역하는 것으로 저주를 면치 못할 것이라고 하여 자신의 왕으로서의 권위를 세우고 그에게 복종해야 한다는 공포를 심어 지배권을 확보하는 수단으로 종교를 만든 것입니다.

그러므로 우리는 중심의 동기를 살펴보아야 합니다. 성공을 위한 신의 지배를 받지는 않는지 중심의 동기를 잘 살펴보아야 합니다. 때때로 성공의 잣대로 모든 것을 재려고 하는 마음은 없는지 항상 중심의 동기를 살펴야 합니다. 특히 사역자들은 설교를 하면서 이렇게 하는 것이 바른 복음인가 또는 복음적인가 하는 데에 초점을 맞추어야 합니다. 이것이 나의 목회 성공에 도움이 되고 교회 성장에도 도움이 될 것인가 하는 데에 초점을 맞추어서는 안 됩니다. 얼마나 많이 모이느냐, 얼마나 큰 건물을 지었느냐, 얼마나 큰 업적을 남겼느냐에 관심을 둘 것이 아닙니다.

우리가 사용하는 잣대는 이와 같은 성공의 잣대가 아니라 이것이 진정 하나님을 기쁘시게 하느냐, 진정 하나님께 영광이 되느냐, 정말 하나님께서 받으실 만한 것이냐가 잣대가 되어야 할 것입니다. 자기가 주님이라고 신앙 고백하는 하나님을 이용하여 자기 야망을 달성하려고 하지 않는지 살펴보아야 합니다.

이와 같은 물적, 외적, 양적 성장에 매진해 온 한국 교회는 변화되어야 합니다. 신앙의 부흥은 양적 세계에 대한 추구가 아니라 인간의 본질과 내적인 것들의 변화와 새롭게 함, 성장함을 추구하는 것이어야 합니다. 구약의 우상들은 풍요와 다산의 신에 대한 숭배였습니다. 이스라엘은 이러한 자기 추구, 물질적으로 외형적으로 자기의 삶을 불리려는 우상 숭배에 빠져 실패했습니다.

오늘 우리가 그렇다고 생각됩니다. 말세가 되면 사람들은 바른 교훈을 받지 않고 자기 사욕을 좇을 스승을 많이 둔다고 했습니다(딤후 4:1). 자신들의 잘못된 삶을 정당화시켜 줄 스승을 많이 둔다고 했습니다. 그런데 자신들의 이름을 내고자 바벨탑을 쌓았던 사람들처럼 실적과 업적을 많이 쌓아 성공한 사람으로 알려지고 싶어서 안달하여 복음을 왜곡시켜서는 안 되겠습니다. 오로지 우리는 하나님께서 기쁘시게 받을 만한 것이냐에 관심을 두어야 하겠습니다.

우리 하나님께서는 거룩하신 하나님이시다.

그러나 우리 하나님께서는 어떤 분이십니까? 우리 하나님께서는 그러한 미신과는 달리 거룩하시고(사 37:21~38), 공의로우시며 인애가 크신 인격적이고 도덕적인 하나님이십니다.

그래서 피조물들을 영원한 계획을 가지고 창조하셨습니다. 또한 창조하시고 내버려 두시는 분이 아니시고 돌아보시고 평가하시는 분이십니다(창 1:10, 12, 18, 21, 25, 31). 창조주 하나님께서는 우상들처럼 무계획적으로 세상을 내버려두는 우상이 아니라 의도와 계획을 갖고 창조하셔서 자기의 뜻과 일치되는가 돌아보시며 평가하시는 분이십니다. 이와 같이 나중에 하나님께서는 역사에도 개입하시는데 원래 정하신 목표에 이르게 하시며 자기가 정하신 목표와 궤도를 벗어날 때는 역사에 개입하여 역사의 물줄기를 바로 잡으시는 분이십니다.

또한 하나님께서는 인격적인 분으로 자기를 알리시고 말씀하시며 인간과 교통하시며 자기의 창조 성업의 완성에 인간을 참여시키며 역사를 이끌어 가십니다. 또한 창조주시며 전능하신 분이시지만 그의 통치는 무모한 힘에 기초를 두지 않고 의와 공평이 그의 보좌의 토대입니다(시 90~99; 특히 96~97). 뿐만 아니라 그는 우리를 내신 분이시며 우리의 됨됨이와 우리가 티끌로 지음 받은 연약한 존재임을 아시고 은혜를 베푸시는 분이십니다(시 100~106). 그래서 그의 아들을 십자가에 내어 주셔서 온 인류에게 내릴 진노와 심판을 그에게 쏟으시고 우리를 구속하여 주셨습니다. 십자가에서 하나님의 공의와 사랑이 서로 완벽하게 맞추어졌습니다.

"긍휼과 진리가 같이 만나고 의와 화평이 서로 입맞추었으며 진리는 땅에서 솟아나고 의는 하늘에서 하감하였도다(시 85:10)." 의가 주님 앞서서 가며 주께서 가실 길을 닦았습니다. 공의와 사랑이 예수님의 십자가에서 충족되었고 이리하여 구원이 우리에게 가능하게 되었습니다.

가인의 제물은 받지 않으신 가운데 하나님께서는 자신의 거룩하심을 계시하셨습니다. 가인의 제물을 받지 않으신 까닭은 무엇입니까?

피로 드린 제사가 아니였기 때문에 그렇습니까? 아닙니다.

창세기 4장과 요한일서 3장 12절을 보면 가인의 제물만을 받지 않으신 것이 아닙니다. 가인이라는 그 사람부터 받지 않으셨습니다. 가인의 행위가 악했기 때문에 받지 않으셨다고 말합니다. 아벨과 그 제물은 아벨의 행위가 의로웠기 때문에 아벨 그 사람부터 받으신 것입니다. 그러니까 세상과 애굽의 우상들은 공의와 사랑과는 무관하고 비인격적인 존재로 바치는 사람들의 죄는 불문곡직하고 그 사람이 쌓은 치성만을 보고 응답해 주는 허황된 신입니다.

그러나 이스라엘의 하나님께서는 무엇을 바치느냐 혹은 얼마를 바치느냐의 관심보다는 바치는 사람이 어떠한 사람인가, 그 사람의 사람됨을 더 중요시하시는 공의로우신 하나님이라는 것을 가르치고 있습니다.

좀더 생각해 보면 제사는 죄를 속함 받고 하나님께 나아가 그와 교제하기 위함입니다. 이것이 제사의 기본입니다. 가인과 아벨은 아담으로부터 제사에 대해서 배웠을 것입니다. 죄속함과 하나님께 나아가기 위해서는 타락 이후 하나님께서 여인의 후손을 통하여 사탄의 권세를 멸하시고 구속해 주신다는 구속 언약을 주셨으니 그에 대한 믿음으로 제사가 드려져야 한다는 것을 알았을 것입니다. 그리고 제사란 항상 그 제물을 드리는 이러한 사람의 믿음에 의하여 좌우됩니다. 제물은 그 자체로서는 별 의미가 없습니다. 그 제물은 그것을 드리는 사람을 대신하고 대표하기 때문입니다. 제물을 하나님께 드린다는 것은 그 사람을 하나님께 드린다는 것을 의미합니다. 그러니까 하나님께서 그의 제물을 받으셨다는 것은 제물을 드린 그 사람을 받으셨다는 것을 의미합니다.

그러니까 제사는 이러한 믿음에서 나와야 했습니다. 그런데 가인은 그러한 믿음 없이 드렸습니다. 그러나 아벨은 그러한 믿음으로 제사를 드렸기 때문에(히 11:2) 하나님께서 열납하셨지만 가인의 제사는 그러한 믿음이 없이 중심의 태도와 인격이 악하기 때문에(요일 3:12) 하나님께서 받지 않으셨습니다. 가인에게는 선이 없었을 뿐만 아니라 그는 아벨의 선한 행위에 분노를 품었고(창 4:5~6), 악한 자(사탄)에게 지배를 받고 있던 사람이며(요일 3:12), 결국 미움으로 살인을 하였고, 거룩한 공동체 가운데서 이성 없는 짐승같이 본능으로 일하며 참된 신령한 지식을 훼방하는 사람이며(유 10:11), 하나님께서 주신 경고의 계시를 무시한 사람이었습니다(창 4:6~8).

따라서 주의할 것은 제물만 받아 주시지 않은 것이 아니고 "가인과 그 제물"을 받아 주시지 않으신 것입니다. 먼저 가인 그 사람을 받지 않으신 것입니다. 아벨의 제물도 마찬가지입니다. "아벨과 그 제물"을 받아 주신 것으로 먼저 아벨 그 사람을 받아 주신 것입니다. 가인의 제물이 피가 없는 곡식 제사이기 때문에 받아 주시지 않은 것이 아니라 하나님께서는 제물보다는 제물을 가져온 사람의 믿음과 그 믿음에서 비롯된 사람됨과 삶을 보시는 것입니다.

이것은 "믿음"이 우리의 신념에 근거하는 것이 아니라 자기를 계시하신 하나님을 경험으로 알고 그 지식에 각성과 감동이 따르며 이러한 신적 지식의 깨달음과 감동은 우리의 인격과 삶을 형성하는데 이러한 전인적 내용과 자태가 신앙인 것입니다.

그러므로 이러한 믿음으로부터 오는 삶과 별개인 신앙고백과 기도와 예배는 하나님께서 받아 주시지 않으십니다. 일치해야 합니다. 그러기 위해서 우리는 참 하나님께 대한 바른 인식을 가져야 하며 그에 대한 예배가 삶의 일부가 아니라 전체 삶을 지배하고 방향 지으며 결정하는 중심에 와야 합니다. 그러니까 우리 하나님께는 무엇을 바치느냐 얼마를 바치느냐 보다는 믿음과 그에 따른 중심의 자태, 어떠한 사람이 되는가를 보시는 것입니다(히 11:4; 요일 3:12; 사 1; 삼상 15:22~23; 롬 12:1~2; 시 51:16~19).

하나님의 거룩하심과 우리

예수님께서 십자가에 달리실 때 그를 재판하고 처형했던 이방의 로마인들은 두 부류의 인간상을 보았을 것입니다.

첫번째 인간상은 우리는 "하나님 없는 이방인들과는 다르다"고 자만하고 이방인들을 멸시하고 상종조차 않으면서도 자기들이 믿는 하나님의 이름으로 무죄한 분을 십자가에 못박도록 권모술수를 부리는 유대인들입니다. 자신들의 지위와 신분 유지를 위해서 그렇게 한 것입니다. 마음속에는 이러한 악한 동기를 가지고 예수님을 정죄하면서도 자신들의 종교, 자신들의 하나님의 이름을 빌리는 것입니다.

또 다른 인간상은 창조주께서 피조물에게, 하나님께서 인간에게 고난 당하시고 심문 받으시며 재판 받아 십자가에 못박아야 할 죄인으로 사형 선고를 받아 죽으시는 예수 그리스도이십니다. 그런 가운데서도 아무런 대답이나 저항도 않으시고 묵묵히 십자가를 지시며 "네가 그리스도거든 네 자신을 구원해 보라"는 조롱에도 불구하고 오히려 그러한 사람들을 위해 "아버지여 저들을 용서하옵소서 자기들이 하는 일을 알지 못함이니이다"고 사랑으로 기도하시는 분이십니다(마 27).

첫번째 인간상 유대인들의 모습 속에서 이방인들은 마음속으로 "유일하고 참되신 하나님을 모시고 있고 유일무이한 구원의 도와 진리를 소유했다고 하는 사람들도 별 수 없군. 그들의 믿음과 경건의 실체란 이런 것이군. 그들이 믿는 신이란 이러한 존재겠군." 하면서 그들을 멸시하고 하나님을 모독했을 것입니다.

그러나 두 번째 인간상 예수 그리스도에게 그들은 "이는 진실로 하나님의 아들이었도다. 이 사람은 정녕 의인이었도다."라고 신앙고백을 하고 맙니다(마 27:54; 눅 23:47). 그후에도 무수한 이방인들이 예수님께 무릎을 꿇고 그를 주라 신앙고백하고 구원받아 많은 열매를 맺습니다.

우리는 어느 인간상에 속합니까? 이와 같이 우리가 믿고 예배하는 하나님을 어떤 분으로 생각하는가는 그 인간과 삶을 그렇게 만들어 버립니다. 그러므로 우리는 살아 계시고 역사 하시는 우리 하나님께 대한 지식을 바르게 가져야 합니다.

따라서 기도로 자기 뜻을 하나님의 크신 경륜과 뜻 아래 무릎을 꿇려야 합니다. 예수님의 제자가 되는 첫걸음은 자기 부인과 자기 십자가를 짊과 예수님을 따름입니다(마 16:24~28; 막 8:31~38; 눅 9:23~27). 자기 추구, 자기 주장, 자기 중심성, 야심, 야망을 버리고 인생 행보를 예수님의 가르침과 발자취를 따라 내딛는 것입니다. 왜냐 하면 인간이 가진 자기 주장, 자기 추구, 자기 중심성은 인류 타락의 근본으로 끝이 없기 때문입니다.

오늘날 사람들은 거룩한 교회를 이루어 사명을 지고 가는 것보다는 성공의 복음을 좋아하고 인물과 종교적 영웅 중심으로 모여 '교회'라고 이루는 것도 볼 수 있습니다. 인간의 근본 문제인 죄에 대한 지적도 없고 십자가와 부활의 복음도 선포하지 않을지라도 종교적 설교를 잘하는 교회로 모이고 그 한 분 잘 모셔야 복 받는다는 의식으로 신앙생활을 하기도 합니다. 그래서 사역자들도 목회 성공에 모든 것을 걸기도 합니다.

공리주의와 실용주의 영향으로 유용성이 모든 진리와 모든 가치를 평가, 결정하고 선악의 척도가 된 것입니다. 그런데 이것은 절대적인 선악과 진리의 기준을 부정합니다. 그런데도 성공의 신의 지배를 받아, "꿩 잡게 매"라고 목회 성공만 하면 그것이 무엇이든, 하나님의 뜻에 맞는지 어떤지는 불문에 붙이고 그것이 옳고 훌륭한 목회자로 통하는 세상으로 그러한 교회 성장 비법을 가르치는 세미나(물론 하나님의 백성들의 다양한 필요를 효과적으로 채워 주려는 여러 가지 방법들은 필요합니다만)에는 사람들이 많이 모입니다. 그러므로 우리는 중심의 동기를 살펴보아야 합니다.

그 결과 이런 우상 숭배적 경향에 빠져 있으므로 세상의 소금과 빛의 역할은 생각조차 못하면서 사는 인스턴트 그리스도인이 많다는 것입니다. 이들은 하나님의 영광 대신에 오히려 하나님의 이름이 이방인 가운데서 모독을 받게 하는 무서운 죄악을 저지르기도 합니다. 오늘날 기독교는 이러한 세상적인 영향과 새로운 우상인 성공의 신에게 크게 위협받고 있으나 감지하지 못하고 있습니다.

오늘날 인기가 높고 유행하고 있는 영적인 상태와 육적, 물질적 상태가 일치한다는 가르침과 신앙은 성경적입니까? 이와 관련된 성경 말씀인 요한삼서 2~4절에서 "영혼이 잘되면 범사가 잘되고 강건하게 된다"라는 것은 평서문이 아니라 기원문입니다. 더구나 그 다음 구절은 "네가 진리 안에서 행한다 하니 내가 심히 기뻐하노라 내가 내 자녀들이 진리 안에서 행한다 함을 듣는 것보다 더 즐거움이 없도다."라는 말씀 또한 영적으로 잘하고 있는 것처럼 다른 모든 면도 영적으로 잘 조화를 이루어 서길 바란다는 기원문입니다. 그것은 영적인 상태와 육적, 물질적 상태가 일치한다는 공식이 아닙니다.

그런데도 이러한 적극적인 사고비법식 성경 해석에 근거한 가르침과 그것을 옳다고 믿고 따르고 그것을 신앙이라고 진리라고 외치고 믿고 따릅니다. 그러나 우리는 이러한 적극적인 사고비법식, 출세성공비법식 성경 해석과 적용을 그만두어야 하고 따라서는 안 됩니다. 신앙과 하나님을 세상적이고 물질적이고 자기중심적인 성취의 수단으로 전락시키는 경향은 한국 교회를 가장 황폐화시키고 있습니다.

세속적으로도 우리 나라는 수단과 방법을 가리지 않고 돈을 벌고 이권 사업을 따내며 남을 이기는 것을 유능하다고 생각하는 죄악을 버리지 않고서는 어떠한 제도 개혁으로도 새롭게 될 수 없으며 부정부패를 막을 수 없을 것입니다. 또한 그러한 성공과 많은 물질과 지위의 획득을 축복 받은 것이라는 기독교인들의 사고가 바뀌지 않는 한 우리의 미래는 암담할 수밖에 없을 것입니다.

한 예로 옛날에 조금 가깝다고 바른 길을 놓아두고 남의 보리밭을 짓밟고 자꾸 걸어다니면 그것이 오히려 정상적인 길이 되어 버리는 것을 본 적이 있습니다. 이 때 주인이 울타리를 치지 아니하면 결국 정상적인 길은 잡초로 묻혀 버리고 비정상적인 길이 정상적인 길이 되어 버리곤 하는 것입니다. 이때 어떤 사람이 조금 먼 정상적인 길로 돌아가면 못난이로 놀림을 받습니다. 그러니까 너도나도 그렇게만 추구하고 살면 참된 것이 다 뒤바뀌어 버리는 것입니다. 행위가 반복되면 습관이 되고 나중에는 풍습으로 자리잡아 그 시대를 풍미하고 지배하는 문화가 되는 것처럼 너도나도 그렇게 사니 그것이 참된 종교처럼 자리를 잡아 버린 것입니다.

이렇게 왜곡된 사회는, 예를 들면 소돔과 고모라나 구약 시대 이스라엘처럼 그러한 사회는 존재 가치가 없기 때문에 하나님의 역사 심판을 받게 됩니다. 일반 역사에서도 부패가 극도로 만연되면 국가도 망하고 마는 예를 얼마든지 볼 수 있습니다.

오늘날 우리는 예수님을 배척하지는 않지만 자기가 기대하는 그 메시아, 자기가 적당히 해석한 그 기독교가 되어야 한다고 요구하는 베드로와 같은 저급한 상태에 빠지기 쉽습니다(마 16:16~28).

우리 자신을 잘 살펴보고 행해야 할 것입니다. 우리는 우리가 주님으로 신앙 고백하는 예수님의 말씀과 가르침과 뜻, 그가 보이신 본을 얼마나 따르고 있습니까?(마 26:36~46) 그가 얼마큼 내게 주님이 되십니까?

자기를 계시하신 창조주 하나님을 섬기는 계시 종교인 기독교

하나님께서는 무한하신 분이므로 유한한 우리가 그에 대한 지식에 이를 수 없습니다(고전 2:11). 그래서 하나님께서는 자신을 계시하셔서 즉, 우리를 창조하시고 여러 부분과 여러 모양으로 자기를 알리려 오셨습니다(히 1:1~3). 그런데 종말론적으로는 하나님께서는 예수 그리스도로 우리에게 말씀하셨습니다.

그러므로 우리는 하나님을 자기가 계시하신 대로 이해하고 그러한 인식을 갖고 하나님을 믿어야 합니다. 다시 말해서 그리스도 안에서 자기를 계시하신 하나님을 믿어야 합니다. 우리의 신앙과 모든 것이 이 하나님의 자기 계시를 의존하고 있는데 이 계시에는 일반 계시와 특별 계시가 있습니다.

인간이 타락 이전에는 일반 계시 즉, 하나님의 지혜와 권능이 나타난 창조 세계 즉, 자연, 양심, 역사와 개인 생활에 대한 하나님의 섭리적 지배를 통해서도 불완전하지만 하나님을 아는 신지식에 이를 수 있었습니다.

그러나 타락 후에는 원시의를 상실하고 죄가 일반 계시와 이 계시에 대한 인간의 수용능력을 모두 변화시켜 버렸기 때문에 일반 계시를 통해서는 바르고 충분한 신지식에 이를 수 없게 되어 하나님께서는 특별 계시(말씀계시)를 주셔서 말씀을 통해서 자기를 알도록 하셨습니다. 그리고 로고스 예수 그리스도는 하나님의 자기 계시의 총화로서, 그가 하나님을 계시하셨고(요 1:18) 그래서 그를 본 사람은 아버지를 본 것입니다(요 14:6~11).

여기서 주지할 것은 참된 종교는 기독교뿐입니다. 왜냐 하면 이는 다른 종교들이 우상으로써 인간들의 자기 추구와 자기 편의를 위해 인간 스스로의 사상과 상상에 따라 고안된 반면에, 기독교는 하나님께서 자기 계시를 하신 종교이기 때문입니다. 그리고 다른 종교들을 생각해 보면 재미있는 그러나 단순하고 확실한 결론에 이를 수 있습니다. 다른 종교들은 인간이 스스로의 능력으로 인간을 능가하는 절대자를 상상하여 만든 종교로 그 고안된 절대자는 유한자인 인간이 얼마든지 파악할 수 있는 가상의 존재입니다. 그런데 그 가상에 따르면 그 절대자는 유한자가 파악할 수 있는 존재로 무한의 세계에 속하지 않는 인간과 똑같은 유한의 세계에 속한 자임이 분명합니다.

따라서 바른 신관을 가지는 것이 가장 중요하고 기본이 되는 신앙의 알파와 오메가입니다. 우리의 상상과 사상에 따라 고안된 하나님이 아니라 자기를 계시하신 참 하나님의 자기 계시에 의존해서만 바른 신지식과 생명에 이를 수 있는 것입니다. 또한 참된 신지식, 구원에 이르는 신지식에 이르는 것도 하나님의 중생케 하시는 은혜를 받은 후에야 가능한 것입니다(요 3:3~5; 고전 2:11~14).

그러므로 인간의 사상과 상상, 철학으로 고안된 다른 모든 종교는 그 창시자들과 아무런 관계가 없을지라도 그 교훈만 잘 지키면 성인군자가 될 수 있으나 기독교는 아무리 교훈을 잘 지킨다고 할지라도 그리스도를 통해 하나님과 바른 관계에 서지 않으면 아무런 의미가 없는 것입니다.

또 오해해서는 안 될 것은 다른 종교의 창시자들을 무시해서가 아니라 그들도 훌륭한 도덕적 스승들이고 참으로 존경할 만한 분들이었지만 그러나 그들은 자기들의 죄 때문에 죽음을 피하지 못한 단지 인간에 불과했다는 것입니다. 오직 예수 그리스도만이 하나님이라고 주장하셨고 하나님만이 하실 수 있는 일들을 하셨으며 우리 죄와 죄악의 세력을 없애기 위해서 죽으시고 우리의 의를 위해서 부활하셨으며 다시 오셔서 역사를 심판하실 것입니다.

우리들의 종교에서 참으로 중요한 것은 우리가 예배하는 하나님을 어떤 분으로 생각하고 있는가 하는 것입니다. 이는 우리 모든 삶의 영역에 영향을 끼치고 특히 기도 생활에서 그러합니다. 그래서 우리가 믿는 하나님께서는 어떤 분이시고 우리가 따라 사는 진리의 성격을 증거하여 드러내는 것은 우리의 삶입니다.

한 예로 크리스마스 때가 되면 크리스마스 트리를 만들고 거기에 양말도 걸고 솜도 걸고 별도 걸어 놓습니다. 그렇다고 그러한 장식물을 보고 "이것은 양말나무다, 또는 별나무다, 또는 솜나무다"고 하지 않습니다. 다시 말하면 장식물을 보고 그 나무의 본질을 파악하지 않고 그 나무가 맺은 열매를 보고 그 나무의 본질을 파악합니다.

그러므로 바른 신관을 가지는 것은 가장 중요하고 기본이 되는 신앙의 알파와 오메가입니다. 따라서 우리는 기도할 때 이 크신 하나님의 음성을 듣고 그의 뜻을 뚜렷이 알아 행하려는 자세로 해야 할 것입니다. 그의 영원하신 계획과 목표와 경륜이 무엇인가를 알고 그 가운데서 우리의 인생 행보를 이루어 나가고 기도 생활을 해야 하는 것입니다.

그러면 우리가 믿고 예배하고 기도 드리는 하나님께서는 어떤 분이십니까?

2. "하늘에 계신" (who art in heaven)
: 초월적이며 거룩하신 하나님

초월적이며 거룩하신 하나님

우리가 믿고 섬기는 하나님께서는 "하늘에 계신" 분이십니다. 하늘은 시공이 제한된 장소가 아닙니다. 하늘과 하늘들의 하늘이라도 주를 포용하지 못합니다(대하 2:6). 또한 그의 통치가 미치지 않는 영역은 없습니다. 그렇기 때문에 이는 위에 계신 초월적인 분 즉, 인간이 속해 있는 모든 한계로부터의 하나님의 초월성을 말합니다.[4]

그래서 "하늘에 계신"은 하나님께서 어떤 분이신가를 나타내는 말입니다. 그것은 하나님의 거룩하심, 그의 크심과 영원하심, 무한하심과 전능하심, 초월적이고 절대자이심을 상기시킵니다.

모세오경을 보면 이스라엘은 애굽에 400년 이상을 살면서 범신론, 쉽게 말하면 물도 신이고 태양도 신이고 큰 자연물도 신이라고 숭배하는 애굽의 우상신관념에 깊이 오염되어 있었습니다. 그래서 하나님께서는 그들을 구원하실 때에 자신이 누구신가를 먼저 깨우치십니다. "스스로 있는 자가 보낸다 하라(출 3:13~15)."

하나님께서 자신을 "스스로 있는 자"라고 하신 것은 자신이 곧 참신이심을 밝히신 것입니다. 왜냐 하면 그 표현은 자신이 하나님이라

---

4) Alpred Plummer, An Exegetical Commentary on the Gospel according to St. Matthew (Grand Rapids ∶ Baker, 1982), 97.

는 것을 가장 잘 드러내는 것이기 때문입니다. 창세기 1장에 따르면 세상에 존재하는 어느 것 하나라도 자신의 의지를 따라서 존재하게 된 것이 하나도 없습니다. 다 하나님의 의지를 따라서 존재하게 된 것입니다. 그러나 오직 한 분 하나님만이 홀로 자존자이신 것입니다.

그리고 하나님께서는 애굽에서 자신의 영광을 나타내어 자신을 계시하십니다. 출애굽 때에 애굽에 내린 재앙들은 애굽의 모든 신들을 벌하신 것이었고 애굽을 심판하신 것이었습니다(출 12:12). 예를 들면 낮이 칠흙 같은 밤이 되게 하심으로 애굽의 최고의 신인 태양신을 심판해 버리고 이스라엘의 하나님께서 천상천하에 한 분이신 참 하나님이심을 증거하여 드러낸 것이었습니다.

그런데 하나님께서는 자신의 행사를 모세로 하여금 문서로도 기록하게 하여 그의 백성들이 그것을 읽고 묵상 했기 때문에 애굽의 우상신관을 일소해 버리고 바른 신관을 확립하게 하셨습니다.

우리는 창세기 1장을 읽으면서 익숙한 구절이기 때문에 대개는 특별히 와 닿는 것을 못 느낍니다. 그러나 자연물들을 신으로 숭배하는 범신론에 오염되어 있던 이스라엘에게는 "그런 것들은 신이 아니야, 다만 피조물일 뿐이야, 그것들은 숭배의 대상이 아니고 정복하고 다스려야 할 대상일 뿐이야, 그것을 지으신 분이 계셔, 그가 참 하나님이셔"는 말은 그들에게는 폭탄선언과도 같았을 것입니다.

세상은 어느 것 하나라도 자신의 의지를 따라서 존재하게 된 것이 하나도 없습니다. 우리 자신들을 살펴보아도 한국에서 태어나고 싶어서 한국에서 태어난 사람이 없으며 남자로 태어나고 싶어서 남자로 태어나거나 또는 여자로 태어나고 싶어서 여자로 태어난 사람이 하나도 없습니다. 그것은 불가능합니다. 나의 의사와는 관계없이 다 하나님의 뜻에 따라서 결정된 것입니다.

그런데 오직 하나님만이 홀로 스스로 계시는 분 즉, 신이십니다. 그의 전에 지음 받은 신이 없었고 그의 후에도 없습니다. 그는 처음이요 마지막이십니다. 그는 역사를 시작하시고 주관하시며 역사를 정화에의 심판으로 종결하실 분이십니다(마 13:24~30). 역사를 초월하여 역사를 주관하시며 역사를 자기가 정하신 목표에 이르도록 이끄시는 분이십니다(사 43:10; 44:6~20; 46; 48:12). 이분만이 하나님이시고 다른 모든 것은 그의 피조물입니다. 그는 물질적인 창조 세계의 한계를 초월하시며 무소부재하십니다. 기도와 관련해서는 하나님께서는 주실 수 없는 것이 없으시며 어리석게 주시지도 않으시는 분이십니다.

창세기 1장을 보면 하나님께서 창조 사역을 마치시고 매일 그의 창조를 보시고 좋다고 하셨는데 이는 창조해 놓고 내버려두시는 것이 아니라 돌아보시고 평가하시는 분이시라는 것을 알게 해줍니다. 하나님께서는 창조주시며 그의 창조를 관할, 정비하시며 정화하시며 자기의 영광에 이르도록 이끄십니다. 주권적으로 그 자신의 시간과 방법에 따라 그의 계획들을 세우시고 이행해 가십니다. 그의 창조를 보존하시기 위해 세상에서 발생하는 모든 사건 속에 개입, 활동하시고 역사가 그분이 정하신 방향과 궤도를 벗어날 때에는 역사의 물줄기를 바로 잡으십니다. 창조가 그분의 뜻과 정하신 목적에 맞도록 섭리하시며 본연의 창조 목적 즉 자기의 영광에 이르도록 만물을 통치하고 계시는 것입니다.

이 하나님 앞에서 마땅한 우리의 태도 : 자기를 삼가할 줄 알아야

그의 뜻은 그의 높으신 지식과 능력, 영원하신 지혜에서 비롯되는 것으로 그의 본성과 완전히 일치하며 그의 선하심의 발로이며 모든 존재의 시작과 최종적 목표입니다. 그리고 하나님께서는 모든 존재의 기능과 위치를 정하시고 그에 따라 기능하도록 법칙을 붙드시고 자기 뜻에 완전히 맞도록 성별시켜 가십니다. 엄위와 인자에 기초해서 그 어느 속성도 덜함이나 희생시키심이 없이 충분히 나타내사 그의 통치와 뜻을 이루어 가십니다(롬 11:22).

이 거룩하고 크신 분과 그의 경륜 앞에 설 때 마땅히 우리의 태도는 어떠해야 됩니까? 전도서는 네 발을 삼가하고 마땅히 말을 적게 해야 할 것이라고 했습니다.

"너는 하나님의 전에 들어갈 때에 네 발을 삼갈지어다 가까이하여 말씀을 듣는 것이 우매자의 제사 드리는 것보다 나으니 저희는 악을 행하면서도 깨닫지 못함이니라 너는 하나님 앞에서 함부로 입을 열지 말며 급한 마음으로 말을 내지 말라 하나님은 하늘에 계시고 너는 땅에 있음이니라 그런즉 마땅히 말을 적게 할 것이라(전 5:1~2)." 우리는 크신 하나님 앞에서 자기 주장을 내놓을 수 있는 존재가 아닙니다. 우리의 의는 다 더러운 옷 같습니다(사 64:6).

사도 베드로는 변화산상에서 변모되신 주님과 모세와 엘리야를 보자 "주님, 여기 있는 것이 좋사오니 초막 셋을 짓되 하나는 주를 위하여, 하나는 모세를 위하여, 하나는 엘리야를 위하여 하사이다"고 합니다(눅 9:33~36). 그런데 그것은 자기도 자기의 하는 말을 알지 못하는 것이었습니다(눅 9:33). 오늘날도 자기도 그것이 무엇을 의미하는 지를 모르고 마구 기도하는 것을 흔히 볼 수 있습니다.

또한 엘리 대제사장 시절에 이스라엘은 하나님께 대한 경외함이 없어서 자신들의 죄를 회개할 생각은 않고 블레셋과의 전쟁에서 패배하자 법궤만 있으면 이길 수 있으리라고 생각해서 법궤를 들고 나갑니다. 그러나 하나님께서는 자기의 임재의 상징인 법궤까지도 빼앗기도록 내버려둠으로 미신적인 생각의 소원을 들어주시지 않고 그러한 생각을 일소하신 것을 기억하십시오(삼상 4).

그러므로 하나님께 대한 경외심 우리는 그에게 나아가야 합니다. 그를 예배하면서 나아가야 합니다. 하나님의 임재와 능력 앞에서 거룩한 근신과 각성을 가지고 자기를 삼가고 살피면서 나아가야 합니다. 이럴 때 비로소 우리의 삶 속에서 하나님께서 진정 하나님 되시게 하는 것입니다. 거기에 우리의 경건이 서고 이러한 삶이 신령한 삶입니다. 또한 그렇게 사는 삶이 자행자지하는 세상과는 다른 거룩한 삶이 됩니다.

그런데 오늘날 그리스도인들의 기도와 삶 가운데서는 이와 같은 거룩한 삶은 찾아보기 힘듭니다. 그의 주님은 골방에 들어가 기도하라고 하셨는데 어떤 정치인들은 그리스도인이라고 자처하면서 선거 때에 표를 얻기 위해서 자신의 기도문을 책으로 인쇄하여 배포합니다. 그들은 그렇게 해서 자신들의 신앙을 알려 소원대로 당선되지만 이는 그들이 주님이라고 신앙고백하는 주님의 가르침과는 적극적으로 배치되는 행위입니다. 실제로 정치를 할 때에는 신앙과는 전혀 상관없이 행하고 불신자들보다 더 못하는 것을 종종 봅니다. 그들에게는 종교도 하나님도 자신들의 야망달성을 위해서 끌어쓸 수 있는 어떤 것일 뿐입니다. 주님이라고 신앙고백은 잘도 하지만 입술의 행사일 뿐 실제 그들은 주님께서 그들의 삶에 주님 되시게는 하지 않는 것입니다.

물론 좋은 일은 잘 알려지지 않아 묻히고 있다는 것을 감안하더라도 부정적인 면은 너무도 무섭습니다. 12·12 때 출세와 성공을 위해서 아무런 원한 관계도 없는 자기 상관에게 총뿌리를 겨누고 살인까지 서슴지 않았던 사람들 가운데에도, 5·18 때에는 민주화를 요구하는 국민들 심지어는 임산부에게까지 총을 난사하는 등 그 용맹(?)을 한껏 발휘하여 그 공으로 훈장까지 받았던 군인들 가운데도 신심이 돈독하다는 그리스도인들은 있었습니다.

그런데 더욱 놀라운 것은 그리스도인들 가운데 이것에 대해 아무런 문제의식을 느끼지 못한다는 것입니다. 오히려 그렇게 해서 어떤 지위에 올랐다고, 자기 교회 교인이 출세했다고 자랑하거나 심지어는 축하 예배를 드립니다. 이러한 행위는 불의를 승인해 주는 것과 다름이 없는 것입니다. 이러한 일은 세상과 조금도 다른 점이 없습니다. 오히려 세상이 소유하지 못한 것을 하나 더 소유한 것을 자랑할 뿐만 아니라 그렇게 여깁니다. 세상에서도 종교를 자기의 욕망과 야망을 다스리고 자기를 순화시키는 것이라고 생각하는데 그 만큼의 각성도 없는 실정인 것입니다. 그만큼 영적인 각성이 저급해지고 둔해져 있음을 증명했습니다.

그 결과 문민 정부에 들어와 부정부패와 관련되어 교도소에 간 사람들 가운데 50%는 기독교인들이고, 20%는 가톨릭교인들이며 나머지 30% 가운데 불교도가 20%, 나머지 10%는 무종교인이라고 하니 통탄할 노릇입니다. 더구나 국가적으로 커다란 부정적인 일에 기독교인이 관련되어 국가를 흔들어 버리는 것을 볼 때는 더욱 어처구니가 없습니다. 인구는 불교도가 더 많은데 범죄 인구는 기독교가 더 많다는 것은 놀랍고 부끄럽고 하나님께 죄송스러울 따름입니다.

이러한 현상은 어느 개인이 특별하게 저지른 것으로 간주하고 간과할 수 있는 것이 아니라 대부분의 그리스도인들과 교회가 그러한 경향에 젖어 그러한 출세성공을 못해서 안달해 하는 데 문제가 있어 보입니다. 하나님의 의를 이룸보다는 성공의 기준을 돈, 권세, 명예, 지위 등으로 제시하는 세상과 흑암의 권세와 남을 앞서고 이기려는 자기 주장의 의지의 지배를 받기 때문에 그렇습니다. 주의 나라와 주의 의를 추구하는 대신에 그러한 출세와 성공에 목말라 하는 것을 봅니다. 이렇게 해서 하나님의 이름이 불신자 가운데 모욕을 당하고 복음의 문이 닫히는 것이 아니겠습니까? "저런 게 소위 '기독교' 라는 거야!" 라고 사람들은 비난합니다.

야고보서 4장 14절에는 인생을 잠깐 보이다가 없어지는 안개라고 했습니다. 그런데도 하나님을 대수롭지 않게 생각하고 소홀히 행하기 때문에 우리의 경건이 무너지고 확신이 흔들리게 됩니다. 또한 하나님의 말씀을 단편적으로 받아 자기 생각과 적당히 배합 하려고 합니다. 그러나 우리의 의는 더러운 옷과 같습니다(사 64:6).

그러므로 우리는 우리의 뜻보다는 먼저 그의 나라와 의를 추구해 나가며 인생 전체에 대한 하나님의 가르침과 인류 역사와 세계에 대한 하나님의 뜻과 경륜 곧, 하나님의 나라의 거룩한 법도와 진행을 알아 가면서 기도해야 합니다.

3. "우리 아버지여" (our Father)
: 영원한 부성애를 소유하신 하나님

우리 아버지이신 하나님 : 누가 기도할 수 있습니까?

그 엄위하시고 거룩하시며 완전하시고 크신 하나님의 존전에서 인간은 감히 입을 열 수 없는 초라한 존재입니다. 그러나 그분이 우리 아버지 되십니다! 우리의 필요를 아시고 관심이 있으시고 가까이 계시며 친숙한 관계가 있는 아버지이십니다(시 103:13∼14).

그런데 그리스도 이전에는 하나님의 아버지 되심은 주재가 되지 않았고 유대인들은 감히 그의 이름조차 입에 올리지 못했습니다.[5]

그러나 예수님께서는 하나님을 아버지라고 부르셨고 그의 제자들에게 그렇게 하도록 하셨습니다(요 20:17). 실제로 예수님께서는 하나님을 더욱 친근하고 신뢰가 가는 "아빠"라고 부르셨습니다.[6]

그런데 창조주로서 하나님께서는 모든 피조물의 아버지가 되시기는 하지만 모든 사람들이 자연적으로 하나님의 자녀가 되지는 못합니다. 하나님께서는 만물의 창조주십니다. 그런 의미에서 우리는 "신의 소생"이기는 합니다(행 17:29). 그러나 이러한 창조주 하나님과 우리의 관계는 그리스도를 통해서 하나님과 가지게 되는 자녀 관계는 아

---

5) D. A. Carson in Frank Gaebelein, gen, ed., The Expositor's Bible Commentary, 12 vols. (Gand Rapids : Zondervan, 1984), v. 8 : 168.

6) J. Jeremias, The Prayer of Jesus, Trans. J. S. Bowden, C. Burchard, and J. Reumann. Studies in Biblical Theology, 2nd ser., no. 6.(London, 1967), 11∼65.

님니다. 우리는 혈통과 육정이나 사람들의 뜻으로가 아니라 회개하고 그리스도를 구주와 주님으로 영접하여 중생하고 하나님의 자녀가 됩니다(요 1:12~13; 3:14~16; 롬 8:15; 갈 4:4, 5; 행 1:8). 그리스도인들은 은혜로 하나님의 가족이 됩니다(갈 4:4~5).

오직 이러한 그리스도인들만이 하나님을 아버지라고 부를 수 있습니다. 그리하여 하나님을 아바 아버지라고 부르며 하나님께 나아갈 수 있게 되는 것입니다. 기도할 수 있게 되는 것입니다. 우리가 하나님을 아버지라고 부를 때 우리는 사랑과 믿음으로 그를 바라보는 것이며 완전과 은혜로 우리에게 가까이 계시는 분에게 나아가는 것입니다(눅 15:20; 마 6:8; 요일 4:8; 시 68:19; 빌 4:19; 벧전 5:7; 마 7:7~12; 눅 11:5~13; 시 55:22; 103:1~18).

하나님께서는 영원하시고 완전하신 부성애를 소유하신 분이십니다. 그는 우리의 됨됨이를 아시고 우리가 흙으로 지음 받은 연약한 존재임을 아시기 때문에 아비가 자식을 불쌍히 여김같이 자기를 경외하는 자를 불쌍히 여기십니다(시 103). 한없이 자비로우시고 은혜로우신 분이십니다. 하나님께서는 스스로는 어찌할 수 없는 우리의 연약함과 필요를 받아 주시는 분이십니다(눅 15).

그러므로 그는 우리 기도를 항상 들으시며 우리가 원하는 이상의 것을 주시는 분이시며 아들까지도 아끼지 않으시고 우리 모두를 위해 십자가에 내어 주기까지 과분한 사랑을 주시는 분이십니다(롬 8:32). 그래서 우리는 그의 응답을 기대하면서 우리의 필요를 내놓고 기도하는 것입니다. "그러므로 우리가 긍휼하심을 받고 때를 따라 돕는 은혜를 얻기 위하여 은혜의 보좌 앞에 담대히 나아갈 것이니라(히 4:16)."

그의 자녀들은 그의 아들 예수 그리스도의 형상을 본받아 몸의 구속을 받아 하나님께서 예비하신 이상적인 인간상의 완성에 이르러 마침내 영원한 유업을 상속할 것입니다(롬 8:28~39; 고전 15:35~49).

"나의" 아버지가 아니라 "우리들의" 아버지이신 하나님

그런데 우리는 "나의 아버지"가 아니고 "우리 아버지"시다는 것에 주의해야 합니다. 모든 그리스도인들은 하나님 안에서 한 몸입니다. 그러므로 우리의 기도에는 이기적인 것이 있어서는 안 되고 우리가 구하는 복은 다른 이들과 나누어야 합니다.[7] 나의 영적인 안녕뿐 아니라 모든 사람들의 안녕과 성장을 구해야 합니다.[8]

우리의 아버지는 선인과 악인에게 햇볕과 비를 내리게 하십니다(마 5:43~48). 우리는 이러한 분을 한 아버지로 모신 한 가족입니다. 그리고 이와 같은 하늘 아버지의 너그러운 성품을 나타내야 그의 아들입니다(마 5:43~48; 눅 6:27~36; 딤전 2:2~4). 자녀가 아버지를 닮는 것은 혈통을 이어받았기에 논리적인 귀결이며 당연한 것입니다. "그 아버지에 그 아들"이라는 말을 기억해 보십시오.

사도행전을 보면 오순절의 성령이 임한 후 제자들이 눈에 띄게 변화된 한 가지는 이전에는 서로 하나가 되지 못하고 서로 누가 크냐로 다투고(막 10:35~45; 눅 22:30) 싸웠는데 성령을 받고 나서는 그러한

---

7) Plummer, 97.
8) Carson, 62.

세상적인 싸움과 다툼이 없이 하나됨을 이룬 것입니다(2:42~47; 4:32~37).

그들은 다 함께 있어 모든 물건을 서로 통용하고 재산과 소유를 팔아 각 사람의 필요를 따라 나눠주고 날마다 마음을 같이하여 모이기를 힘쓰고 집에서 떡을 떼며 기쁨과 순전한 마음으로 음식을 먹고 하나님을 찬미하여 백성들의 칭송을 받았습니다. 제 재물을 조금이라도 제 것이라 주장하는 사람이 하나도 없어 굶는 사람이 없었습니다. 이와 같이 성령은 거룩한 교통과 교제를 가져옵니다. 성령은 하나 되게 하십니다(엡 4:1~6).

이렇게 내 뜻 추구에서 하나님의 뜻을 추구하는 사람들이요 자기 주장하려는 의지가 청산된 사람들로 이루어진 공동체가 교회입니다 (2:42~47; 4:32~37). 그러니까 교회는 하나님 나라의 종으로 하나님 나라의 선취이며 세상에 구원이 현존함을 드러내고 하나님 나라의 증거로 서서 하나님의 나라를 이루어 증거하여 드러내는 장이며 미리 맛보게 하는 사명 공동체입니다. 우리를 세상에 내시고 구속하신 분의 아름다운 덕을 증거하며 드러내는 것이 교회의 사명입니다(벧전 2:9). 우리는 구원을 개인의 영혼구원에만 치중하는데 구원은 개인의 구원뿐만 아니라 세상에 거룩한 새 사회, 예수님의 공동체를 세워 가고 세상의 소금과 빛이라는 존재로서의 본분과 복음을 선포하는 적극적인 사명을 다하여 구원의 역사가 일어나게 하는 사명 공동체가 되어야 합니다.

이를 위해서는 함께 완성되고 성화되어 가는 지체들로서 그리고 사명을 다하는 데에 서로 돌아보아 사랑과 선행을 격려하며 서로 유기체적으로 협력하는 것이 필요합니다(히 10:25; 고전 12; 엡 4). 무턱대고 모이는 것이 아닙니다. 몸의 통일성과 다양성, 예수님께서 머리되심, 상호 의존과 성숙을 기해야 합니다. 그리스도의 영광스러운 신부로서의 모습을 완성해 가야 합니다.

이와 같이 우리는 한 분 하나님을 "우리 아버지"라고 부르는 형제자매들로서 자기 주장하려는 의지가 청산된 사회를 이루어 가려고 정진해야 합니다. 이럴 때 거리낌이 없이 하나님을 "우리 아버지"라고 부르며 기도할 수 있는 것입니다.

4. "하늘에 계신 우리 아버지여"의 요약

그러므로 우리는 오늘날 인기는 없으나 하나님의 주권과 초월성과 절대 거룩하심과 그의 영원하신 지혜와 경륜, 그의 크심과 은혜로우심을 의식하면서 그분께 나아가야 합니다. 하나님의 음성을 듣고 그분의 인도하심을 받으려는 자세로 나아가야 합니다. 어떠한 분에게 나아가고 있는가 자신을 살피고 그분의 뜻을 묵상하면서 나아가야 합니다. 그의 율법을 듣지 않으면 기도도 가증하다고 했습니다(잠 28:9).

안심 입명, 물질 축복, 건강 얻고 출세와 성공의 수단으로 기도하는 것은 스스로의 종교적인 프로그램일 뿐, 생명의 도리로서 나를 구속하신 하나님과 그의 나라의 거룩한 백성으로서의 자신의 위치와 생활을 이루고 하나님과의 거룩한 교제를 갖는 기도는 잘 안 되는 것입니다.

그리고 우리가 하나님과 그의 거룩한 위엄, 도덕적 완전하심, 은혜와 신실하심에 대한 엄청난 인식을 가진다면 우리는 자신을 살피며 삼가며 겸손히 신뢰하고 경외하고 복종하게 되며 자기 중심성을 버릴 것입니다. 여기서 자기의 경건이 서며 이런 사람은 모든 일에 앞서 기도할 것은 명백하며 하나님의 큰 목적을 위해 기도하고 헌신하고자 하는 왕성한 의욕과 기운이 날 것입니다(사 40:12~31; 55:9; 렘 33:2~3; 단 3:13~18; 6:5~27; 삼상 17:23~49).

좋은 예를 들어 보면 우리는 보통 이사야 40장 31절 말씀, "오직 여호와를 앙망하는 자는 새 힘을 얻으리니 독수리의 날개 치며 올라감 같을 것이요 달음박질하여도 곤비치 아니하겠고 걸어가도 피곤치 아니하리로다"는 말씀을 잘 외우고 기억합니다. 그러나 그 앞에 있는 구절을 먼저 읽고 하나님의 크심을 알게 되면 기도의 문이 더욱 활짝 열리게 됩니다. " … 너희는 눈을 높이 들어 누가 이 모든 것을 창조하였나 보라 주께서는 수효대로 만상을 이끌어 내시고 각각 그 이름을 부르시나니 그의 권세가 크고 그의 능력이 강하므로 하나도 빠짐이 없느니라 야곱아 네가 어찌하여 말하며 이스라엘아 네가 어찌하여 이르기를 내 사정은 여호와께 숨겨졌으며 원통한 것은 내 하나님에게서 수리하심을 받지 못한다 하느냐 너는 알지 못하였느냐 듣지 못하였느냐 영원하신 하나님 여호와, 땅 끝까지 창조하신 자는 피곤치 아니하시며 곤비치 아니하시며 명철이 한이 없으시며 피곤한 자에게는 능력을 주시며 무능한 자에게는 힘을 더하시나니 소년이라도 피곤하며 곤비하며 장정이라도 넘어지며 자빠지되(사 40:1~30)"

예레미야 33장 2~3절 말씀도 마찬가지입니다. 우리는 "너는 내게 부르짖으라 내가 네게 응답하겠고 네가 알지 못하는 크고 비밀한 일을 네게 보이리라”는 3절 말씀에 익숙합니다. 그러나 2절의 “일을 행하는 여호와, 그것을 지어 성취하는 여호와, 그 이름을 여호와라 하는 자가 이같이 이르노라”는 말씀을 먼저 보아야 합니다.

이와 같이 하나님께서는 기도응답을 약속하시면서 그보다 앞서 자신이 누구신가, 어떠한 분이신가를 알기를 원하십니다. 그 약속을 발하시는 분이 누구신가를 알기를 원하시는 것입니다. 성경을 찾아 직접 읽어보면 이것을 더욱 실감하게 될 것입니다.

이와 같이 우리가 우리 하나님을 알아 가는 지식에서 자라 갈 때에 우리는 자신을 살피며 삼가며 겸손히 신뢰하고 경외하고 복종하게 되며 자기 중심성을 버릴 것입니다. 그래서 모든 일에 앞서 기도할 것은 명백하며 하나님의 큰 목적을 위해 기도하고 헌신하고자 하는 왕성한 의욕과 기운이 날 것입니다. 하나님께서는 항상 자신을 경험하여 알게 하시고 거기에 반응하여 살도록 하십니다.

그러나 우리를 부르신 분에 대한 인식이 저급하고 하나님의 나라를 건설한다는 막중한 사명과 이상과 목표와 그 사명을 짊어진 우리 자신에 대한 인식이 뚜렷하지 못할 때 조그마한 어려움에도 출애굽한 광야의 구언약 공동체 이스라엘처럼 원망과 불평이 일어나게 됩니다. 애굽 가마솥 옆에서 고깃점 하나씩 주워 먹고 살았던 초라한 옛 삶을 뒤돌아보고 마늘과 부추가 없어 죽게 되었다고 원망과 불평 가운데서 멸망하게 되는 것입니다(민 11: 21).

하나님의 백성들은 하나님이 주시는 신령한 음식인 만나와 메추라기를 먹고 살아야 했는데 노예 노역의 대가로 주는 음식을 사모하는 어리석음에 것입니다. 그리고 생각해 보면 무엇 때문에 애굽인들을 잘 먹여 주었겠습니까?(사실은 잘 먹여 준 것도 아니지만). 노예로 부려먹고 노동력을 착취하기 위한 것이 아니고 무엇이었겠습니까? 이러한 가운데 또한 노예근성 즉, 편의주의, 요령주의, 요행주의가 나타나게 됩니다. 즉, 채찍이 무서워 그리고 입에 풀칠하기 위해 즉, 돈이나 벌고 출세나 하고 성공이나 하려는 동기로 겨우 움직이는 노예근성이 나타나게 되는 것입니다. 죄에 매인 타락한 본성이 발휘되는 것입니다.

우리는 일 자체가 마음에 가득 차 그 가운데서 허우적거리며 문제 해결만 받고자 "이렇게 해 주시오, 저렇게 해 주시오"라고 할 것이 아니라 도리어 하나님의 뜻을 찾고 오히려 크신 하나님과 그의 신실하심과 그의 인격을 묵상해야 합니다. 그의 음성을 들어야 합니다. 하나님의 임재와 능력 앞에서 거룩한 각성과 근신과 삼감이 있어야 하고 자신을 살피고 경외심을 가지고 나아가야 합니다. 나의 소원 성취보다는 우리의 삶 속에 하나님의 거룩한 뜻이 이루어지고 하나님께서 참으로 하나님이시길 기도해야 합니다. 그리하여 날마다 내 삶 속에 그리고 나를 통해서 하나님의 뜻이 이루어지는 즐거움을 경험하는 삶을 살게 되고 이런 삶이야말로 풍성하고 의미 있는 삶입니다.

이렇게 할 때 하나님의 존전에서의 하나님 중심의 삶을 살게 되고 우리의 경건이 서고 증진되게 되는 것입니다. 우리가 믿는 하나님께서는 어떤 분이시며 우리가 따라 사는 진리의 성격을 증거하고 드러내는 것이 우리의 삶입니다.

"내 생각과 내 말과 내 행실과 내 삶은 이러한 하나님께 대한 나의 믿음을 반영하고 있는가? 그리하여 하늘에 계신 우리 아버지를 증거하여 드러내는가? 하나님이 참으로 우리의 삶 속에 하나님이 되시길 기도하는가?' 등의 물음으로 자신들을 돌아보아야 합니다.

하나님의 백성이 된다는 것은 안일한 삶에의 허가장을 발급 받은 것이 아닙니다. 오히려 만만찮은 사명이 주어집니다. "세계가 다 내게 속하였나니 너희가 내 말을 잘 듣고 내 언약을 지키면 너희는 열국 중에서 내 소유가 되겠고 너희가 내게 대하여 제사장 나라가 되며 거룩한 백성이 되리라(출 19:5, 6)." 크신 하나님의 세계를 향하신 계획을 지고 가는 사명의 백성이 되는 것입니다. 사실 우리의 신앙은 대개 신앙고백으로 그칩니다. 그렇게 해서 우리가 구원받았다는 확신을 얻고자 조마조마 노심초사하기도 합니다.

헌 깡통이 넝마주이에 의해 집게에 집혀서 그의 커다란 바구니에 넣어진 것으로 끝나서는 안 됩니다. 오히려 용광로에 들어가서 무엇인가를 새롭게 담을 쓸 만한 용기로 다시 빚어져야 하고 쓸모 있게 사용되어야 하는 것이 아닙니까? 우리의 구원이 신앙고백에 그쳐서는 안 됩니다. 성령의 용광로에 들어가서 하나님께 쓸 만한 의의 병기로, 거룩한 그릇으로 빚어지고 드려지기를 힘써야 하는 것입니다(롬 6). 죄에 길들어진 옛 사람을 벗어버리고 하나님을 따라 의와 진리의 거룩함으로 지으심을 받은 새 사람을 입어 거룩한 의의 병기로 잘 빚어져야 하는 것입니다. 이를 위해 우리는 구원을 받았고 구원을 받아야 합니다.

"우리는 그의 만드신 바라 그리스도 예수 안에서 선한 일을 위하여 지으심을 받은 자니 이 일은 하나님이 전에 예비하사 우리로 그 가운데서 행하게 하려 하심이니라(엡 2:10)." 그리스도의 장성한 분량이 충만한 데까지 이르러 하나님의 영광을 아무런 제약 없이 반영하여 세상에 드러내기까지 자라야겠습니다.

그러면 어떠한 소원을 가지고 어디에 마음을 두고 인생을 살아가야 합니까? 우리의 기도와 삶의 내용은 무엇이 되어야 합니까? 다음부터 살펴볼 내용들이 그것들입니다.

첫번째 세 간구 : 하나님의 영광

첫번째 세 간구 : 하나님의 영광

첫 번째 세 간구는 하나님 중심이고 그 다음에 인간 중심의 간구가 뒤를 따릅니다. 이것은 우리가 우리의 개인적인 필요를 구할 때도 하나님을 드러내고 그의 영광을 위해서 해야 하며 하나님의 뜻을 우리의 뜻에로 굴절시키려는 정신으로 해서는 안 된다는 것을 가르칩니다.

다시 말해서 하나님께 나아가는 일에 있어서 간구하는 사람의 바른 정신과 태도와 내용이 무엇이어야 하는가를 가르치는 것입니다. 그러니까 우리는 세상을 구원하여 하나님 나라를 건설하시려는 하나님의 경륜에 참여하는 데에 최우선 순위를 두고 하나님께서 영광을 받으시고 하나님의 목적이 이루어지며 하나님의 뜻이 이루어지는 것을 기뻐하며 여기에 따라 모든 삶을 규정하여 사는 뚜렷한 삶의 자세와 태도를 가져야 합니다.

1. 첫 간구 : 이름이 거룩히 여김을 받으시오며
(Hallowed be Thy Name)

이름의 의의 : 하나님의 본성과 인격을 나타내는 하나님의 이름

헬라 세계에서는 신들의 본성이 그들의 이름의 어원으로부터 암시되었고 셈어족에게는 이름이 그의 본성과 깊이 관련되었습니다.[9]

이스라엘인들은 개인의 고유한 이름이 깊은 의미를 지녀 그의 이름이 그의 본성과 인격을 나타내기도 하였습니다(창 17:5; 32:28; 삼상 25:25).[10]

그래서 부모들은 자기들의 자녀들이 나타내기를 원하는 인격이나 특질이나 성품이 반영된 이름을 지어 주었습니다. 예수님께서도 변덕스러웠던 수제자 시몬에게 반석같이 견고한 이름인 "베드로"로 고쳐 주시는 것을 볼 수 있습니다(요 1:42; 마 16:16).

특히 하나님의 이름들은 여러 면에서 그의 본성과 인격을 반영하여 그의 이름은 하나님 자신이며 그 자신을 계시함이며 그러므로 그

---

9) Colin Brown, gen. ed., The New International Dictionary of New Testament Theology, 3 vols. (Grand Rapids : Zondervan, 1976), v. 2 : 648.

10) Ibid.

의 이름은 이미 거룩합니다(cf. 출 3:14~15; 요 8:56~59; 막 14:61). 이스라엘 사람들은 하나님의 크심과 위엄, 거룩하심을 인식하였습니다. 그래서 하나님의 고유한 이름과 그 이름을 구성하는 문자들도 신성하다고 생각하여 감히 무가치하고 작은 그들이 하나님의 고유한 이름인 "여호와"를 부르지 못하였습니다.[11]

그래서 "여호와"를 부르는 것을 피하기 위해 "그 이름"(The Name)이라고 하나님을 불렀습니다.[12]

그런데 하나님께서는 자신을 "스스로 있는 자"라고 하셨는데 이는 자신이 창조주 하나님이시라는 것을 가장 잘 표현하는 말입니다.

우리가 어느 군부대를 방문하여 사령관에게 이런 질문을 했다고 해 봅시다. "당신은 이 부대에서 어떤 지위에 있습니까?" 이에 대해 그 사령관이 "내 위에는 아무도 없는 그런 지위에 있는 사람입니다"라고 대답했다면 그것은 자신이 제일 높은 지위 즉, 그 부대의 사령관이라는 것을 잘 나타낸 것입니다.

이와 같이 어느 것 하나라도 스스로의 의지로 존재하는 것이 없는 가운데 하나님께서 자신을 "스스로 있는 자"라고 하신 것은 자신이 신이라는 것, 전능하신 창조주 하나님이심을 가장 잘 드러낸 말입니다.

세상에는 어느 것 하나라도 자기 스스로의 의지를 따라서 존재하는 것이 없습니다. 쉽게 예를 들어 보면 남녀의 선택과 국적의 선택

---

11) D. M. Lloyd~Jones, Studies on the Sermon on the Mountain (Grand Rapids : Eerdmans, 1971), 49.

12) Ibid.

도, 우리 자신의 의지대로 한 것이 아닙니다. 다 하나님의 의지를 따라 결정되고 존재하는 것입니다. 그런데 오직 하나님 한 분만이 자기가 있고자 하는 대로 있는 존재 즉, 스스로 계시는 분 즉, 전능하신 창조주 하나님이신 것입니다.

자기 이름을 거룩하게 하시는 하나님

구언약 공동체 이스라엘은 하나님의 계시를 담지했던 하나님의 선민으로 그들은 자기 형상으로 지음받은 사람을 향한 하나님의 뜻의 계시요 언약적 율례인 율법을 따라 삶으로 이방인들로 하여금 그들의 삶 가운데 나타난 하나님의 거룩하심과 그의 사랑과 위대하심과 그의 본질에 대한 바른 인식을 가지도록 해야 했습니다.

그런데 구약의 선지서를 보면 그들은 언약을 어기며 그러고도 자신들이 멸망하면 자기들에게 담지되어 있던 하나님의 계획도 수포로 돌아갈 것이기 때문에 하나님께서는 멸망시키지는 않으리라고 생각하고 방자히 행하여 오히려 하나님의 이름이 이방인 가운데서 모독받게 합니다.

그래서 하나님께서는 그들을 바벨론의 포수가 되게 하셔서 심판하시는데 이와 같이 그의 백성들이라도 범죄하면 아끼지 않고 철저히 심판하심으로 자기의 거룩하심을 드러내시고 동시에 그런 가운데서도 자기의 거룩한 이름을 아껴서 그의 백성들을 구원하시기도 하십니다(겔 36:16~31).

그래서 여타 이방인들이 숭배하는 신들과 같이 그의 백성을 구원할 능이 없어(민 14:13~19) 바벨론의 불가항력적인 힘 앞에 무너져 그의 이름이 더럽혀질 때에는 바벨론의 느브갓네살을 어린 다니엘과 그의 세 친구들을 통해서라도 무릎을 꿇게 하여 자신이 역사와 세계의 주권자이심을 증거하여 드러내셨습니다. 또한 당시 중동의 패권을 잡은 이방인의 왕 고레스라도 그의 일꾼으로 불러서 바벨론을 멸하시고 그의 백성들을 구원하심으로 그의 큰 이름을 거룩하게 하십니다. 역사를 주관하시는 역사의 주이심을 드러내신 것입니다(단 2:46, 47; 3:28, 29; 6:25~27 등).

당시 중근동의 패권자 느브갓네살과 다리오 두 왕의 고백을 들어 보십시오. "왕이 대답하여 다니엘에게 이르되 너희 하나님은 참으로 모든 신의 신이시요 모든 왕의 주재시로다 네가 능히 이 은밀한 것을 나타내었으니 네 하나님은 또 은밀한 것을 나타내시는 자시로다, 내가 이제 조서를 내리노라 내 나라 관할 아래 있는 사람들은 다 다니엘의 하나님 앞에서 떨며 두려워할지니 그는 사시는 하나님이시오 영원히 변치 않으실 자시며 그 나라는 망하지 아니할 것이요 그 권세는 무궁할 것이며, 그러므로 내가 이제 조서를 내리노니 각 백성과 각 나라와 각 방언하는 자가 무릇 사드락과 메삭과 아벳느고의 하나님께 설만히 말하거든 그 몸을 쪼개고 그 집으로 거름터를 삼을지니 이는 이같이 사람을 구원할 다른 신이 없음이니라 하고"

이제 더 나아가서는 역사가 더욱 길고 깊은 그의 창조 세계에서 그의 이름의 모독을 끝내실 텐데 이는 죄악을 청소하시고 정화에의 심판을 집행하시며 우주적인 구원과 의에 거하는 바 새 하늘과 새 땅의 그의 의로운 나라를 완성하심으로 그의 큰 이름을 거룩하게 하실 것입니다(시 46). "이르시기를 너희는 가만히 있어 내가 하나님 됨을 알지어다 내가 열방과 세계 중에서 높임을 받으리라 하시도다.(10)"

하나님의 이름의 성별과 우리

그리고 "거룩히 여김을 받으시오며"는 존경과 경외를 불러일으키도록 명예와 영광 가운데서 하나님의 이름이 성별되기를 간구하는 것입니다. 그러므로 이 기도는 하나님께서 마땅히 그리고 그 이름에 합당하게 거룩히 여김을 받기를 기도하는 것이고 따라서 그의 이름은 그의 피조물과 그의 형상으로 지음 받은 사람들의 생각과 행위에 의해 소홀히 여김을 받아서는 안 되는 것입니다.[13]

그러나 이것은 하나님이 거룩하게 되소서 하는 기도가 아니요 하나님께서 그 본래대로 인정받으시고 우리의 삶 속에서 하나님 되시기를 기도하는 것입니다(시 46:10~11).[14]

또한 우리가 하나님을 본래 그분의 품격대로 거룩하게 맞아들이고 예배할 때 즉, 우리의 모든 삶의 영역 가운데 하나님께서 하나님이 되실 때, 예배가 바로 드려질 때 우리의 경건이 서고 신령한 삶이 있게 되는 것입니다. 그리스도인의 삶이 있게 되는 것입니다. 이러한 삶을 통해서 우리는 지극히 높으신 이의 아들들이라고 일컬음을 받게 되며 하나님께서는 영광을 받으시게 되는 것입니다.

---

13) Carson, 170.

14) G. W. Bromiley, gen. ed., The International Standard Bible Encyclopaedia, 4 vols. (Grand Rapids : Eerdmans, 1985), v. 3, 161.

그러므로 전인격과 전체의 삶 자체가 하나님께 예배가 되는 산 제사가 되어야 합니다(롬 12:1~2).

믿음과 삶이 분리된다면 그것은 죽은 짐승을 바치는 옛 예배와 다름이 없는 것입니다. 신령과 진리로 예배해야 합니다. 삶과 불일치가 된 예배는 아무리 많이 화려하게 드려질지라도 하나님의 성전의 마당만 밟을 뿐입니다. 또한 하나님께서는 삶이 뒤따르지 않는 무수한 제물은 구역질이 나며 성회와 더불어 악을 행하는 것을 견딜 수 없다고 하셨습니다(사 1:1~12).

또한 우리가 드리는 예배는 하나님의 위대하심과 거룩하심과 크신 위엄 앞에서 경외심과 존경을 불러일으키는 예배가 되어야 합니다. 우리 하나님을 깊이 경험하는 시간이 되어야 합니다. 우리의 교만을 여지없이 꺾고 겸손히 회개하는 예배가 되어야 합니다. 우리의 삶을 변화시키고 거룩하게 되고자 하는 열정과 하나님의 형상을 이루도록 거룩한 열의와 소원을 불러일으키는 예배가 되어야 합니다. 그리스도의 이름으로 이웃을 사랑하고 복음을 전하고자 하는 마음을 불러일으키는 예배가 되어야 합니다. 그의 나라와 의를 구하는 삶으로 변화시키는 예배가 되어야 합니다. 복음의 도리를 더욱 깊이 깨닫고 경험하는 예배가 되어야 합니다. 이를 위해서는 예배가 우리의 삶의 일부가 아니라 인격과 삶 전체를 방향 짓고 결정하며 지배하는 중심에 와야 하고 힘과 정성을 다하여 예배해야 합니다.

우리가 우리 자식들을 부모님들이나 귀한 손님 앞에서는 훈계할 일이 있어도 삼가고 또한 훈계하다가도 우리의 부모님들이나 귀한 손님이 오시면 훈계를 멈춥니다. 마땅한 일에도 불구하고 이와 같이 삼가는 것은 그곳에 임석한 그들에 대해 경의를 표하는 것이 됩니다.

자신이 아무리 굉장한 위치에 있을지라도 그리고 마땅한 일이라도 그가 크신 하나님의 존전에 있는 것을 생각하고서 자신을 삼가고 겸손하고 단호하게 자신을 굽힐 줄 아는 사람이 되어야 합니다. 하늘 높은 줄 모르고 날뛰는 행위는 그의 하나님을 경외함 부족에서 비롯되는 행위입니다. 곧은 목은 하나님을 무시하는 것입니다.

우리 인간들도 행실이 바르고 인격이 출중한 젊은이를 보면 "저는 뉘 집 아들인고!" 하면서 그 가문과 부모들을 칭찬하는 것을 봅니다. 예수님께서 십자가에 달려 돌아가실 때에도 그의 경건을 보고서 로마의 백부장과 그와 함께 있던 자들이 "이는 진실로 하나님의 아들이었도다(마 17:54)"고 신앙고백을 하지 않았습니까?

그런데 우리에게 이러한 거룩한 삶이 없을 때는 하나님의 이름이 그리스도인들로 인하여 불신자들 가운데서 모욕을 받게 됩니다(롬 2:24). 영적 성장과 경건이란 무엇입니까? 오늘날 우리가 그와 같은 위치에 서 있지는 않는지 자신들을 돌아보아야 합니다. 얼마나 그리스도적 인격과 품성과 삶으로 성별되어 서 있는가를 살펴보아야 합니다. 회개해야 합니다.

또한 우리는 우리들이 상처받은 것에만 관심이 있기 쉽고 아파하고 우리의 명예가 실추되는 것을 견디지 못해 합니다. 내 맘에 드는가에만 생각이 머물기 쉽습니다. 우리는 우리 자신의 명예가 훼손되는 것은 견딜 수 없어 합니다.

그러나 내가 이런 행동을 한다면 하나님의 명예는 어떻게 될까, 하나님의 나라와 그의 백성들에게는 어떠한 결과를 초래할 것인가에까지는 생각이 미치지 못합니다. 그러나 우리는 매순간마다 하나님께서는 이것을 어떻게 받아들이실까, 얼마나 아파하실까, 하나님의 마음에는 합한 것인가를 고려해야 합니다. 하나님의 명예는 어떻게 될 것인가에 더 마음을 써야 합니다. 하나님의 나라와 그의 백성들에게 어떠한 결과를 초래할 것인가에 더 신경을 써야 합니다. 비록 그 일로 인해서 나는 낮아지고 내가 손해를 보며 나의 명예는 떨어질지라도 그렇게 해서 하나님의 영광이 드러나고 하나님의 뜻이 이루어진다면 기뻐하며 그 일을 수락할 수 있어야 하겠습니다.

첫번에 놓여진 간구 : 하나님으로 시작되어야 하는 기도

이 첫 간구는 맨 처음에 놓여짐으로 우리의 기도가 우리 자신이나 우리의 형편이나 환경으로 시작되어서는 안 되고 심지어는 우리의 영적인 필요로 시작되어서도 안 되며 하나님으로 시작되어야 함을 가르칩니다.[15]

자기 추구나 자기 중심성은 끝이 없습니다. 그래서 우리는 기도를 통해 자기 중심에서 하나님 중심으로 옮겨가는 성화의 길로 가는 것입니다. 구원과 용서를 구할 때도 하나님의 영광을 위해서 구해야 합니다(시 79:9~13).

아브라함은 소돔과 고모라를 위해 끈질긴 기도를 드립니다. 이와 같은 끈기 있는 중보기도가 필요하지만 그것은 소돔과 고모라의 구원

---

15) Plummer, 97.

만을 위한 것이 아니었습니다. 하나님께서는 아브라함이 내려가 소돔과 고모라를 확인하시기 이전에 이미 그들의 죄악상을 아셨습니다. 그러나 아브라함을 이 일에 연루시켜 아브라함으로 하여금 열국의 아비가 되는 첫걸음을 내딛게 하기 위해서 그들의 죄악상을 확인하시겠다고 하신 것입니다(창 18).

그런데 아브라함이 소돔과 고모라를 위해서 드린 끈질긴 중보 기도를 보면 그의 관심은 하나님의 공의와 영광이 자기를 통해서 더욱 명백히 나타날 일과 그 다음 의인들의 구원에 관심이 집중되고 있음을 알게 됩니다. 아브라함은 하나님의 공의로우심을 알았고 하나님의 공의에 호소해서 간청하고 있는 것입니다. 우리는 우리가 계획한 그 일이 이루어지는 데에만 마음이 빼앗겨 하나님을 끌어다 거기에 축복해 달라고 하기 쉽습니다. 그러나 아브라함은 달랐습니다. 하나님의 공의와 영광이 명백히 나타나는 일에 근거해서 기도했던 것입니다. 우리도 그래야 됩니다. 무엇이 먼저 와야 되는가를 알아야 합니다. 자기 중심, 자기 추구에 기초를 둔 적극적인 사고비법, 출세성공비법을 신앙과 동일시하는 것은 무서운 잘못입니다. 그것은 신앙이 아니라 자기 신념인 것입니다.

그의 하나님 앞에서 삼감을 보십시오. "티끌같은 나라도 감히 고하나이다, 내 주여 노하지 마옵시고 말씀하게 하옵소서, 내가 감히 주께 구하나이다, 주는 노하지 마옵소서 내가 이번만 더 말씀하리이다". 그의 중보기도는 하나님을 경외하고 그 앞에서 자기 삼감이 있으며 또한 끈질긴 것이었습니다. 나중에 이러한 아브라함의 중보기도는 하나님께서 소돔과 고모라를 심판하시면서 아브라함을 기억하사 심판

중에서도 머뭇거리는 롯의 손목을 잡고 끌어내는 구원의 역사로 이루어졌습니다.

전체 세계가 하나님 앞에 엎드리게 하는 간구

우리 하나님은 모세가 말한 대로 그와 같은 분은 어디서든 찾아볼 수 있는 그런 분이 아니십니다.

"여호와여 신 중에 주와 같은 자 누구니이까 주와 같이 거룩함에 영광스러우며 찬송할 만한 위엄이 있으며 기이한 일을 행하는 자 누구니이까(출 15:11), 이것을 네게 나타내심은 여호와는 하나님이시오 그 외에는 다른 신이 없음을 네게 알게 하려 하심이니라 여호와께서 너를 교훈하시려고 하늘에서부터 그 음성을 너로 듣게 하시며 땅에서는 그 큰 불을 네게 보이시고 너로 불 가운데서 나오는 그 말씀을 듣게 하셨느니라 여호와께서 네 열조를 사랑하신 고로 그 후손 너를 택하시고 큰 권능으로 친히 인도하여 애굽에서 나오게 하시며 너보다 강대한 열국을 네 앞에서 쫓아내고 너를 그들의 땅으로 인도하여 들여서 그것을 네게 기업으로 주려 하심이 오늘날과 같으니라 그런즉 너는 오늘날 상천 하지에 오직 여호와는 하나님이시요 다른 신이 없는 줄을 알아 명심하고(신 4:35~39)."

그러므로 이 간구를 드림으로 우리는 온 세상을 하나님 앞에 엎드리게 하는 뜨거운 열정을 가져야 합니다. 그러니까 이 기도는 그의 이름이 불려지는 곳에서는 아니 온 창조 세계에서 반역과 불순종과 불신과 모독 대신에 그에게 합당한 영광과 찬양이 돌려지게 하는 기도로 온 창조 세계가 선하신 창조주 하나님 앞에 합당한 찬양과 존경, 경외와 복종, 신앙과 예배, 감사를 드리기를 기도하는 것입니다.

첫 간구의 요약

이와 같이 기도는 하나님을 드러내는 것입니다. 세상의 기복 종교처럼 자기의 소원과 야망 달성을 위한, 자기 이름을 내기 위한 것이 아닙니다(창 11:1~4). 그리고 하나님의 이름을 부르면서도 자기 삼감이 없이 제멋대로 행할 때는 하나님을 망령되이 일컫는 것이 됩니다. 이것은 일상생활과 대인관계에서도 마찬가지입니다. 함부로 입을 열고 독기를 뿜어낼 때 그 자신의 경건이 무너집니다(약 1:19~27; 3:1~18; 4~5장; 4:11~12).

그 이름을 부르며 유일하신 분으로 신앙 고백하는 이들은 마땅히 모든 행사에 자기를 살핌과 삼감이 있어야 할 것입니다. 자기의 양심의 소리도 조심하고 절대화해서는 안 됩니다. 그의 임재와 권능 앞에서 거룩한 근신과 각성이 있어야 합니다(삼상 2:2, 3). 내가 하나님을 존경한다고 그분이 더 위대해지시지는 않지만 그분을 그 이름과 영광에 합당하게 섬기면 내가 위대해집니다. 하나님께서는 그를 존중히 여기는 자를 존중히 여기시기 때문입니다(삼상 2:30).

그러므로 "이름이 거룩히 여김을 받으시오며"는 하나님을 높이고 하나님께 영광을 돌리기 위한 마음과 삶을 기도하는 것입니다. 인격과 삶 가운데서 아무런 제약 없이 그의 영광을 반영하여 드러내기를 위해서 기도하는 것입니다. 그러한 삶을 통해서 하나님께서는 영광을 받으십니다. "이같이 너희 빛을 사람 앞에 비취게 하여 저희로 너희 착한 행실을 보고 하늘에 계신 너희 아버지께 영광을 돌리게 하라(마 5:16)."

우리가 믿는 하나님께서는 어떤 분이시며 우리가 따라 사는 진리의 성격을 증거하고 드러내는 것이 우리의 삶입니다. 우리는 우리가 주님으로 신앙 고백하는 예수님의 말씀과 뜻과 가르침과 모본을 얼마나 따르고 있습니까? 그의 거룩한 이름 즉, 하나님의 거룩하심과 사랑을 증거하며 드러냅니까?

2. 둘째 간구 : 나라이 임하옵시며
(Thy Kingdom Come)

하나님의 말씀을 단편적으로 받아 자기 생각과 적당히 배합하여 기도하는 것은 잘못입니다. 우리의 의는 더러운 옷과 같습니다(사 64:6). 하나님께서는 전심으로 자기에게 향하는 자들을 위하여 능력을 베푸신다고 하셨습니다(대하 16:9). 그러므로 마음이 끊임없이 그에게 열려 있어 그분과 교통하며 그의 가르침과 승인과 인도를 받아야겠다는 즉, 그의 음성을 듣고 그의 뜻을 따르겠다는 자세가 필요합니다.

우리는 내 생각대로 또는 닥치는 대로 일해 나가다가 무엇인가 문제에 부딪히면 그때야 임시변통으로 다급하게 혼란에 빠져 기도하곤 합니다. 이것도 잘못입니다. 우리는 인생 전체에 대한 하나님의 가르침과 인류 역사와 세계에 대한 하나님의 계획과 뜻과 이를 이루어 가시는 그의 경륜을 알고 기도해야 합니다.

먼저 그의 나라와 의를 추구해 나가는 인생행보로 근본 자세가 확고히 되어 있어야 합니다(마 6:33). 삶을 추구해 나가는 근본 정신이 중요합니다. 그러기 위해서는 하나님의 구속 경륜의 중심 하나님의 나라를 알아야 합니다. 하나님의 목적과 계획을 알아야 합니다. 하나님의 목적과 계획은 하나님의 뜻이 이루어지고 하나님의 영광을 아무런 제약 없이 발하는 세상을 완성하시는 것입니다. 그것을 하나님의 나라라고 하고 둘째 간구는 하나님의 목적과 계획이 이루어지는 하나님의 나라의 임함과 완성을 위해서 기도하는 것입니다.

하나님의 나라의 본질

하나님의 나라의 의미를 어원적으로 살펴보면 세속적으로 헬라어 Basileia는 원래 추상명사로 주권, 왕권 또는 통치권을 의미하는데 첫째는 추상적으로는 왕으로서 통치하는 왕권을, 구체적으로는 통치가 행사되어지는 통치 영역을 뜻합니다.

성경에서는 하나님의 나라는 기본적으로 하나님의 통치와 하나님의 왕권을 뜻합니다. 구약에서 히브리어 malkuth는 헬라어의 Basileia처럼 구체적인 뜻으로는 하나님에 대하여 사용되면 하늘에 계신 우주의 왕으로서 그의 권위와 통치를 의미하고 있습니다(시 22:28; 103:19; 145:11, 13; 단 6:26).

신약에서는 Basileia는 주권, 왕권과 지배권의 추상적인 뜻과 환유적인 방법으로 구체적인 뜻으로 왕이 통치하는 영토나 그 백성을 의미합니다(마 4:8; 막 3:24). 그래서 하나님의 나라는 하나님의 통치 영역이며 그의 왕권이 인정되는 영역입니다. 하나님의 나라는 하나님의 구원과 권세와 병행하며 그의 그리스도의 권위입니다(계 12:10). 한편 하나님 나라는 본질적으로 세 가지 특징을 가집니다.

1) 하나님의 나라는 권능의 나라이며 구원론적이다.

하나님의 통치는 모든 악의 세력을 멸망시키고 악의 세력으로부터 사람들을 구원하시는 데에 나타납니다. 하나님께서는 역사가 자기가 정하신 궤도를 벗어나 제멋대로 나아갈 때에 역사에 개입하셔서 역사의 물줄기를 바로 잡으십니다. 또한 하나님께서는 그의 백성들의 위기 때에 역사에 개입하셔서 그의 백성들의 원수를 심판하시고 그의 백성들을 구원해 오셨습니다.

출애굽 때에 이스라엘 백성 앞에는 홍해가 가로놓이고 뒤에는 애굽의 군대가 쫓고 있었습니다. 이 절대절명의 위기의 순간에 하나님께서는 역사에 개입하셔서 그의 백성들의 원수들에게는 심판을 내리시고 그의 백성들은 구원하십니다. 홍해를 가르시고 그의 백성들을 구원하셨습니다. 인간의 능력이나 지혜를 의지해서 하신 것이 아닙니다. 하나님 자신의 권능으로 자연과 인간 위에 군림하신 것입니다. 이러한 구원은 하나님 구원의 전형으로 나타납니다(출 14:13~14; 사 11:11~16).

그런데 종말론적으로 하나님의 나라는 하나님의 통치와 반대되는 모든 것을 멸망시키는 그리스도 안에서 하나님의 통치로 나타났습니다. 세상은 사탄의 지배하에 있어서 하나님의 나라에 적대됩니다(계 11:15). 어두움과 파괴 세력인 사탄은 사람들을 죄와 어두움에 붙들어 매고 하나님께 등을 돌리게 하며 하나님의 창조 세계를 파괴함으로써 그의 통치권을 행사합니다(고후 4:4).

그러나 하나님의 나라는 이러한 악의 지배 즉, 죄와 사망의 권세, 사탄의 권세를 멸망시키고 그것들로부터 사람들을 구원하는 그리스도 안에 있는 하나님의 구속적 통치입니다(요 12:31~33; 히 2:14~16). 그것은 성령 안에서 의와 평화와 기쁨을 사람들에게 가져옵니다(롬 14:17).

그러므로 그리스도의 나라에 들어가는 것은 어둠의 세력으로부터 구원을 의미하며(골 1:13) 중생이 동반됩니다(요 3:3, 5). 그래서 그리스도의 나라이기도 하며(골 1:12~15), 그리스도 안에서 성취되고 종국에 이르러 완성될 구원에 대한 하나님의 주권이며 역동적 활동입니다.

2) 하나님의 나라는 역동적이며 초월적이다.

하나님의 나라는 추상적인 원리가 아닙니다. 그 나라는 임합니다. 사탄의 왕국을 적극적으로 공략하는 하나님의 통치입니다. 귀신 들려(demon~possessed) 다시 말하면 어두움과 파괴 세력인 사탄의 소유물로 그의 지배하에 있기에 파괴되어 소경과 벙어리 된 사람을 예수님께 데리고 왔을 때 예수님께서는 사탄보다 강한 자로서 사탄을 결박지어 놓고 그에게 속하여 파괴되어 있던 사람을 빼앗아 내서 시력을 회복시키시며 입을 열어 말도 하게 하심으로 구원하십니다(마

12:22~29). 세례 요한에 의하면 전능하신 하나님의 행위로, 심판과 불의 세례이며(마 3:11, 12) 하나님께서는 구원과 심판으로 오신 그리스도 안에서 주권적인 통치를 드러내셨습니다.

또한 그 나라는 이 시대 끝에 영광 중에 임합니다. 그것은 현재적이며 미래적이며 종말론적입니다. 그 나라는 역사 속에 임하였습니다. 임마누엘이신 그리스도의 인격과 삶, 그의 사역을 통해 그리고 그의 죽음과 부활을 통해 사탄을 멸망시키며 사람들을 죄와 사망의 권세에서 구출하기 시작함으로 역사 가운데 들어와 현재가 되었습니다(마 12:22~29).

그 나라는 또한 초월적, 초자연적인 것입니다. 그것은 하나님의 행위입니다. 하나님께서 주체가 되어 성령의 초월적인 능력으로 스스로의 주권을 확립하심으로 도래합니다(눅 11:20). 그것은 세상의 질서를 변화시킵니다. 물리적인 힘에 의해서가 아니라 성령의 능력으로 임합니다(행 1:8). 말씀으로 임합니다(마 13). 사람은 피동적으로 하나님 나라의 선물이며 복인 의와 새 생명을 받아 누릴 뿐입니다. 인간은 그에 대한 증인일 뿐입니다. 그래서 우리는 하나님 나라의 임함을 기도하고 하나님께서 그의 주권을 확립시키시기를 기도하는 것입니다(마 6:10).

3) 하나님의 나라는 하나님의 왕적 임재이며 의로운 나라이다.

하나님께서는 그의 피조물들을 버려 두지 않으십니다. 그는 창조주시고 주관자시요 창조를 지탱하십니다. 그가 창조로부터 눈을 돌려 버리면 세상은 무로 돌아가 버립니다. 그는 우주의 통치자시며 만왕의 왕이십니다(시 90~106).

그래서 창조하시고 그의 창조를 정비하시고 정화하시며 자기의 영광에 이르도록 이끄십니다. 그는 창조를 보존하시기 위해 세상에서 발생하는 모든 사건 속에서 활동하시며 창조가 자기의 뜻과 정하신 목적에 맞도록 섭리하시며 본연의 창조의 목적 즉, 자기의 영광에 이르도록 만물을 통치하시고 계십니다. 이렇게 우주의 통치자이신 하나님의 뜻과 일치를 이루는 것이 의입니다. 이것은 본래 하나님께서 의도하신 모습을 갖추고 위치에서 본상을 이루는 것이 의입니다.

하나님께서는 자기 영광을 계시하시고 그가 지으신 창조에 대한 목적을 이루시기 위해 세상에 임하십니다. 그는 역사가 자기의 정하신 목표를 이탈하여 어두움과 강포에 휩싸일 때 역사의 방향과 궤도를 바로 잡기 위해서 역사에 개입하십니다.

또한 하나님께서는 주권적으로 그 자신의 시간과 방법으로 그의 계획들을 세우시고 이행해 가십니다. 그의 뜻은 그의 높으신 지식과 능력과 지혜에서 나온 것으로 그의 본성과 완전히 일치하며 그의 선하심의 발로이며 모든 존재의 시작과 최종적 목표입니다. 그리고 모든 존재의 기능과 위치를 정하시고 자기의 뜻에 완전히 맞도록 성별시켜 가십니다. 이것이 창조와 구속으로 경륜, 전개되었습니다.

원래 창조는 하나님의 은혜로우신 다스리심과 관할 가운데 생명의 환희를 구가하고 있었고 하나님이 보시기에 선하였습니다. 그러나 창조를 책임 있게 관리하도록 부름을 받은 인간의 타락으로 그가 대표로 있는 창조 세계도 그와 함께 하나님의 다스리심과 관할하심으로부터 이탈, 탈락하였고 이로 말미암아 하나님과 그의 피조물 사이, 피조물과 피조물 사이에는 죄와 적대감이 가로놓이게 되었으며 세상은 죄와 사망의 권세 아래 왜곡과 불협화음으로 가득 차게 되었습니다.

그래서 구속은 그리스도의 속죄 사역을 통해 죄와 적대감을 제거하시고 이 하나님의 은혜로우신 다스리심과 관할하심으로 회복시키는 것이며, 창조에 대한 하나님의 주권을 회복시키는 것입니다. 그리고 이 세상의 끝에는 하나님께서 친히 사람들과 함께 거하시며 마침내 만물이 새롭게 되고 하나님만이 참 하나님이심을 드러내시는 역동적인 하나님의 자기 계시가 완성될 것이며 하나님께서는 자기의 임재를 창조 가운데 충만케 하실 것입니다(고전 15:28).

이와 같이 하나님의 나라는 불의와 어두움, 거짓과 허위, 미움과 불화, 죽음과 멸망에로의 역사의 흐름을 단절시키고 창조를 갱신과 변혁시키며 종말론적인 미래가 현재 낡은 세계 속을 진입하는 의와 빛, 진리, 사랑, 평화, 치유, 생명의 나라이며 세계 화해와 완성으로 새로운 세계와 새로운 삶을 가져오는 하나님의 권능과 의의 나라인 것입니다.

그리고 이 하나님의 권능과 지혜는 그 나라를 담지하신 예수님의 성육신, 죽음과 부활을 통해서 세상에 공개적으로 천명되었습니다(고전 2:6~8). 그러므로 하나님의 나라는 그리스도 안에서, 그를 통해서, 그와 더불어서 동이 텄고 성령을 부어주심으로 그의 재림에 의한 완성을 보증합니다(고후 1:22; 5:1~5).

하나님의 나라와 구속사

창조로 하나님께서는 어두움과 무의미, 무질서, 무목적한 세계에 구원으로 들어오셔서 빛, 의미, 질서와 목적을 가져오셨습니다. 또한 자기를 계시하셨으며 처음의 하나님의 창조는 하나님의 뜻과 일치되었고 그의 은혜로운 관할과 다스림 가운데 생명을 구가하고 있어서 하나님 보시기에 선하였습니다.

그러나 창조를 책임 있게 관리하도록 부름을 받은 신정 대리인 인간의 타락과 반역으로 이 선하신 하나님의 창조는 하나님의 관할과 다스리심으로부터 이탈, 탈락하고 고장이 나서 죄와 사망의 지배의 사탄의 권세 아래 왜곡과 불협화음으로 가득 차서 서로 사이에도, 하나님께도 반역되어 질병을 일으키며 죽이며 먹고 먹히며 서로를 파괴하며 죄악과 적대감이 그들 사이에 끼어 들게 되었습니다.

이리하여 하나님을 예배하며 섬기며 교제하는 적극적인 선과 서로 사이에도 최고선을 경험할 수 없게 되어 오늘날과 같은 세상이 되었습니다. 만일 하나님께서 노아 언약을 통해서 창조의 구속과 새로운 출발을 통해 인류 사회 존속을 위해 양심과 도덕, 법이나 국가와 같은 질서를 세우는 보존의 자연 언약을 주시지 않았더라면 인류와 세상은 자멸의 심판으로 끝이 났을 것입니다.

그리고 창세기의 바벨탑 사건에서 볼 수 있듯이 인간은 죄악 때문에 자기 지혜와 힘으로는 평화와 안전과 일치와 최고선을 갖지 못하고 서로 대적하며 알력과 분열, 저주와 심판만이 있게 됩니다. 이 인간의 딜레마에 대한 대책으로 하나님께서는 구속 언약을 세우셔서 이 언약의 세계적 성취를 위해 아브라함을 택하시고 그를 통하여 하나님의 지혜와 힘으로 이룩하여 창조 세계에 내려진 저주를 복으로 반전시키고 세계를 복 주실 하나님의 큰 뜻의 성취, 온 인류에게 평화와 구원을, 온 창조를 구속, 자기의 은혜와 다스림 가운데로 회복과 그의 영광에로 완성을 가져올 신정국(하나님의 나라)을 건설하려 하셨습니다.

그리하여 아브라함을 시조로 한 민족을 기업으로 빼시고 그 민족에게 자기와 구속을 계시하시며 말씀을 의탁하시고 모든 민족 가운데서 하나님이 내신 거룩한 도리를 따라 사는 귀감이 되게 하셔서 자기와 그의 은혜와 구속의 경륜과 뜻을 세상에 알게 하시며 그 민족을 통하여 메시아를 보내시고 구속사를 잉태시켜 세계사로 전개하시려 하셨습니다.

이 나라는 그리스도의 속죄 사역을 통해 죄와 모든 창조 가운데 적대감, 상호반역, 왜곡과 불협화음이 제거되어 어린아이가 독사굴에 손을 넣고(인간과 피조물 사이의 화해), 이리와 어린양이 함께 누워도(피조물과 피조물 사이의 화해) 해됨이 없고 사자가 어린아이에게 이끌리어 맹수성이 통제되며 죽음이 정복되고 황폐된 인간성도 회복되며 자연의 세계도 다 회복되고 하나님의 창조의 영광의 완성에 이르는 새 하늘과 새 땅이 임할 것입니다(사 11, 35, 66, 계 21 등). 이리하여 창조가 본연의 목표와 완성에 이르러 하나님의 영광으로 충만하게 될 것입니다.

하나님의 나라의 현재성과 미래성

1) 구약계시와 신약계시의 통일성

구약은 한 목표(예수 그리스도)를 향하여 발전되어 가는 역사로 어두움의 권세를 멸하러 오실 여인의 후손, 메시아를 구체적으로 계시하여 나가는 것이며 신약 사복음서는 그 목표의 성취, 그 구체적인 모습을 보여 주며 서신서는 이를 해명하고 있습니다(요 5:39).

그러므로 예수 그리스도는 종말론적인 하나님의 계시이고 구약 모든 계시의 총화입니다(고후 1:20; 히 1:1~3; 요 1:14). 그러니까 구약에서 하나님의 임하심이 그리스도 안에서, 그리스도를 통해서, 그리스도와 더불어 총화 구현되었고 이러한 하나님의 계시는 구속사적으로 통일되어 있습니다. 그리고 구약에서는 하나님의 나라에 대한 용어는 나오지 않으나 역동적인 의미를 지닌 하나님의 주권적 통치하심에 초점이 모아져 있으며 그가 우주의 왕 되심에 대해서 자주 말하고 있습니다(시 93:95~100).

그리고 하나님께서는 자기 백성들을 구원하시고 그의 백성들의 원수들에게 심판하시며 나아가서는 자기 백성들마저도 정화하기 위해 임하셔서 역사에 개입해 오셨습니다(출 14). 다시 말하면 역사가 자기의 정하신 목표를 벗어날 때 역사에 개입하셔서 역사의 방향과 궤도를 바로잡으시며 새로운 구원 전략을 출범시키십니다.

그런데 하나님께서는 다시금 새롭게 종말론적으로 임하실 것을 말하고 있습니다. 그리하여 여호와의 주권의 계시와 우주적 시인, 의의 승리와 세계 평화와 구원의 완성을 가져오실 것입니다(시 46).

2) 하나님의 나라의 현재성 : 이미 임한 종말

예수님의 인격과 사역으로 구약의 하나님의 임하심이 종말론적으로 구현되고 하나님의 통치와 그의 약속들이 실현되어 파괴 세력 사탄의 권세는 전복되고 구원과 해방이 오고 하나님의 나라가 현재적으로 이미 임하였습니다(마 12:22~29; 막 2:15~22; 마 13:16~17; 눅 15; 7:19~22; 14:16~24). 그래서 예수님께서는 하나님의 나라가 가까웠다고 하셨으며 메시아에 대한 구약의 예언이 자기 안에서 성취되었다고 왕의 취임사를 하십니다(막 1:15; 눅 4:16~21).

구약에서 하나님께서 임하실 때는 그의 백성들의 원수들과 죄악을 심판해 오셨는데 그러한 통치의 실제, 하나님의 왕권과 능력이 예수님께서 사탄을 결박짓고 그 부하들을 쫓아내며 그들을 왕으로서 짓밟으시고 그의 백성들을 구원하신 데에 나타난 것입니다.

예수님께서는 자신의 인격, 삶, 비유적 행위들과 가르침을 통하여 하나님의 나라가 역사 안에 실현됨을 가르치셨습니다. 잔치와 잔치의 비유들이 가르치는 대로 준비 완료된 잔치 그리고 자기가 베푸는 잔치 가운데서 아버지의 사랑이 실재가 되고 있다고 하시며(사 25:6~8; 눅 16:16~24; 15) 하나님만이 하실 수 있는 죄용서를 자신이 직접하심으로(막 2:1~12) 하나님의 은혜와 구원의 해가 떠올라 종말론적인 나라가 자기의 인격과 사역을 통해 현재적으로 임하여 구원의 새 시대가 열렸다고 하십니다.

특히 그의 사역의 절정인 십자가의 죽음과 부활은 이 세상 임금 사탄의 권세와 통치 수단을 무력화시킨 것으로 사탄이 인간을 주장할 권리는 박탈되었습니다(요 12:31~33; 히 2:12~14). 그의 죽음으로 죄값은 지불되었고(사 40:2) 사탄의 통치 수단은 박탈되었으며 그의 부활로 사망의 권세는 무력화 되었습니다.

그러므로 구약의 약속들은 더 이상 미래가 아니고 또 단순히 임박한 미래가 아니라 그리스도 안에서 이미 현재로 실현된 것입니다. 이렇게 해서 하나님의 나라는 예수님 안에서 그분과 더불어 그분을 통하여 동이 터 현재가 되었고 그리스도 안에 숨겨진 상태로 가까이 와 있으나 회개하고 그분을 믿는 사람들에게는 구원의 능력이 행사되어 영적인 실재로 그들 가운데 임합니다(눅 17:20, 21; 고후 6:2).

따라서 죄와 어두움, 허위와 거짓, 증오와 분열, 파멸과 죽음으로 흐르던 역사의 물꼬가 되돌려져 의와 빛, 진리와 참, 사랑과 일치, 평화와 생명과 하나님께로 역류가 시작되어 종말론적인 구원의 날이 동이 튼 것입니다. 종말론적인 미래가 현재의 낡은 세계 속을 뚫고 들어와 역사가 구원받기 시작한 것입니다.

3) 하나님의 나라의 미래성 : 장차 완성될 종말

그러나 주의할 것은 예수님께서는 하나님의 나라가 남음이 없이 완전히 임하였다고 가르치지는 않았다는 것입니다. 그의 재림으로 하나님의 나라는 완성되는 것입니다(막 14:62; 눅 12:31; 13:28, 29; 살전 4:13~18; 계 5:9, 10; 21:1~22:5). 모든 핍절이 채워지는 것은 미래에 오는 것입니다(마 5:3~13).

뿐만 아니라 예수님께서 행하신 이적들은 하나님의 나라의 실상으로 그와 같이 장차 최종적으로 임할 영광스러운 하나님의 나라에 대한 소망을 불러일으키는 예언적 의미를 지닙니다.

그래서 그 나라를 사모하며 그 나라가 임함을 위해 기도하라고 하셨습니다(마 6:9~13). 뿐만 아니라 최종적인 종말이 되면 무서운 고난의 때가 있으며 그후 우주적인 심판과 구원이 있을 것이고 이를 위해 깨어, 준비해야 할 것을 가르치셨습니다(마 18:3; 25; 눅 17:20~18:30).

이 때는 그리스도 안에서 만물이 회복, 통일되고 죄악과 죽음이 정복되며 최후심판이 있으며(마 13:24~30), 온 우주가 갱신되고 새롭게 될 것입니다(사 11:1~10; 35). 파괴 세력 사탄이 완전히 심판 받고 연약한 몸이 부활한 몸으로 변화 받으며 우리의 전 존재가 그리스도의 영광스러운 형체와 같이 변화되어 죄와 악, 시험과 유혹, 질병과 고통이 다시는 어떻게 하지 못하게 될 것입니다(롬 8:18~30; 고전 15:35~56; 빌 3:21). 내적이고 영적인 실체가 가시적이고 만질 수 있게 서며 우리는 하나님의 불사의 생명과 부요하심에 참여로 피조성의 혼란과 한계를 벗게 될 것입니다. 온 창조 세계가 하나님께서 목표하신 본연의 목표와 완성에 이르러 그의 영광과 찬송이 될 것입니다.

4) 현재성과 미래성과의 관계(마 13)와 방법론

마태복음 13장의 하나님의 나라의 비유들은 현재성과 미래성과의 관계를 잘 드러내고 있습니다. 씨 뿌리는 비유는 하나님의 나라를 가져오시는 분이 인자, 곧 다니엘서의 하나님의 대권자로, 흑망의 권세를 멸하고 하나님의 백성을 창조하셔서 모으시는 예수 그리스도이십니다(단 7). 그리고 하나님의 나라는 파종의 때가 있고 추수의 때가 있습니다. 그리고 씨는 이미 뿌려졌고 파종은 시작된 것입니다. 하나님의 나라는 그리스도 안에서, 그와 더불어 그를 통해서 이미 동이 텄습니다.

하나님의 나라는 거룩한 나라로 무력과 사악한 방법에 호소하는 세상 나라, 칼에는 총, 총에는 대포식의 힘의 우위에 의해 사람을 굴복시키거나 피의 씨, 복수의 씨를 뿌려 거두고 악순환하는 세상 나라와는 다릅니다. 오히려 그루터기의 순으로, 어린아이로, 겨자씨로, 십자가로, 죽음으로 임하여 적을 친구로 만들며 사람들을 새롭게 탄생시켜 새로운 질의 삶을 살게 하는 생명의 나라입니다.

물리적인 힘의 우위의 원리가 아니라(구약의 이스라엘도 기드온이나 히스기야 시대에 볼 수 있는 것처럼 물리적인 힘의 우위로 이긴 전쟁이 없습니다) 하나님의 신비스러운 능력과 방법(주권)으로 승리합니다(마 2:23; 사 9, 10:33~11:10; 수 6; 삿 7; 마 13; 고전 1:17~2:8 등).

하나님께서는 자신에 대한 반역을 사랑으로 돌이키십니다. 그리고 하나님만이 타락한 인류를 내적으로 감화, 설득하시고 돌이킬 수 있으십니다. 그런데 이 신비스러운 전쟁의 승리가 십자가에서 그리스도의 죽음과 부활로 죄와 적대감의 제거, 구속이 이루어지고 왜곡된 것이 바로 되고 의가 회복되어 진리와 선에 이르게 되어 극치적으로 왔습니다(롬 3:23~31; 엡 2:11~16; 빌 2:1~11; 골 1:20; 히 5:7~9). 십자가는 우리의 죄, 불신, 불순종이 심판 받고 극복된 곳으로 하나님의 사랑과 공의가 만족되어 우리의 큰 구원이 성취되었습니다(요 3:14~15; 민 21:4~9; 요 19:30; 눅 24:44~49).

그래서 하나님의 나라는 유대인들이 기대하듯 물리적인 힘이나 권모술수에 의해서 임하는 것이 아니라 말씀을 인간이 믿어 순종함으로 임하고 성장합니다. 예수님과 그분의 말씀과 사역과 가르침을 받아들이는 사람들의 수용 자세와 반응에 따라 30배, 60배, 100배로 풍성한 수확을 거둘 것입니다(마 13:3~23 즉, 씨뿌리는 비유).

그리고 유대인들의 묵시적 종말론처럼 이 세상이 심판 받아 바로 악이 제거되고 새로운 세계 즉, 하나님의 나라가 도래하는 것이 아니라 선과 악이 공존합니다. 이 악한 세대 가운데 구원으로 역사하여 하나님 나라 백성을 모읍니다. 그리고 악과 함께 자라지만 정화를 위해 심판의 추수 때가 반드시 있습니다(마 13:24~30; 47~50 즉, 가라지와 그물의 비유). 그렇기 때문에 현실에 있어서는 불의와 폭력이 난무하고 고난이 있습니다. 그러나 마치 애굽을 심판하고 이스라엘을 구원하시듯 어두움의 권세를 멸하시고 자기 백성들을 마침내 구원하셔서 하나님의 나라를 완성하십니다.

미미한 시작이나 순식간에 이방인까지 포괄해 버립니다(마 13:31~32 즉, 겨자씨의 비유). 구원의 역사가 이방인에게 확대되는 것입니다. 유대인들이 기대하는 것처럼 배타적으로 유대인들에게만 구원의 기회가 주어지는 것이 아닙니다. 그리고 시작한 것은 창조를 새롭게 하실 하나님의 전능하신 사역으로 전 영역, 전체를 다 변혁하실 것입니다(마 13:33 즉, 누룩의 비유).

감추인 보화와 값비싼 진주의 비유(마 44~46)는 율법 준행을 통해 자기 의와 성취로 들어가는 것(바리새인들이 추구하듯)도, 무력이나 이데올로기적인 혁명(셀롯 당이 추구하듯)에 의해서도 엄격한 금욕으로 들어가는 것(에세네파가 추구하듯)도 아니고, 오직 발견 즉, 은혜로 되고 그 나라의 위대함을 깨달은 사람들의 전체 삶의 전환과 헌신을 가져옵니다.

보잘것없는 미미한 시작에도 불구하고 하나님의 주권적인 능력과 비밀이 그 가운데 있어 권능과 영광 가운데 그의 주권적인 계시가 나타나고, 겨자 식물은 모든 만물을 포괄하는 하나님의 통치의 우주성을 상징하는 묵시적 예언의 나무가 되어 그 아래서 온 인류가 완전하고 영원하게 안식할 것이며 이 하나님의 주권은 예수님의 겸손한 사역에서 시작되어 하나님의 우주적 심판과 통치의 승리로 완성되며 모든 부분을 뚫고 들어가 변혁할 것입니다(막 4:26~29; 겔 17:22~23; 31:6; 단 4:10~12; 시 104:12).

또한 이 비밀리에 자라는 씨의 비유는 예수님과 함께 시작된 일이 마침내 미래의 궁극적인 하나님의 나라에서 정해진 목표들에 도달하게 됨을 확신케 해줍니다. 이와 같이 예수님의 인격과 사역 안에서 그리고 그의 인격과 사역으로 하나님 나라는 역사 안에 현재로 실재하며 미래에 완성될 것입니다.

여기서 이러한 예수님의 비유들과 산상보훈의 가르침들은 하나님의 나라의 임함을 배타적으로 유대인의 원수들을 정복하고 이스라엘을 모으시기 위해 역사에 개입하시는 하나님의 행위로만 기대하고 있던 유대인들을 당황시키기에 충분했습니다.

더욱이 예수님께서는 이방인 백부장의 하인을 고쳐 주시고 그의 믿음을 칭찬하시면서 동서로부터 많은 사람들이 천국의 잔치에 아브라함과 이삭과 야곱과 함께 참여하려니와 나라의 본 자손들은 배제된다고 하시며(마 8:5~13) 또 유대인들이 개취급하는 가나안 여인의 딸을 역설적인 방식으로 고쳐 주심으로 유대인들의 눈길을 주목케 하여 하나님의 나라가 이방인들에게도 얼마든지 열려 있음을 역설적으로 더욱 명백하게 드러내셨습니다(마 15:21~28; cf. 행 2:39).

이리하여 예수님의 이 말씀은 사도행전에서 현실화되었습니다. 사도 역사는 새로운 언약 공동체 교회의 설립과 이방인의 구속사로 제자들이 예루살렘을 넘고, 온 유대의 울타리를 넘어 사마리아와 땅끝까지 이르러 하나님의 나라의 복음을 전파하여 하나님의 나라가 신분과 종족과 민족의 벽을 넘어 우주적으로 실현되는 것을 보여 줍니다.

이와 같이 하나님의 나라는 예수님의 인격과 사역 속에서 출범하였고 점차 자라서 뚜렷한 형체를 갖추어가고 마침내 완전히 이룩되는 것입니다. 그리스도 안에서 "이미" 성취되었고 "아직" 완성과 종국을 향하여 진행하고 있습니다.

헬만 리델보스가 말한 대로 "하나님의 나라는 두 가지 큰 순간을 포함하고 있는데 역사 내에서의 성취와 역사 끝의 완성"이요 "성취와 완성"의 양면성을 가르칩니다.

이중적으로 임하는 하나님의 나라와 기도

이와 같이 하나님의 나라는 현재성과 미래성의 이중성을 갖고 임하기 때문에 우리는 하나님의 나라의 복인 의와 새 생명을 누리면서도 동시에 고난을 당하고 있습니다. 우리가 살고 있는 이 세상은 인간의 모든 문제의 원천이며 죄악의 원흉인 사탄의 지배하에 있어서 죄악과 불의로 가득 차 있습니다. 사탄의 통치 수단은 죄와 사망의 권세입니다. 사탄은 우리를 어두움에 붙들어 매고 죽음으로 채찍질해 갑니다.

그러나 죄와 사망의 권세는 그리스도의 죽음과 부활을 통해 법적으로 심판을 받아 끝이 났습니다(마 4:1~11; 요 12:31~33; 히 2:14~18; 골 1:13~23; 2:8~16; 고전 15). 사탄이 인간을 주장할 근거는 없어졌습니다. 예수님께서 하나님의 공의의 심판을 십자가에서 받으시고 죄값을 지불하시고 부활하셨기 때문입니다. 그래서 예수님의 인격과 선포와 사역으로 하나님의 나라가 세상에 확립은 되었습니다. 그러나 완성되지는 않았습니다. 하나님의 나라는 현재적으로 실재하지만 미래적으로 완성은 아직 오지 않았습니다. 사탄이 공중 권세를 잡고 있습니다.

그래서 생명의 근원이신 하나님을 떠난 죄의 증상인 고통과 질병을 당하고 있으며 마침내는 육체도 사멸해 가는 것입니다. 마치 나무에 뿌리가 뽑히면 뿌리에 묻은 흙에 습기가 있는 동안에는 살아 있는 것 같지만 마침내 습기가 마르면 말라서 죽는 것처럼 생명의 근원이신 하나님으로부터 단절되어 육체도 사멸해 가는 고통을 맛보며 사는 것입니다.

그러므로 우리가 "나라이 임하옵시며"라고 기도할 때에는 "이 악과 고난의 지배를 끝내고 하나님의 직접 통치가 온 세상에 편만하게 임하여 하나님의 법적인 통치가 실제로 세상 구석구석에 확립되어서 사탄을 완전해 격멸하고 타락한 세상을 정화하시고 구원, 회복하옵소서"라는 의미로 기도하는 것입니다. 죄와 사망의 권세를 멸하고 죄와 사망의 영향을 받지 않는 부활의 새 존재, 영생이 완전히 발휘되게 하소서 하는 기도인 것입니다.

그리고 또한 현실적으로는 사람들이 회개하고 즉, 죄악된 사고방식과 생활 방식을 버리고 하나님께로 돌아와 우리의 삶 가운데서 하나님의 주권과 왕권을 인정하여 하나님 통치가 모두의 마음과 뜻 위에, 개인과 세계 위에 확립되기를 기도하는 것입니다. 세계를 향한 하나님의 영원한 계획이 이루어짐을 위해서 기도하는 것입니다.

인류의 조상이 금단의 열매를 먹은 것은 인간이 하나님과 같이 되어 선악을 자기의 소견에 옳은 대로 결정하여 즉, 자기 주장하려는 의지대로, 자기가 왕으로서 자기 주장하려는 의지에 기초된 지배권을 세워 나가려는 것이었습니다. 그러나 이제 "나라이 임하오시며"라고 기도함은 이와 같은 자기 추구, 자기 주장, 자기 왕권을 확립하려는 자세를 부인하고 하나님의 뜻과 통치가 이루어지기를 기도하고 그 기도에 자신을 헌신하여 나가는 것입니다.

하나님의 나라와 그 백성들의 형편에의 관심

따라서 하나님의 백성들은 하나님의 나라의 형편과 그 나라의 이룩됨에 큰 관심을 가집니다. 구약에 보면 느헤미야는 사로잡혀 바벨론의 포로 생활을 하고 있으면서도 예루살렘에서 온 그의 형제를 통하여 예루살렘에 남아 있는 하나님의 백성들과 그 성에 대한 소식을 근심 어린 마음으로 묻고 있습니다.

"나의 한 형제 중 하나니가 두어 사람과 함께 유다에서 이르렀기로 내가 그 사로잡힘을 면하고 남아 있는 유다 사람과 예루살렘 형편을

물은즉 저희가 내게 이르되 사로잡힘을 면하고 남은 자가 그 도에서 큰 환난을 만나고 능욕을 받으며 예루살렘 성은 훼파되고 성문들은 소화되었다 하는지라"(느 1:2~3).

이것은 그가 그의 나라와 백성들에 대해서 한시도 잊지 않고 있었다는 것을 보여 줍니다. 느헤미야는 하나님의 나라의 형편에 큰 관심을 가졌던 것입니다. 그런데 그가 접한 소식은 "사로잡힘을 면하고 남은 자가 그 도에서 큰 환난을 당하고, 능욕을 받으며, 예루살렘 성은 훼파 되고, 성문들은 소화되었다"는 것이었습니다. "내가 이 말을 듣고 앉아서 울고 수일 동안 슬퍼하며 하늘의 하나님 앞에 금식하며 기도하여(느 1:4)."

하나님의 백성들은 하나님의 나라와 그의 뜻이 이루어지는 일, 그의 백성들의 형편과 하나님의 영광이 나타나는 일에 깊은 관심을 가집니다. 아니 그보다는 그것이 인생의 전부입니다. 그러므로 하나님의 나라와 그의 뜻이 이루어지는 것과는 거리가 먼 비참한 현실, 죄와 사망의 권세 아래 고통을 당하는 현실을 직시할 줄 압니다. 현실의 문제와 그 원인을 볼 줄 압니다.

비전은 하나님의 시각으로 현재를 통찰하는 능력과 미래를 내다보는 안목이 결합해서 미래를 이상적으로 전망하고 기대하는 것으로, 현재 상태에 대한 견딜 수 없는 불만족과 가능한 이상적인 미래를 믿음으로 내다보며 전망하는 것입니다. 느헤미야는 하나님의 백성들이 안식을 못 누리고 어두움의 권세들에게 이리 치이고 저리 치이는 것을 하나님의 뜻과는 조화될 수 없는 견딜 수 없는 것으로 받아들였던 것입니다.

"나라이 임하옵시며"라고 기도 드리는 우리도 죄와 사망의 어두움의 권세 아래 파괴되고 황폐되어 가는 세상과 영혼들을 볼 수 있어야 합니다. 문제를 볼 줄 알아야 합니다. 이면의 문제의 원인을 볼 줄 알아야 합니다. 현상에 안주하는 사람이 되어서는 안 됩니다. 한시라도 하나님의 나라와 그의 뜻이 이루어짐에 대해서 잊어서는 안 됩니다. 하나님의 나라와 그의 뜻이 이루어지는 일, 그의 영광이 드러나는 일이 그의 인생의 목표가 되어야 합니다.

그러면 하나님의 나라의 형편을 듣고 느헤미야는 무엇을 했습니까? 그는 절망스러운 소식을 듣자 울고 슬퍼하며 금식하고 기도를 드립니다(1:4). 느헤미야가 자신만을 생각했더라면 "술 맡은 관원"이라는 왕의 신임받는 측근 중의 측근으로서 망해 버린 나라에 대해 모른 체하고 자신은 평안하고 안일한 삶을 얼마든지 누릴 수 있었습니다.

그러나 그는 이와 같이 슬퍼하고 울며 금식을 합니다. 따라서 느헤미야는 왕궁에서의 평안과 안락의 길을 택하기보다는 하나님의 백성으로서 그 백성을 위하여 일하기를 소망하고 모든 생활을 떨쳐 버리고 고국으로 돌아가서 하나님의 나라와 그의 뜻을 이루기 위해서 이러한 고난의 길을 선택하게 된 것입니다. 하나님 백성들의 아픔을 자기 것으로 삼은 것입니다.

이리하여 느헤미야는 성벽재건도 이루어 내고 에스라를 통하여 말씀 부흥을 일으키게 하여 하나님의 백성들을 또한 재건했습니다. 제3차 귀환과 예루살렘 성 중건 사역을 완수하여 하나님의 영광을 드러내고 하나님의 백성들에게 안식을 가져온 것입니다. 성벽을 재건하고 영적, 도덕적으로도 타락한 백성들을 말씀으로 재건시킴으로 하나님의 나라의 진흥을 가져오고 열강 가운데 하나님의 나라를 선양한 것입니다.

모세도 자기만 원하면 멸시 받는 히브리 노예가 아니라 애굽 공주의 아들로 칭함을 받고 애굽 궁정 교육을 받아 애굽의 학문에 통달하여 왕자의 도를 갖추었기 때문에 출세와 성공의 가도를 달릴 수가 있었습니다. 그러나 그는 그것을 잠시 죄악의 낙을 누리는 것으로 간주하고 하나님의 백성들과 함께 고난의 길을 택하여 그들을 출애굽시키는 하나님의 큰 구원을 가져왔습니다(히 11:23~29).

다윗도 하나님의 백성들이 국가를 이루지 못하고 이방인들에게 침략 당하는 것을 하나님의 뜻과는 조화될 수 없는 견딜 수 없는 것으로 받아들이고 감연히 나가 싸워 이방의 세력을 구축하고 신정국을 건설하여 하나님의 영광을 선양하고 그의 백성들에게 평화와 안식을 가져다 주었습니다.

그는 사악한 사람들이 사악한 방법으로 주권을 행사하여 파괴되어 있고 죄악이 관영한 가나안 땅에 하나님의 심판을 집행하고 하나님의 주권을 회복하여 하나님의 거룩한 통치가 이루어지는 신정국을 건설했습니다. 그리하여 하나님의 이름을 만방에 드러내고 하나님의 나라를 선양하였던 것입니다.

이와 같이 하나님의 백성들은 한결같았습니다. 우리도 자신의 안일한 삶에 안주하지 말아야 합니다. 자신의 안일한 삶, 자신의 출세, 성공만을 지향하는 삶을 산다면 하나님의 백성이라고 할 수 없습니다.

오늘날도 세상은 파괴 세력, 어두움의 권세, 사탄의 지배 아래 있어서 고통하며 신음하고 있습니다. 사악한 흑암의 권세가 주권을 행사하여 인간성과 모든 것이 파괴되어 가고 있습니다. 죄가 세력을 이루고 인간과 그들의 문화 안에 세력을 형성하고 지배하고 있습니다.

예수님께서도 하나님의 형상으로 지음 받아 그의 창조 세계에 하나님의 영광을 선양하도록 한 인간들이 이러한 비참한 상태에 있는 것을 하나님의 뜻과는 반대가 되는 상황을 견딜 수 없게 여기고 이러한 세상에 하나님의 심판을 집행하고 창조에 대한 하나님의 주권을 회복하고 인간들을 구원하며 하나님의 거룩한 통치가 이루어지는 하나님의 나라를 이미 역사 안에 출범시키셨습니다. 이리하여 법적인 통치는 회복되었으나 실제로 그의 재림으로 그의 통치가 죄와 사망, 사탄의 권세를 종식시키고 하나님의 나라를 완성하실 것입니다.

그래서 아직도 세상은 사탄이 공중 권세를 잡고 세상을 지배하기 때문에 파괴되어 있고 죄가 관영해 가고 있습니다. 이러한 때에 우리도 세상과 죄와 사망의 권세, 사탄을 심판하고 정복하고 하나님의 통치를 확립하는 그리스도의 죽음과 부활의 복음을 선포하여 어두움의 권세 위에 하나님의 심판을 집행하고 온 창조세계 위에 하나님의 주권을 회복하고 어두움의 권세 가운데 고통하며 신음하고 있는 영혼들이 구원받게 해야겠습니다. 복음의 진보와 하나님의 나라가 진흥되게 해야겠습니다.

이것이 예수님을 주님이라고 신앙 고백하는 사람들과 이 두 번째 간구를 드리는 사람의 마음 근본이 되어야 합니다.

하나님의 나라의 도리가 확립되기를 기도함

요한복음 13장에는 예수님께서 세족식을 하는 장면이 나옵니다. 제자들의 발을 씻기시는 예수님과 제자들 사이에 어색함을 느끼게 합니다. 발은 삶의 기본 상태며 인생 행보의 기본 방향입니다. 그런데 예수님께서는 이 발을 씻기심으로 하나님 나라의 제자들 삶의 원리를 근본적으로 가르쳐 주시려고 하십니다.

유월절 전, 아버지께로 돌아가실 때 즉, 지상 사역을 완수, 종결해야 할 때가 이른 줄 아시고(1, 3), 다시 말하면 유언처럼 가장 의미심장한 교훈, 당신이 지금까지 해 오신 사역을 하나로 집약하여 지금까지 해 오신 대로가 아닌 비상한 방식으로 즉, 제자들에게 살아 있는 설교를 하여 그들의 마음에 이를 새겨 그들의 생각과 삶을 지배하는 원리로 영속되게 하신 것입니다.

왜냐 하면 가룻 유다로 대표된 제자들의 상태 즉, 그들의 의식과 기대는 너무도 형편이 없었습니다(2). 예수님께서는 십자가를 앞에 놓고 계신데 그들은 거리에서건 어디서건 서로 누가 크냐로 다투고(막 10:32~45) 심지어는 지금 최후 만찬 석상에서까지도 한결같이 누가 크냐는 다툼을 하고 있었습니다(눅 22:24~30).

그것은 제자들이 예수님께서 성취하실 구속 사역을 이해하지 못하고 로마 제국과 지금 실권을 잡고 기득권을 누리고 있는 사악한 세력들을 몰아내고 정권을 잡아 자신들에게 정치적인 요직을 맡기실 것을 기대했기 때문에 누가 좀더 나은 요직을 맡을 수 있을까 등의 세상적인 지위 다툼을 하고 있었습니다.

그러나 예수님께서는 누구나 가지고 있고 그들 또한 예외가 아닌 눈에 보이는 지위와 권력에의 의지를 향한 집념을 가진 인간적인 연약함을 아셨기에 꾸중 대신에 살아 있는 설교를 통해서 비상한 방법으로 그들을 각성시키고자 하신 것입니다.

그러니까 배경은 세족식의 의의가 겸손한 섬김 이상의 의도와 목적이 있음을 가르칩니다. 예수님께서는 자기의 구속적인 사역의 의도와 목적을 이해하지 못하고 오히려 거부하며 거리에서건 십자가를 앞에 놓고 가지는 최후의 만찬 석상에서까지도 누가 크냐로 세상적인 지위 다툼을 벌이는 제자들의 잘못된 의식과 기대를 보셨습니다.

그래서 지금까지 여러모로 가르쳐 오셨으나 이 마지막 기회에는 유언을 남기는 것과 같이 자기의 가르침과 제자도를 집약하여 특별한 방식으로 살아 있는 설교를 통해 그들을 가르쳐 그들의 마음속에 지워지지 않고 영속되게 새겨 자기가 세우시려는 공동체의 삶의 근본 원칙을 드러내신 것입니다. 이것은 또한 세상 나라와는 반대되는 하나님 나라의 특성입니다.

서로에게 종이나 하는 발 씻는 일을 미루고 자기는 씻김을 받아야 된다고 생각하고 버티고 앉아 있는 제자들이었지만 아무도 예수님께서 발씻는 종의 일을 해주기를 원하지도 기대하지도 않았을 것입니다. 그런데 그들의 스승이신 주님이 그들의 발을 씻기셨습니다. 섬김을 받아야 할 분이 오히려 섬기셨습니다!

그런데 베드로의 발을 씻기려고 하자 베드로는 "주여, 주께서 내 발을 씻기시나이까?"고 하면서 씻김 받기를 거부합니다. 베드로의 이 말은 상전이신 주님께서 어떻게 하인인 자기의 발을 씻길 수 있느냐는 것입니다.

세상은 우위에 있는 사람, 유리한 입장에 있는 사람, 더 강한 사람,

무엇인가 조금이라도 더 갖고 있는 사람이 그렇지 못한 사람 위에 군림하려 하고 섬김을 강요합니다. 따라서 이와 같은 세상적인 의식과 기대 가운데 있는 제자들은 최후 만찬 석상에까지 와서도 예수님의 행동을 이해할 수 없었고 오히려 누가 크냐로 예수님께서는 생각지도 않는 지위를 놓고 다툴 수밖에 없었던 것입니다. 그러나 하나님 나라는 이러한 세상의 생존원칙을 완전히 뒤집는 것입니다.

이에 예수님께서는 자신이 행하시는 행위의 의미를 지금은 알지 못하나 즉, 예수께서 죽으시고 부활, 승천하셔서 성령을 보내시기까지는 온전히 깨달을 수 없을 것이므로 우선 순종하고 이 예식에 참여함으로 예수 승천하신 후 이 종의 도를 따라 살고 그러한 삶을 보급하도록 하십니다.

그럼에도 불구하고 베드로는 예수님을 강하게 거부합니다. 그것은 송구스러움의 표현이 아닙니다. 이것은 예수님의 사역을 단호하게 수락할 수 없다고 거부한 것입니다. 베드로는 예수님께서 고난 당하고 죽으신다고 하실 때에도 그것을 막으면서 그런 메시아를 기대하고 따른 것이 아니기 때문에 우리가 기대하는 그 메시아가 되어야 한다고 주장한 적이 이미 있습니다(마 16:16~24). 거기서 예수님께서는 사탄아 내 뒤로 물러가라고 꾸중하시면서 제자 되는 첫걸음을 가르치십니다.

"…예수께서 돌이키시며 베드로에게 이르시되 사탄아 내 뒤로 물러가라 너는 나를 넘어지게 하는 자로다 네가 하나님의 일을 생각지 아니하고 도리어 사람의 일을 생각하는도다 하시고 이에 예수께서 제자들에게 이르시되 아무든지 나를 따라 오려거든 자기를 부인하고 자기 십자가를 지고 나를 좇을 것이니라.”

제자가 되는 첫걸음은 자기를 부인하는 것, 자기 주장, 자기 추구, 자기 중심성을 버리고 하나님께서 주시는 자기 사명을 지고 가는 것이며 하나님과 이웃을 사랑하여 자기를 내어 주고 섬기고 예수님의 발자취를 따르는 것입니다. 이것이야말로 참된 예수님의 제자도입니다(마 5:38~48).

그러나 자기 주장, 자기 중심성, 자기추구의 의지로 사는 세상적인 의식과 기대 가운데 사로잡혀 있는 베드로는 예수님께서 취하신 자세 즉, 유대 지도자들에 의한 임박한 고난과 죽음을 받아들이시는 자세를 이해하거나 수락할 수 없었기 때문에 그렇게 한 것입니다.

이에 대해 예수님께서는 오늘은 그들의 발을 물로 씻으나 내일은 온 인류의 죄를 자기의 피로 씻으실 것을 염두에 두시고 다시 말씀하십니다. 죄를 알지도 못하신 분이시고 죄를 정죄하고 심판하실 권세를 가지신 유일하신 분이 오히려 온 인류의 죄악을 지고 죽으실 것입니다. 그렇게 온 인류에게 자기를 내어 주고 섬기게 될 것입니다. 이렇게 해서 세상 질서를 완전히 뒤집어엎고 새롭게 하실 것입니다.

그러므로 “내가 너를 씻기지 아니하면 나와 상관이 없다”는 말은 너는 내가 모범 보이고 세우는 새 삶의 원리와 도를 수락하지 않고 따르지 아니하면 “네가 나와 상관이 없다”하신 것입니다.

여기서 ‘상관(a part)’이란 말은 원래 약속의 땅에서 상속할 분깃을 의미합니다. 그러니까 “나와 상관이 없다”는 예수님의 말씀은 예수님께서 내일 성취하실 속죄 사역을 통한 죄의 용서는 물론 예수님께서 종말론적으로 세우시려는 하나님의 나라에서 상속의 분깃도 없다는 무서운 말인 것입니다. 예수님께서 세우시는 하나님 나라의 원칙과 도를 따르지 아니하면 하나님 나라에서 배제되는 것도 당연한 것입니다! 그렇기에 이 예수님의 대답에 대해 베드로가 발뿐만 아니라 손과 머리도 씻어 달라고 돌연한 변화를 나타낸 것도 이상한 일은 아닌 것입니다(9).

오늘날도 예수님과 기독교를 배척하지는 않지만 자기들이 적당히 해석하고 전제한 그 예수님과 기독교가 되어야 한다고 고집하는 일이 많습니다. 세상은 자기 추구, 자기 중심성, 자기 주장의 의지로 살아남을 고려하지 않고 오히려 짓밟고 그들 위에 군림하고 불의와 폭력으로 소외와 갈등을 일으키고 악과 고난과 분열을 유발시킵니다.

세상은 예수님께서 지적하신 대로 무엇인가 더 가진 자, 유리한 입장에 있는 자, 지위가 조금이라도 높으면 권세를 부리고 대인이라고 일컫게 강조하고 섬김을 받으려고 합니다(막 10:41~45; 눅 22:24~27). 힘센 자, 권모술수에 능한 자, 더욱 공격적인 자가 왕이며 법입니다. 또한 옳고 그름이 다수결에 의해서 결정되며 목소리가 큰 사람이 이깁니다. 좀더 권모술수에 능하고 좀더 공격적인 사람이 정권을 차지합니다. 힘의 우위로 삽니다.

그러나 기독교는, 예수님께서 세우시려는 나라는 세상 나라와는 근본적으로 전혀 다른 성격을 지닌 나라입니다. 자기를 부인하고 섬기고 자기를 내어 주고 자기 십자가를 지는 삶의 원리로 삽니다. 이것은 세상 나라 질서의 완전한 전도입니다. 원수를 사랑하고 겉옷을 가지고 싶어하면 속옷까지 내어 주는 것이며 오 리 가고자 하면 십 리를 가 주는 것입니다(산상보훈의 제자도; 마 5~7; 16:16~24).

제자들에게서 발을 씻김을 받아야 하실 분이 오히려 그들을 씻기시고, 죄를 책망하고 정죄를 하실 권리를 가지신 유일한 분이 오히려 인류의 죄를 안고 돌아가신 십자가에서 절정에 이른 삶의 원리입니다. 그러므로 십자가 앞에서 뭇 심령들을 감화시켜 참된 의미에서 새롭게 합니다.

이러한 길과 삶의 새로운 원칙을 제시, 세우시고 그 길을 가신 분이 예수님이십니다. 이러한 삶의 원리가 참된 제자도며 하나님의 나라 시민의 삶의 원칙입니다. 이것만이 자기 주장의 의지로 살아 파멸되어 가는 세상을 구원할 수 있는 유일한 길입니다. 그래서 예수님의 목적은 제자들이 기대하던 세상 나라와 같은 그런 나라 하나 건설하여 제자들에게 정치적 요직을 하나씩 나누어주려는 것이 아니었습니다. 그런 나라는 몇 백만 개가 세워진다 해도 이 지옥 세상을 변화시키고 구원할 수 없습니다.

그렇기에 예수님께서는 고난 없이 온 세상의 통치자가 되게 해주겠다는 사탄의 제의를 거부하시고(마 4:8~9), 자기를 세상적인 영웅으로서 왕으로 삼으려는 백성들의 제의도 거부하시고(요 6:15), 고난받는 종으로서 스스로 대속과 새 언약을 세우는 제물로 자신을 제사드림으로 인간들을 하나님께 화해시키고 자기 주장의 의지를 청산하고 하나님께 순종하여 하나님의 은혜를 덧입어 사는 사람들의 공동체를 세우시려는 것이었습니다(마 16:16~24; 행 2:43~47; 4:32~37).

하나님의 백성의 공동체는 자기 주장하려는 의지가 청산된 사람들의 공동체인 것입니다. 예수님께서 진정 원하시는 목적은 이러한 공동체를 세우고 하나님의 생명과 의가 넘치고 진리와 평화로 충만한 하나님의 나라를 이룩하려는 것입니다. 이 세상적인 방법으로는 이것이 도무지 불가능합니다. 혁명이라는 것도 위치만 서로 바뀔 따름이지 지배와 피지배 관계를 청산하지 못합니다.

따라서 예수님께서는 어떤 정치체제나 혁명에도 동조하지 않으셨고 더욱이 정치적인 메시아가 되는 것도 거부하신 것입니다(마 4:1~10; 요 6:15).

이제 제자들의 발을 씻기시고 나서 예수님께서는 이것을 해명하십니다. "너희가 나를 선생이라 또는 주라 하니 너희 말이 옳도다 내가 그러하다 내가 주와 또는 선생이 되어 너희 발을 씻겼으니 너희도 서로 발을 씻기는 것이 옳으니라 내가 너희에게 행한 것같이 너희도 행하게 하려 하여 본을 보였노라 내가 진실로 진실로 너희에게 이르노니 종이 상전보다 크지 못하고 보냄을 받은 자가 보낸 자보다 크지 못하니 너희가 이것을 알고 행하면 복이 있으리라(요 13:12~17)."

이는 예수님께서 보이신 본이 그의 제자들에게 어떤 의미를 지녀야 될 것인가를 가르치신 것입니다. 예수님께서 가르치시고 본을 보이시고 생명 바쳐 세우신 삶의 원칙과 예수님의 생명과 품성은 그의 제자들의 삶에서 그대로 재생되어야 할 것을 가르치신 것입니다.

그러므로 그리스도인들은 예수님께서 가르치시고 본을 보이시고 죽음으로 세우신 제자도, 십자가의 도, 종의 도를 통해서만이 자기 주장, 자기 추구의 의지로 파멸되어 가는 세상을 구원 받을 수 있다(산상보훈의 제자도; 마 16:16~27)는 것을 확신하고 자기를 부인하고 자기를 내어 주는 사랑과 섬김으로 참된 제자도를 행하면서 살아야 할 것입니다. 그리스도인들은 이러한 구원의 큰 사실을 입술과 삶으로 증시함으로 자기 주장의 의지로 파멸되어 가는 세상에 하나님의 구원과 해방과 치유의 힘이 나타나게 해야 합니다.

이와 같이 예수님의 비유와 비유적 행위는 청중들을 놀라게 하고 깊이 각성시켜 새로운 질의 삶에 눈을 뜨게 하고 그러한 삶으로 도전하고 이끕니다.

형제 자매들이여, 우리는 어떻게 할 것입니까? 우리도 제자들의 발을 씻기신 예수님의 섬김과 행하심에 압도되어 기꺼이 그의 도를 따라야 하겠습니다.

"나라이 임하옵시며"라고 기도하는 사람들은 이러한 하나님의 나라의 도가 가정과 사회와 온 세상에 확립되기를 기도하고 헌신해야 합니다.

"우리가 믿는 하나님께서는 어떤 분이시고 우리가 따라 사는 진리의 성격을 증거하고 드러내는 것이 우리의 삶이다(What we do demonstrates what we believe)"는 말을 깊이 음미해 보십시오.

둘째 간구의 요약 : 우리의 헌신

그러므로 기도는 우리 자신을 하나님과 그의 통치와 말씀에 헌신하게 합니다. 하나님의 백성들에게 있어 최고의 관심사는 하나님의 나라가 임하는 것입니다. 그러므로 이 기도를 드림으로 우리는 그 나라가 임함을 믿을 뿐만 아니라 그것을 얻는 데에 마음을 두고 그 나라의 임함을 위해서 헌신해야 합니다(마 6:33). 그래서 우리가 이 기도를 드릴 때 우리는 복음의 역사가 왕성하게 성공적으로 일어나서 사람들을 회심시키기를 기도하는 것이며[16] 그것을 위해 전체 삶을 헌신하며 핍박까지도 감수하며 모든 삶을 정돈하여 바치는 것입니다. 전체를 드릴 준비가 되는 것입니다. 사도 바울은 하나님의 나라의 은혜의 복음을 전하는 사명을 마치려 함에는 자기의 생명을 조금도 아까운 것으로 여기지 아니한다고 했습니다(행 20:22~25). 우리에게는 그와 같은 심령과 헌신이 있는지 자신들은 돌아보아야 하겠습니다.

이와 같은 심령과 헌신이 있는 사람은 죄악의 밤이 깊고 인간성이 황폐되어 갈수록, 하나님의 창조의 왜곡과 불협화음이 높을수록, 이런 기도의 열도가 더할 것이며 하나님의 크신 일을 위한 왕성한 의욕이 일어날 것입니다.

우리는 세상을 하나님의 나라가 구현되어야 할 장으로 보고 그 나라의 진흥을 위해 헌신하며 마침내 이 어둠의 권세가 멸망 당하고 하나님의 의로운 나라가 완성될 것을 확고히 믿으며 하나님 나라를 구현, 선양해 나가야 할 것입니다. 우리의 삶을 하나님의 주권에 맡기고 하나님의 은혜스러운 통치의 종국을 기대하면서 그 나라의 대표자 예수님과 일체감을 갖고 구체적으로 제자도를 행하면서 살아야 합니다(요 13:1~17). 하나님의 나라의 실재를 중시해야 합니다.

우리의 기도 생활은 삶 가운데서 이렇게 하나님과 그의 왕권을 증거하여 드러내게 하고 있습니까? 우리의 기도는 그러한 추구를 하며 그러한 삶을 살게 합니까? 우리가 앞으로 도달할 영광스러운 미래가

---

16) Lloyd Jones, 64.

오늘의 우리와 우리의 삶을 좌우하고 결정하게 하고 있습니까?

3. 셋째 간구
: 뜻이 하늘에서 이루어진 것 같이 땅에서도 이루어지이다.
(Thy will be done, on earth as it is in heaven)

셋째 간구는 처음 두 간구의 주제를 통일시켜 확대한 것이며[17] 실제적으로 그 두 간구를 더욱 고양시킨 것입니다.[18]

그래서 이 간구가 완전히 응답될 때 즉, 그의 이름에 나타난 인격으로부터 비롯된 그의 뜻이 이루어질 때 그의 나라는 완성될 것입니다. 하나님의 뜻이 이루어지고 온 우주 위에 하나님의 주권적인 통치와 나라가 확립될 때 하나님의 이름은 온 창조 세계로부터 거룩히 여김을 받으실 것입니다(겔 36:24~27; 사 29:23; 52:5~7).

하나님의 뜻과 기도

하나님의 뜻은 그의 이름에 나타난 그의 인격으로부터 비롯되며 그의 전능, 영원하시고 높으신 지식과 능력과 지혜에서 나온 것으로

---

17) Walter A. Elwell, ed., Evangelical Dictionary of Theology (Grand Rapids : Baker, 1984), 561.

18) J. D. Douglas, org., ed., New Bible Dictionary (Wheaton, Illinois : Tyndale, 1982), 705.

그의 본성과 완전히 일치하며 그의 선하심의 발로이며 모든 존재의 시작과 최종적 목표입니다.

이 하나님의 절대적인 뜻과 일치가 선이며 거기서 벗어난 것이 악입니다. 하나님께서는 주권적으로 그의 뜻에 따라 그 자신의 시간과 방법으로 그의 계획들을 세우시고 이행해 가십니다. 모든 존재의 기능과 위치를 정하시고 자기 뜻에 완전히 맞도록 성별시켜 가십니다. 인간의 의는 헌옷과 같습니다.

인권이 잘 보장되고 있다는 미국 사회를 한 번 돌아보십시오. 그들의 법은 개를 때리거나 죽이면 벌금을 물리고 교도소에 보내기도 합니다. 그만큼 법이 발달되었습니다. 그런데 사람의 생명을 죽이는 낙태는 법적으로 허용됩니다. 이것은 법적으로 살인을 보장해 주는 아이러니가 아니고 무엇이겠습니까? 그것은 자신들의 죄악의 편의를 위해 하나님의 뜻을 저버리고 생명을 파괴하는 강포이며 무서운 죄악입니다.

1986년 한 통계는 미국 대법원이 낙태를 합법화한 이후 미국에서 죽임 당한 태아의 수가 대략 18,000,000건으로 미국 역사상 전쟁으로 죽은 사람의 수(1,044,000)나 나찌 독일에 의해서 학살 당한 유대인의 수(6,000,000)보다 훨씬 많습니다. 이러한 것들을 볼 때에 장차 있고야 말 하나님의 엄위하신 심판대 앞에 인류가 어떻게 서려고 그러는지 두렵습니다.

성경에서도 상황을 자기에게 좋도록 하나님의 뜻이라고 해석하는 것을 볼 수 있습니다. 이스라엘이 블레셋과 싸울 때에 골리앗이라는 거인 때문에 어려움을 당한 적이 있습니다. 그때 다윗이 와서 그 거인을 죽이고 전세를 역전시켜 이스라엘을 구원하고 승리를 가져왔습니다. 그러나 사울 왕은 이것을 무시하고 다윗을 죽이려고 쫓아다니는 것을 봅니다.

한번은 다윗이 그일라라는 도성을 블레셋의 공격으로부터 구원해 주고 그곳으로 숨어들었습니다. 그런데 그 곳 사람들은 사울 왕의 편이어서 밀고하여 다윗을 사울 왕에게 넘겨 주려고 했습니다. 그 때에 사울은 그것을 하나님께서 자기에게 다윗을 넘겨 주셨다고 해석합니다. 그것이 하나님의 뜻이라고 생각한 것입니다. "다윗이 그일라에 온 것을 혹이 사울에게 고하매 사울이 가로되 하나님이 그를 내 손에 붙이셨도다 그가 문과 문빗장이 있는 성에 들어갔으니 갇혔도다(삼상 23:7)."

그러나 그것은 하나님의 뜻이 아니었습니다. 그래서 다윗은 그 곳을 피하여 나옵니다. 나중에 다윗은 역으로 사울을 죽이고 즉시 왕이 될 수 있는 상황을 맞이합니다. 그러나 다윗은 사울과는 전혀 다른 태도를 취하는 것을 봅니다. 그의 부하들은 그것이 하나님의 뜻이라고 하지만 다윗은 사울 왕을 죽이는 것을 막습니다. "다윗의 사람들이 가로되 보소서 여호와께서 당신에게 이르시기를 내가 원수를 네 손에 붙이리니 네 소견에 선한 대로 그에게 행하라 하시더니 이것이 그날이니이다 다윗이 일어나서 사울의 겉옷자락을 가만히 베니라 그리한 후에 사울의 옷자락 벰을 인하여 다윗의 마음이 찔려 자기 사람들에게 이르되 내가 손을 들어 여호와의 기름 부음을 받은 내 주를 치는 것은 여호와의 금하시는 것이니 그는 여호와의 기름 부음을 받은 자가 됨이니라(삼상 24:4~6)."

우리는 우리에게 좋도록 상황을 해석하는 일이 없습니까? 크게 조심할 일입니다.

하나님의 뜻과 요나의 기도

하나님의 크신 뜻과 인간의 편협한 생각이 대비되는 좋은 예를 구약의 요나서에서 볼 수 있습니다. 자신의 편협한 생각에 매여 하나님의 뜻을 거역하는 선지자 요나. 그러나 하나님께서는 그의 뜻을 순종하도록 이끄시고 마침내 요나가 수긍하도록 하십니다. 처음에 선지자 요나는 니느웨로 가서 그것을 쳐서 외치라는 하나님의 말씀을 불순종하고 다시스행 배를 탑니다. 그런데 그가 그렇게 한 것은 자기의 생각과 뜻에 따른 것입니다.

즉, 하나님의 백성의 적대 세력인 앗시리아는 멸망을 받아야 마땅할 텐데 행여 만에 하나라도 회개하면 하나님께서는 "은혜로우시며 자비로우시며 노하기를 더디 하시며 인애가 크시사 뜻을 돌이켜 재앙을 내리시지 아니하시는 하나님(4:2)" 이시기 때문에 그들을 용서하시고 그들은 하나님의 자비와 사랑을 경험하게 될 것을 우려하여 그것을 사전에 막아 보자는 뜻으로 선지자는 니느웨로 가는 대신에 그 반대 방향인 다시스로 가는 배를 타게 된 것입니다.

사실 "은혜로우시며 자비로우시며 노하기를 더디 하시며 인애가 크시사 뜻을 돌이켜 재앙을 내리시지 아니하시는 하나님(4:2)"은 이스라엘이 대대로 경험해 오고 있는 하나님이셨으며 요나는 개인적으로 물고기 뱃속에서 구원받음으로 그 하나님을 개인적으로도 경험하게 됩니다(욘 2). 그렇기에 만에 하나라도 그런 불상사(?)가 나지 않도록 도피하려고 한 것입니다(욘 4:1).

그러나 하나님께서는 비상하게 역사하셔서 요나로 하여금 그 사명을 다하게 하여 당신의 뜻을 이룩하시고야 마십니다. 그의 뜻을 거역하는 요나를 돌이키기 위해서 하나님께서는 대풍(1:4)과 큰 물고기(1:17)를 예비하여 역사하셨습니다. 그래서 요나가 불순종할 때에는 심판하셔서 바다에 던져지고 그렇지만 물고기를 준비하셔서 그를 보호하시고 물고기 뱃속에서 회개하게 하셔서 구원하시고 다시 사명을 맡기십니다.

이에 앞서서 요나를 태운 뱃사공들은 처음에는 하나님의 뜻을 거슬러 요나를 바다에 던지지 않고 배를 육지에 돌리고자 힘을 씁니다(욘 1:13). 그러나 하나님의 뜻을 거스를 수가 없었습니다. 그래서 마침내 요나를 바다에 던지게 됩니다. 그러자 바다가 잔잔해지고 사공들은 여호와를 크게 두려워하여 여호와께 제물을 드리고 서원을 하였습니다. 그 가운데서 그들이 하는 고백을 들어보십시오. "무리가 여호와께 부르짖어 가로되 여호와여 구하고 구하오니 이 사람의 생명 까닭에 우리를 멸망시키지 마옵소서 무죄한 피를 우리에게 돌리지 마옵소서 주 여호와께서는 주의 뜻대로 행하심이니이다(욘 1:14)."

여기서 요나는 무엇인가를 깨달아야 했습니다. 즉, 이방의 사공들은 요나의 생명을 아껴서 어떻게 하든지 요나를 물에 던지지 않고 배를 육지에 대려고 하며 하나님께 대한 경외를 나타내는 것과는 대조적으로 니느웨가 멸망 받기를 바랐기 때문에 하나님의 낯을 피하는 자신의 모습 가운데서 무엇인가를 깨달아야 했으나 그렇지 못했습니다.

그렇게 해서 요나는 마지못해 니느웨로 가서 그것을 쳐서 외치게 되었습니다. 그런데 선지자가 그토록 우려했던 일이 현실로 나타나게 됩니다(욘 3). 즉, 니느웨는 왕으로부터 백성과 짐승에 이르기까지 다 회개했고 하나님께서는 뜻을 돌이키사 내리리라 말씀하신 재앙을 내리지 아니하셨습니다.

그러자 선지자 요나는 이러실 줄 알고 미리 다시스로 가려고 했지 않았습니까? 하면서 분개하여 하나님 앞에서 항의농성을 시작합니다 (욘 4:1~3). 그리고 하나님께서 자기의 항의 시위와 기도를 어떻게 응답하시는가, 니느웨가 어떻게 멸망받는가를 보려고 성 동편에 앉았습니다.

그러나 하나님께서는 요나의 편협한 생각을 고치기 위해서 박넝쿨과 벌레와 뜨거운 동풍을 또한 준비하셨습니다. 처음에는 박넝쿨이 그를 위하여 그늘이 되어 요나의 즐거움이 되었습니다. 그러나 하나님께서 박넝쿨을 주신 것은 요나의 행위가 가상하여 그를 시원하게 하려고 한 것이 아니었습니다. 그래서 벌레로 하여금 그것을 씹어 시들게 하시고 게다가 뜨거운 동풍을 준비하사 요나를 더욱 힘들게 하셨습니다.

그러니까 요나가 생각하기를 니느웨는 그대로 건재하고 자기는 뜨거운 햇볕 때문에 혼곤하여 힘들고 이래저래 속이 상하여 또 분개를 합니다. 그리하여 그 무가치한 식물로 인하여 성을 내는 것이 합당하느냐고 물으시는 하나님께 그 식물에 자기의 생명을 걸고 대답합니다. "내가 성내어 죽기까지 할지라도 합당하니이다."

사실 요나가 그렇게까지 한 것은 자기 생각에 하나님의 백성들을 위해서 그런 것이지만 하나님께서는 요나가 가지고 있던 편협한 이스라엘의 선민 의식보다 더 큰 계획과 뜻을 가지고 계셨습니다. 그래서 하룻밤에 났다가 하룻밤에 망한 그 무가치한 식물 하나에 자기의 생명을 거는 요나에게 하나님께서는 말씀하십니다. "너는 그 무가치한 식물 하나를 아껴서 생명을 거느냐 하물며 이 큰 성읍 니느웨에는 좌우를 분변치 못하는 자(어린애들)가 십 이만여 명이요 육축도 많이 있나니 내가 아끼는 것이 어찌 합당치 아니하냐(욘 3:10~11)"라고 하셨습니다.

나중에 이것은 이스라엘에게 내리신 하나님의 메시지가 됩니다. 이방에 하나님의 증거가 되도록 부름 받은 이스라엘. 돌이켜 보면 그들은 그들의 시조 아브라함의 선택 때부터 다른 민족들보다 무언가 뛰어났다거나 도덕적으로 무슨 장점이 있어서 택함 받은 것이 아니었습니다(신 7:7, 8). 오직 하나님의 사랑과 은혜가 원인이었고 그들의 반복되는 실패에도 불구하고 보존 받은 것도 오직 이 하나님의 은혜가 원인이었습니다. 이렇게 그들의 시조 아브라함을 택하시고 언약을 맺고 창대케 하여 한 국가를 이루도록 하신 것은 그들을 통해 창조 세계에 내려진 저주를 복으로 반전시키고 온 땅을 복 주시려는 즉, 하나님의 구속의 세계적 성취를 가져오려는 것이었습니다(창 12:1~3; 시 67).

그러나 그들은 언약적 율례를 지켜 그들 가운데 반영된 하나님의 거룩하심을 세상으로 보게 하고 하나님께 대한 바른 인식을 가져 하나님께로 돌아오게 하는 하나님의 증거가 되지 못하고 오히려 하나님의 이름이 이방인 가운데서 모독을 받게 합니다. 그들은 그들이 선민이 된 목적을 망각하고 온 인류와 창조를 향한 하나님의 크신 뜻과 경륜을 저버리고 그것을 이스라엘 민족의 배타적이고 민족주의적인 어떤 것으로, 그 민족의 헌장으로 전락시켜 버렸던 것입니다.

그래서 하나님께서는 이제 요나를 통해서 그들의 존재 의미를 일깨우시고 더 높은 뜻을 가르치시는 것입니다. 이미 언급한 대로 이스라엘의 선택이나 반복적인 불순종 가운데서도 보존 받은 것이나 요나가 물고기 뱃속에서 구원받은 것은 그의 고백대로 하나님의 은혜가 원인이었습니다(욘 2).

그는 방금 그러한 하나님의 큰 사랑과 은혜를 경험했으면서도 편협한 유다 민족주의에 매여 이방인들은 하나님의 자비의 대상이 되어서는 안 된다고 하나님께 항의하는 아이러니를 볼 수 있습니다(욘 4).

이런 상황에서 하나님께서는 하나님의 사랑의 보편성 즉, 하나님은 긍휼을 베풀 수 있는 주권적 자유를 가지고 계시며 그렇게 긍휼을 베푸시기를 기뻐하신다는 것을 가르치십니다. 그러니까 요나가 경험한 것은 이스라엘에게는 하나의 메시지인 셈입니다. 그들이 경험해 오고 있는 세상에 하나님의 제사장으로서 하나님의 증거로 서서 하나님께서는 어떤 분이시고 그가 인류에게 요구하시고 기대하시는 바가 무엇인가를 다른 민족에게 전하지 못한 그들에게 내리신 메시지입니다.

이것은 요나서가 이스라엘 민족이 하나님 앞에서 지은 죄를 모두 사함을 받는 일 년에 단 하루뿐인 속죄일에 읽혀졌다는 것을 감안해 보면 더욱 뚜렷해집니다.

그들은 아브라함의 후손들로서 아브라함 언약 즉, 그들을 통해서 타락으로 말미암아 창조 세계에 내려진 저주를 복으로 반전시키고 세계를 복 주시려는 즉, 하나님의 구속의 세계적 성취를 가져오는 통로가 되도록 일깨움을 받을 필요가 있었던 것입니다.

그러니까 하나님께서는 만물의 창조주이시지만 오직 선민 이스라엘만이 하나님의 사랑과 구속을 독점해야 하며 이스라엘은 하나님의 기업으로 빼신 바 된 선민이므로 불순종하더라도 멸망시키지는 않으리라는 편협한 유대 민족주의적인 사고를 청산하고 아브라함 언약의 목적을 이루어 드려야 하는 사명을 일깨움 받아야 했던 것입니다.

이 메시지는 더 나아가면 이방인과 온 창조 세계를 구원하시려는 하나님의 원대하고 더 높은 큰 뜻을 선포하신 말씀들과 이어집니다. "내가 너희에게 영원한 언약을 세우리니 곧 다윗에게 허락한 확실한 은혜니라 내가 그를 만민에게 증거로 세웠고 만민의 인도자와 명령자를 삼았었나니 네가 알지 못하는 나라를 부를 것이며 너를 알지 못하는 나라가 네게 달려올 것은 나 여호와 네 하나님 곧 이스라엘의 거룩한 자를 인함이니라 내가 너를 영화롭게 하였느니라(사 55:3b~5)."

이스라엘은 모세 언약과 다윗 언약을 선택적으로 해석하여 그 궁극적인 목표인 아브라함 언약의 성취를 위해 봉사한 것이 아니라 자신들의 민족주의적인 어떤 것으로 전락시켰고 그렇게 해서 형성된 전통과 사상을 고수하였던 것입니다. 그러나 하나님의 통치는 그들이 고수하고 있는 편협한 전통과 사상대로 이스라엘에게 국한되지 않고 피조물과 열방에 미칠 것입니다. 그래서 이스라엘과 유다는 세계 통치라는 다윗의 이상에서부터 수동적으로 이방 제국의 통치를 받아야 하는 입장으로 바뀝니다.

그리하여 이스라엘을 멸망시킬 제국들을 소환하시는 야웨 하나님의 의도는 그의 백성들을 벌하시며 정화하실 뿐만 아니라 이스라엘이 실패한 그의 역사적인 목표를 성취하며 그의 백성들을 위해 모세 언약의 궁극적 목표인 그의 구속의 세계적 성취를 가져오려는 아브라함 언약적인 계획을 진행시키시는 것입니다.

그리고 약속의 땅에로의 회복도 새 언약과 그 다음 새 창조로 인도해 갑니다(사 40~66). 이것은 또한 우주적으로 실현되어 하나님의 창조에 대한 주권의 회복과 우주적인 하나님의 나라의 건설로 승화되고 넓혀져서 본래 이스라엘을 부르신 목적의 회복, 아브라함 언약의 성취 곧, 하나님의 구속의 세계적 성취가 예고되는 것입니다.

또한 여기에 새 언약이 주어져서 인간적인 지혜와 노력과 방법으로는 마음의 근본악과 죄를 처리할 수 없고 따라서 구원을 받을 수도 신인 관계의 회복에 이를 수도 없기 때문에 하나님께서 세우셔서 성령으로 이루시고 그렇기에 결코 실패함이 없을 언약이 됩니다. 하나님의 성령으로 은혜로 세우고 지켜지는 언약이며 언약의 중보자이신 예수님께서 언약이 되셔서 그 요구를 다 성취하실 것입니다.

그렇기에 요나 외의 다른 선지자들은 이러한 하나님의 높은 뜻을 백성들에게 선포하고 이러한 역사가 이루어질 때 낙망하지 않도록 믿음을 고취시킵니다. 그들이 멸망의 외중에서도 믿음을 지키도록 고취하고 있는 것입니다. 그리고 그것을 위해서 기도합니다. "여호와여 내가 주께 대한 소문을 듣고 놀랐나이다 여호와여 주는 주의 일을 이 수년 내에 부흥케 하옵소서 이 수년 내에 나타내시옵소서 진노 중에라도 긍휼을 잊지 마옵소서(합 3:2)."

이와 같이 하나님의 생각은 인간의 생각과 다르며 그의 길은 우리 길과 달라서 하늘이 땅보다 높음 같이 그의 길은 우리 길보다 높으며 그의 생각은 우리 생각보다 높습니다(사 55:8~9). 그렇기 때문에 우리의 좁고 편협한 생각에 얽매여 우리의 뜻대로 이루어지도록 기도하고 고집해서는 안 됩니다. 오히려 내 인생과 역사에서 하나님의 뜻이 이루어지기를 위해서 기도하고 그의 뜻이 이루어지는 것을 기쁨으로 삼아야 할 것입니다.

하늘에서 이룬 것 같이 땅에서도 이루어지이다.
: 어떤 예외나 주저없이 모두의 삶과 온 땅에서 하나님의 뜻이 이루어지기를 기도함

"하늘에서 이룬 것 같이 땅에서도 이루어지이다"는 하나님의 이름이 거룩히 여김을 받으며 그의 나라가 임하며 그의 뜻이 이루어지는 처음 세 간구를 모두 수식합니다. 하늘과 하늘들의 하늘이라도 주를 포용하지 못합니다(대하 2:6). 그의 통치가 미치지 않는 영역은 없습니다. 그래서 하늘은 멀리 떨어진 하나님의 처소가 아니라 하나님의 통치가 이루어지는 역동적인 영역입니다.

그리고 하늘에서는 하나님의 통치가 모두에 의해서 기쁘고 무조건적으로 수락되고[19] 그의 뜻은 모두에 의해 끊임없이, 자발적으로, 기

---

19) Ibid.

꺼이, 어떠한 예외나 주저없이 하나님과의 완전한 교제 가운데서 복종되고 있습니다.

그래서 이 간구는 이와 같이, 하나님의 뜻이 하늘에서와 똑같이, 지상에서도 완전히, 간구자의 삶에서부터 다른 모든 이들의 삶에까지 복종되어지기를 기도하는 것입니다. 하늘에 지상이 더해짐으로써 온 우주만상 가운데 하나님의 뜻이 이루어져 선으로 완성될 것을 기도하는 것입니다.

이는 구체적으로는 내 삶과 세상에서 하나님의 뜻이 이루어지기를 기도하는 것입니다. 내게는 비록 만족이 되지 않고 어떤 면에서는 손해가 될지라도 하나님의 뜻과 선이 이루어지기를 기도하는 것입니다. 그러니까 기도는 내 뜻을 이루기 위해서 필요할 때 하나님의 능력을 끌어다 쓰는 도깨비 방망이가 아닌 것입니다.

다시 말해서 기도는 하나님으로 하여금 내 야망과 뜻을 이루어 주도록 만드는 데에 있지 않고 내 삶과 세상에서 하나님의 뜻이 이루어지도록 기도하고 이를 위해 자신을 헌신해 가는 것입니다. 내가 옳다고 확신한 일일지라도 고집하지 아니하며 내 뜻이 관철되는 것이 아니라 하나님의 뜻이 내 삶, 내 가족, 내 사업, 대인관계와 세상에서 관철되고 하나님의 선이 이루어지는 것을 기도하고 추구해 나가는 것입니다. 하나님의 뜻이 이루어지는 것, 이것이 기도의 근본이며 우리의 신앙생활은 이것을 추구해 나가는 삶이 되어야 합니다.

제2차 세계대전 때에 독일의 그리스도인들은 그들이 이기고 히틀러가 승리를 쟁취하기를 기도했습니다. 반면에 연합군 측은 연합군 측이 이기기를 위해서 기도했습니다. 여기서 이런 것을 한 번 생각해 보십시오. 하나님께서는 독일 사람들이 좀더 철야하고 금식하며 열심히 기도하고 매달렸다면 그들의 기도를 들어주셨겠습니까? 만일 이러한 우리의 이기적인 기도들이 관철되어 우리의 이기적인 야심들이 이루어진다면 세상은 어떻게 되겠습니까?

미국 남북전쟁 때에 아브라함 링컨과 북군은 남군에게 계속 밀리고 있었습니다. 그래서 교회는 북군의 승리를 위해서 모여 기도했습니다. 그리고 링컨을 격려하기 위해서 교회의 지도자들이 그를 만나 하나님께서 우리편이 되어 달라고 온 교회가 기도하고 있다고 했습니다. 그런데 링컨은 그들에게 놀랍게도 오히려 "하나님이 우리편이 되어 달라고 기도하지 마시고 우리가 하나님 편이 되게 해달라"고 기도해 달라고 했습니다.

우리 또한 이런 기도를 드릴 때 우리가 부딪히는 어려운 일이나 또는 이해할 수 없거나 수용하기 어려운 일이라도 주님의 뜻으로 수용하는 자세를 가질 수 있습니다. 또한 정치, 경제, 사회, 가정, 문화와 교육에서 하나님의 뜻이 이루어지도록 기도하고 추구해 나가야 하겠습니다.

기도의 목적과 참된 종교와 경건

이와 같이 셋째 간구는 기도의 목적이 말의 성찬을 통해서 하나님을 설득하여 그분으로 하여금 내 자의적인 뜻과 소원을 이루어 주도록 만드는 데에 있지 않고(이것은 마술을 거는 것과 같습니다), 하나님의 뜻이 내 삶과 세상에서 이루어지기를 기도하며 나의 이기적이고 자의적이며 이기적이고 부족한 뜻을 그의 완전하고 영원한 뜻에 복종시키고 맞추어 가며 이렇게 해서 하늘 아버지의 성품으로 화하는 성화에 이르는 것입니다.[20]

이것이 참된 경건이기도 합니다.

우리는 자기 욕망과 자기 추구를 위해 예수님을 믿는 것이 아닙니다. 그것은 세상의 자세와 태도로 인간이 자기 사상과 상상으로 자기 추구와 필요를 위해 자기 손으로 고안한 인간 종교나 우상 종교에서나 있는 소위입니다.

기독교는 세상과는 전혀 달라 거룩한 창조주 하나님께서 자기 계시를 한 유일한 생명의 길이고 그러므로 예수님을 따르는 그의 제자가 되는 첫걸음이 자기 부인이고 그 다음이 자기 십자가를 지는 것이고 그 다음에 예수님을 따르는 것입니다. 기복 종교는 복 받기 위해서 믿으며 자기에게 고난이나 손해가 될 것 같으면 믿음을 포기해 버립니다. 기대했던 복을 받는 대신 고난과 손해라면 수가 틀리니 포기하는 것도 당연합니다. 이것은 참된 종교가 아닙니다.

세상적으로도 종교란 자기의 심성의 순화와 변화를 가져오는 것으로 인식되어 있습니다. 하지만 이런 종교인은 자신의 변화나 그가 속한 사회변혁도 기대할 수 없기 때문에 그런 종교인은 늘어날수록 문제 또한 늘어납니다. 그들은 거룩하신 하나님마저도 자신들의 야망 달성을 위해 조종, 끌어다쓸 수 있다는 망상까지 하게 됩니다. 신심을 통하여 자신의 끝없는 욕망과 야망을 극복하려는 것이 아니라 오히려

---

20) Packer, 199.

종교까지 이용하여 그것들을 더 채우려고 하는 것입니다.

참된 경건은 세속에 물들지 않도록 자신을 지키는 것입니다(약 1:27). 하나님의 거룩하시고 완전하시며 영원하신 뜻에 자기 뜻을 맞추고 복종시켜 감으로 성화에 이르러 본래의 그의 형상을 온전히 이루고 하나님 앞에서 본상인 의를 이루어 그의 창조주 하나님을 드러내려는 것이 참된 경건이며 종교입니다.

요즈음 믿음의 기도가 강조되고 있습니다. 그러나 산을 옮길 만한 믿음이 있어도 하나님의 도덕적인 성품과 구속적인 목적과 조화되지 않으면 기적은 일어나지 않을 것입니다. 홍해가 갈라진 것은 하나님의 자기 백성을 구원하시고 우주 위에 왕이심을 드러내시려는 하나님의 구속적인 뜻과 일치되었음을 기억해야 합니다.

그러므로 신령한 사람은 자기가 드린 기도를 절대화하지 않고 오히려 그 기도가 하나님 앞에 받으실 만한 것인지 판단해 나가며 하나님의 뜻을 찾고 구해 나가고 그 뜻에 자기를 맞추어 나가야 합니다. 자기의 삶과 행사에서 하나님의 뜻이 이루어지는 것을 기쁘게 생각하며 나아가는 것입니다. 그리하여 하늘 아버지의 거룩한 성품을 본 받습니다.

이런 의미에서 기도는 하늘을 땅으로 내리는 채널입니다. 기도는 진리로 살게 하는 능력이며 삶을 지탱하며 들어올리는 지렛대이며 우리의 믿음을 삶이 되게 하는 원동력입니다. 자기를 변화시키는 것입니다. 하나님을 증거하여 드러내는 것입니다.

궁극적인 응답

이 간구는 부분적으로 현세대를, 전반적으로는 그것을 넘어서서 그의 은혜로우신 관할과 다스리심과 완전하시고 영원하신 뜻에서 이탈, 탈락한 그의 모든 피조 세계가 다시 그의 뜻 안으로 돌아와 죄악과 왜곡과 불협화음을 그치고 그의 뜻과 일치되어 선을 이루고 그의 영광과 찬송이 되어지길 기도하는 것입니다.

모든 무릎을 참된 왕 앞에 꿇고 반역을 그치며 어둠의 세력이 완전히 멸망당하고 그리스도 안에서 만물이 통일되어질 종말론적인 미래를 바라봅니다.[21] 모든 배고픔과 핍절이 완전히 채워지는 것은 미래에옵니다(마 5:3~12). 이 역사의 종국에는 하나님께서 만유 가운데 만유가 되실 것이요 그의 뜻은 공개적으로, 명백히, 어떤 예외나 주저 없이 이루어질 것입니다.[22]

4. 첫번째 세 간구의 요약

첫번째 세 간구는 하나님 중심이고 그 다음에 인간 중심의 간구가 뒤따릅니다. 이것은 우리가 우리의 개인적인 필요를 구할 때도 하나님을 드러내고 그의 영광을 위해서 해야 하지 하나님의 뜻을 우리의

---

21) Ibid.
22) Carson, 66.

뜻에 굴절시키려는 정신으로 해서는 안 된다는 것을 가르칩니다. 하나님의 나라, 하나님의 목적과 계획이 이루어지고 하나님의 이름이 드러나고 그가 영광 받으시게 하려는 정신으로 기도하고 이를 위해 삶을 이루어나가야 하는 것을 가르치는 것입니다.

다시 말해서 하나님께 나아가는 일에 있어서 간구하는 사람의 바른 태도와 정신이 무엇이어야 하는가를 가르칩니다. 이것이야말로 그의 나라와 그의 의를 먼저 구하는, 추구해 나가는 삶인 것입니다. 우리는 하나님의 임재와 능력 앞에서 거룩한 각성과 근신을 가지고 자기를 삼가고 살피면서 나아가야 합니다. 우리는 잠잠히 있어 하나님께서 하나님 되심을 알아야 합니다.

야고보서 4장 14절에는 인생을 잠깐 보이다가 없어지는 안개라고 했습니다. 그런데도 하나님을 대수롭게 생각하지 않고 소홀히 행하기 때문에 우리의 경건이 무너지고 확신이 흔들리게 됩니다. 또한 하나님의 말씀을 단편적으로 받아 자기 생각과 적당히 배합하려고 합니다. 그러나 우리의 의는 더러운 옷과 같습니다(사 64:6).

그러므로 마음이 끊임없이 그에게 열려 있어 그분과 교통하며 가르침과 승인과 인도를 받아 신령한 생활을 해야 합니다. 그런데 덮어놓고 쉬지 않고 자신의 말만 늘어놓는 식의 기도를 쉬지 않고 기도하는 것으로 오해하고 있습니다. 그러니 기도회는 많은데 모양만 내는 데 그칩니다.

그리고 기도의 주권을 내가 갖고 있는 것처럼 그래서 하나님께서는 아무런 계획이나 생각도 없는 결재나 하시는 분, 자식들의 요구를 사리분별도 없이 들어 주는 암울한 아버지 정도로 생각하고 내 생각대로 또는 닥치는 대로 일을 해나가서는 안 됩니다. 또한 무엇인가 문제에 부딪히면 그때야 임시변통으로 다급하게 혼란에 빠져 기도하는데 이것은 잘못된 기도 습관입니다.

우리는 하나님과 인생 전체에 대한 하나님의 가르침과 인류 역사와 세계에 대한 하나님의 경륜과 뜻을 알고 기도해야 합니다. 그리고 인생 존재의 의미와 인생의 의미가 무엇인가, 어떤 삶을 영위해야 될 것인가에 대해 늘 깨어 있어야 합니다. 그러기 위해서는 귀를 기울여 율법 듣는 사람이 되어야 합니다(잠 28:9). 그렇지 않으면 기도가 가중해집니다. 또한 하나님의 음성을 들으면서 그의 뜻을 뚜렷이 깨닫는 기도가 되어야 할 것입니다.

하나님 나라의 거룩한 진행을 생각하면서 그 나라와 의를 구하는 기도를 해야 할 것이고 그 일에 대한 하나님의 뜻을 판단해 가면서 기도해야 할 것입니다. 우리의 뜻과 계획으로 일관하다가 하나님의 뜻을 부분적으로 끼워 넣는 식이 되어서는 안 됩니다. 그렇게 될 때 하루살이는 걸러 내고 약대는 통째로 삼키는 일이 일어납니다. 삶을 추구해 나가는 근본 정신, 자세와 태도가 중요합니다(마 6:33).

이렇게 할 때 기도는 하나님 나라와 의를 추구하는 것이며 하나님 나라 시민의 삶과 밀접히 관련되어 있어 그들의 삶의 양식이고 특성이며 삶 자체입니다. 하나님의 백성들에게는 그 나라의 임함이 최대의 관심사이기 때문에 구하는 것부터가 이렇게 다릅니다.

그러므로 기도는 자기의 야망이나 소원을 달성하기 위한 수단이라기보다는 자기의 변화를 가져오는 것입니다. 기도가 자기의 변화, 자기의 성화를 가져오지 못하고 자기의 야망과 뜻을 버리지 못하고 하나님 나라의 의와 뜻을 구하지 않을 때 기도는 본래 주신 목적을 벗어나 샤머니즘적인 어떤 것이 되고 마는 것입니다.

우리의 기도는 하나님께서 참으로 우리의 삶 속에서 하나님이 되시게 합니까? 내 생각과 내 말과 내 행실과 내 삶은 우리가 신앙고백을 하는 하나님께 대한 믿음을 반영하고 있습니까? 우리가 믿는 하나님께서는 어떤 분이시고 우리가 따라 사는 진리의 성격을 증거하여 드러내는 것은 우리의 삶입니다. 우리는 우리가 주님으로 신앙 고백하는 예수님의 뜻과 모본을 얼마나 따라 살고 있습니까? 하나님께서 참으로 내 안에서 하나님 되시게 하고 있습니까? 나의 기도와 기도 생활은 어떠합니까?

사탄이 옛날에는 핍박으로 복음을 공격했으나 오늘날은 그리스도인들의 삶을 파괴함으로 복음을 공격합니다. 우리의 삶이 파괴되는 것을 보고 세상은 "저런 것이 기독교야" 하며 복음을 외면하게 되고 우리는 우리의 실패로 말미암아 좌절하게 됩니다. 이렇게 해서 복음은 아무런 의미가 없는 것으로 평가절하됩니다. 그리고 복음의 문이 닫힙니다.

이러한 사탄의 간교한 전략을 알고 진리를 소유한 자로서 실체의 삶에서 성령의 능력을 힘입어 살아야 하겠습니다. 우리의 생각과 삶이 하나님을 증거하고 드러내게 해야겠습니다. 하나님을 드러내는 기도 생활이 되어야 합니다.

두 번째 세 간구 : 인간의 필요

1. **넷째 간구**

   오늘날 우리에게 일용할 양식을 주옵시고

2. **다섯째 간구**

   우리가 우리에게 죄 지은 자를 사하여 준 것 같이 우리
   죄를 사하여 주옵시고

3. **여섯째 간구**

   우리를 시험에 들게 하지 마옵시고 다만 악에서 구하옵소서

4. **두 번째 세 간구의 요약**

두 번째 세 간구 : 인간의 필요

사람의 필요가 중심이 되고 있는 두 번째 세 간구는 앞서 하나님 중심의 세 간구를 뒤따라옴으로 하나님의 영광을 위해 드려져야 함을 가르칩니다.

먼저, 그 나라와 그의 의를 구하면 이 모든 것이 너희에게 더하시리라(마 6:33)는 원칙입니다. 우리가 경험한 하나님과 그의 성품을 드러내는 기도가 되어야 함을 가르칩니다. 하나님의 높은 목적과 뜻과 사랑을 깨닫고 거기에 압도 당한 사람들이 그 목적과 뜻과 사랑이 이루어지기를 위해 하는 기도입니다. 그리고 모든 우리의 필요는 이 세 간구로 총괄되고 있습니다. 우리의 전체 삶이 이 세 간구 가운데서 발견되어집니다. 영, 육간의 필요를 포괄하고 있습니다.

기독교는 몸을 경시하는 철학적인 공상이 아닙니다. 세상의 윤리적인 이상은 몸과 그 저질적인 영향으로부터 해방되는 것입니다. 그러나 그리스도인의 전망에서 보면 몸은 창조 때부터 사람을 구성하는 온전한 요소입니다.[23]

기독교는 거짓된 금욕주의나 허무주의와는 다르고 죄를 필요악이라든가 그것들을 단지 잘못이라고 간주하지 않습니다. 시험을 삶의 변덕이라고 하지 않고 인생의 실제로 봅니다. 그래서 우리는 하나님과 그의 영광에 우선 순위를 둘지라도 우리의 필요를 위해 기도하는 것입니다.

1. 넷째 간구 : 오늘날 우리에게 일용할 양식을 주옵시고
(Give us this day our daily bread)

지상 생활의 필요를 총합한 양식(Bread)

"양식(Bread)"은 우리의 지상 생활을 위해 필요한 모든 것을 총합한 것으로 그의 이름을 가장 효과적으로 거룩히 여김을 받게 하고 그의 나라 임함을 위해 봉사하고 그의 뜻을 지상에서 행하는 데에 필요한 것입니다.[24] 이 간구는 또한 우리의 생명과 존재의 근원을 하나님이라고 믿고 살아간다는 고백입니다.

---

23) John Murray, The Epistle to the Romans : The New International Commentary (Grand Rapids : Eerdmans, 1968), 111.
24) Douglas, 705.

사치와 극도의 풍요를 배제하는 "오늘날"과 "일용할" 양식

"오늘날"과 "일용할"의 두 단어는 우리가 기도하는 것이 우리의 절대적인 필요여야 한다는 것을 가르칩니다. 사치나 극도의 풍요함을 위해 기도하도록 명령받지도 그러한 것을 약속 받지도 않았습니다.[25]

그러나 오늘날 우리들은 적극적인 사고비법, 출세성공비법식으로 생각하여 끝없는 욕망에 따라 기도하고 물질을 추구하고 삽니다. 영원한 나라에 대한 소망과 믿음이 있다면 과연 그같이 세상과 물질에 매여 사치하면서 살 수 있는지 자신들을 돌아보아야 합니다. 진정 그러한 소망과 믿음이 있는지 그렇지 않으면 세상에서도 재주껏 살면서 천국도 있다는데 그것도 재주껏 쟁취해 보자는 것인지 자신들의 마음을 검토해 보아야 합니다.

이와 관련하여 오늘날 많은 그리스도인들이 대표적으로 잘못 생각하고 있는 것들 중에 하나는 십일조를 더 많은 축복을 끌어내기 위한 수단으로 보는 것입니다. 창세기를 보면 본래 십일조는 물질과 생명에 대한 하나님의 주권을 인정하는 표로 드렸던 것입니다(창 14).

아브라함은 동행하던 조카 롯과의 사이에 분쟁이 발생하자 네가 좌하면 나는 우하고 네가 우하면 나는 좌하리라고 양보합니다. 그러자 롯은 그가 보기에 비옥하여 행복을 가져다 줄 만한 곳이며 타락한 소돔과 고모라에 가까운 곳을 택합니다. 롯은 그에게 최선의 것을 택하는 데에 적극적이었고 특히 타락한 문화 생활에 대한 동경이 그의

---

25) Lloyd Jones, 71.

인생의 방향을 결정짓게 한 것입니다. 그러나 아브라함은 롯에게 양보하고 하나님의 약속을 붙들었습니다. 롯은 믿음의 냄새는 전혀 없고 세상적인 삶의 길을 택하여 나아갑니다.

그러나 아브라함은 분명한 믿음의 철학으로 양보합니다. 그리하여 하나님께서는 그 믿음을 훨씬 더 풍성하게 보상해 주시고 그 약속을 더욱 구체화하십니다(창 13:14~18).

이리하여 롯은 전쟁에 휩쓸리게 됩니다. 롯은 온 가족들이 포로로까지 잡혀가고 재산은 모두 약탈 당합니다. 그런데 아브라함은 동방의 연합군과는 게임이 될 수 없었던 자기 집에서 기른 318명의 사람을 이끌고 롯을 구출하러 나서서 동방의 연합군을 격파하고 롯을 구원하고 빼앗겼던 재산도 모두 되찾아 돌아왔습니다. 그러자 지극히 높으신 하나님을 섬기는 제사장인 살렘 왕 멜기세덱이 마중 나와서 이 전쟁을 승리로 이끌어 주신 하나님을 찬양합니다.

이때 아브라함이 그에게 십일조를 바칩니다. 이것은 멜기세덱이 섬기는 하나님과 자기가 섬기는 하나님이 동일하신 하나님이심과 그 하나님께서 승리하도록 이끌어 주셨다는 멜기세덱의 말에 동의하는 표, 하나님께서 천지의 주재이심을 신앙 고백하는 표로 십일조를 바친 것입니다.

그리고 되찾아 온 전리품은 가져도 좋다는 악한 소돔 왕의 선심성 발언에 아무런 비판 없이 물질에 초연한 모습을 보인 것은 하나님께서 만유의 주재이심을 믿음에서 나온 행동으로 하나님의 약속을 붙들고 소돔 왕에게 하나님께서 주재이심을 증거한 것입니다.

따라서 십일조는 하나님께서 물질과 모든 행사와 생명의 주권자이심을 인정하는 믿음의 표로 드려지는 것입니다. 내 생명의 근거를 하나님께로부터 찾고 그를 의지하여 사는 것입니다.

말라기가 가르치는 십일조를 살펴보겠습니다. 먼저 알아야 할 것은 구약의 종교는 성전 종교라는 것입니다.

그러니까 제사는 언약의 반응적 행사로 하나님의 왕 되심을 받아들이는 것이며 언약 관계 내에서 저질러진 죄악을 사하고 언약 관계를 복구하는 기능을 하는 것입니다. 하나님과의 새로운 관계 가운데로 인도하는 것입니다. 그런데 말라기는 새 언약의 선구자 세례 요한의 내림을 예언하면서 막을 내립니다. 그것은 성전 종교와 새로운 언약 관계의 완성을 바라보게 하는 것입니다. 그러니까 제사를 통하여 그리스도의 속죄 사역을 가르치고 그리스도를 믿고 소망하면서 살도록 하였는데 그것을 수종드는 레위 인들을 위한 십일조가 눈 먼 희생, 저는 것, 병든 것, 토색한 것으로 드려졌던 것입니다. 따라서 제사장들도 느슨해져서 하나님의 계명에는 무관심하게 되었습니다(2:1～9). 그렇게 해서는 그리스도의 속죄 사역을 제대로 가르치고 믿고 소망하게 할 수 없었습니다.

이러한 맥락 가운데서 십일조에 대해 말했습니다. "만군의 여호와가 이르노라 너희의 온전한 십일조를 창고에 들여 나의 집에 양식이 있게 하고 그것으로 나를 시험하여 내가 하늘 문을 열고 너희에게 복을 쌓을 곳이 없도록 붓지 아니하나 보라(말 3:10)." 이 말씀은 모세 언약을 상기시키는 것으로 언약적 율례인 계명을 지키는 데에 따른 약속된 복을 주시겠다는 것입니다(신 28). 그러니까 그만큼 비루해진 사람들을 각성시켜 언약 관계로 이끌기 위한 것입니다. 따라서 그것이 더 많은 축복을 끌어내기 위한 수단으로 가르치는 것은 결코 아닙니다.

그러니까 십일조를 한다는 것은 그리스도와 그의 속죄 사역을 바라보게 하고 소망하고 믿게 하는 제사를 수종드는 레위 인들을 위한 것입니다. 따라서 오늘날의 십일조는 아브라함에게 의미했던 물질과 모든 행사와 생명에 대한 하나님의 주권을 인정해 드리는 표이며 나아가서는 차라리 사람들을 그리스도에게로 이끌기 위한 복음 사역에 동참하는 것을 의미한다고 보아야 할 것입니다.

끝없는 쾌락과 쾌적함을 추구하는 자본주의 삶의 철학에 대한 반성

인간의 자기 중심성과 욕망은 끝이 없습니다. 자본주의적 대량생산, 대량 소비추구형 경제 이념은 이러한 인간의 끝없는 욕망과 잘 맞기 때문에 최선의 인간 성취로 추앙되고 생활의 구석구석까지 지배하고 있습니다. 이기적인 성취욕에 젖어 옳고 그른지 또는 어디로 가고 있는지 어떠한 결과를 가져올지는 생각지 않고 그저 남보다 앞서고 이기는, 큰 업적과 실적만을 추구하여 달성하는 야심가가 유능한 사람으로 존경을 받습니다.

그래서 정치가는 수단과 방법을 가리지 않고 자신의 정치적 야망을 달성하고자 하고. 학교는 참된 교육보다는 산업 인력과 남보다 앞서가는 인간 양산에 힘쓰며, 사람들은 수단과 방법을 가리지 않고 무엇이든 이루어 내는 성공하는 사람을 길러 내는 것이 좋은 교육이라고 생각합니다. 사업가들은 환경 파괴는 생각지 않고 사업성공에 집중하며 농업도 사람을 살리는 농법이 아니라 화학비료와 농약에 의한 농법으로 오히려 생명을 파괴하기도 합니다.

그런데 종교까지도 여기에 편승하여 이기적인 현세적 욕망을 정당화시켜 주고(딤후 4:3) 그와 더불어 적극적인 사고비법, 출세성공비법까지 고취시켜 주는 번영의 신학을 내놓았습니다. 이 신학은 미국 자본주의식 팽창 원리가 지배하며 설교와 기도, 성경공부도 거룩한 삶에로의 동기부여보다는 규모 팽창에의 헌신을 이끌어내기 위한 동기부여를 목표로 하는 경우가 많습니다. 그러나 생명과 생태계를 무시하고 끝없는 쾌락과 사치와 편리를 추구하는 문명은 하나님의 창조를 파괴하고 인류의 멸망을 재촉하고 있다는 것을 알아야 하겠습니다.

모피 옷을 하나 만드는 것에 얼마나 많은 짐승을 죽여야 하는지를 우리는 알아야 합니다. 우리가 겪고 있는 수많은 질병과 기상 이변들은 인간들의 과도한 욕망과 사치, 쾌락과 쾌적 추구에 의한 생태계와 환경 파괴에서 비롯된 것입니다. 웅담이나 뱀 등의 많은 건강 식품들은 특별히 몸이 약한 사람들에게나 필요한 것입니다. 하지만 대부분의 경우는 건강한 사람들의 정력 증강을 위해 쓰이는데 죄악스런 관계에 정력을 낭비하다 보니 그것이 필요하게 된 것입니다. 정력 증강의 목적이 죄악이 아니고 다른 곳에 있겠습니까?

내가 번 돈 내 마음대로 쓴다고 하면 할 말 없지만 환경과 생태계 파괴로 인한 무서운 질병들과 이상 기후와 그로 인한 엄청난 재해들을 생각해야 됩니다. 더욱이 또 누구의 호주머니에서 나온 돈입니까? 우리 모두가 관계되는 일입니다.

또한 사치와 호화 생활은 위화감을 불러일으키어 하나됨을 파괴하는 원흉입니다. 그러므로 바울은 내 믿음으로는 얼마든지 가능할지라도 다른 형제를 실족케 한다면 삼가해야 한다고 합니다(롬 4).

옷 입는 것이 개성에 따라야 한다고 합니다만 주의 백성들은 그것이 하나님의 뜻과 일치되는지 또는 하나님의 영광을 위한 것인지 잘 판단해서 입어야 할 것입니다. 심지어는 교회를 나오면서도 자극적인 화장을 하고 보기에 민망한 옷을 입고 나오고 사치스러운 옷을 입고 나오는 것을 왕왕 보는데 하나님께 영광을 위해서 그렇게 하는지를 생각해 보십시오.

또한 성적인 타락과 성폭력이 종말론적인 현상으로 무섭게 나타나고 있습니다. 그런데도 타락한 행습을 소위 "문화"라고 하고 그러한 타락한 문화를 보급하는 TV나 세속 매체에서나 나옴직한 것을 본받아서는 안 됩니다.

성경이 제시하는 기준이 아니라 타락한 세상이 제공하는 기준을 받아들여 그에 따라 꼭두각시처럼 흔들리며 살아서는 안 됩니다. 타락한 세상 문화에 취하여 술 취한 듯 비틀거리며 취생몽사가 되어 살아서는 안 됩니다.

민수기에서 하나님의 백성들이 모압 사람들의 문화 행사에 참여하여 음행하고 우상에게 절하다가 염병으로 이만 사천이 죽임을 당했던 것을 기억하십시오(민 25). 세상의 타락한 문화 행사에는 동참하지 맙시다. 거룩한 삶을 사는 것 자체가 날로 저하되어 가는 세상의 삶의 표준을 유지하고 삶의 질을 고조시키는 존재로서의 본분 즉, 세상의 소금으로서 기능을 한다는 것을 잊어서는 안 됩니다.

바울의 말씀을 들어보겠습니다. "그런 일은 우리의 거울이 되어 우리로 하여금 저희가 악을 즐겨한 것같이 즐겨하는 자가 되지 않게 하려 함이니 저희 중에 어떤 이들과 같이 너희는 우상 숭배하는 자가 되지 말라 기록된 바 백성이 앉아서 먹고 마시며 일어나서 뛰논다 함과 같으니라 저희 중에 어떤 이들이 간음하다가 하루에 이만 삼천 명이 죽었나니 우리는 저희와 같이 간음하지 말자(고전 10:6~8).

그러므로 자기 갱신이 없이 주님께서 가르치신 기도를 드린다면 중이 염불을 외우듯이 무의미하게 반복하는 일이 될 수 있습니다. 자신을 살펴보아야 합니다. 자신을 삼가야 합니다. 만일 그렇지 않으면 주기도를 드릴 때마다 하나님을 망령되게 일컬을 수 있음을 알아야 합니다.

하나됨을 나타내는 인칭대명사 "우리에게"와 "우리들의"

복수 인칭대명사 "우리에게"와 "우리들의"는 이 간구가 우리가 하나님께로부터 받은 것을 다른 이들과 나누도록 주어진다는 것을 가르칩니다. "나에게" 혹은 "나의"가 아니고 이와 같이 "우리에게, 우리들의"이라는 복수 인칭대명사를 쓴 것은 한 가족이라는 공동체적인 마음을 갖게 합니다. 오늘날 우리들은 내 자식과 내 사업만 잘 되면 그만이다 라는 정신이 팽배합니다.

그러나 다른 사람을 고려해 넣지 않고 이 간구가 드려질 때에는 조소가 되고 말 것입니다(약 2:14~17; 4:1~5:6).[26]

우리는 세상의 대표로서 세상의 굶주리는 사람들을 먹여 달라고

---

26) Plummer, 100.

하늘 아버지께 기도하는 동시에 우리 자신이 그들의 아픔에 동참하려는 준비가 되고 필요하면 기꺼이 동참하는 것을 말합니다.

이솝우화에 나오는 물고기 이야기를 기억해 보십시오. 두 마리의 물고기가 한 웅덩이에서 살았습니다. 그런데 그들은 서로 저 녀석만 없으면 내 먹을 것이 더 많아질 텐데 생각하다가 급기야는 서로 싸워 한 마리가 죽게 됩니다. 친구를 죽이고 혼자 남은 물고기는 이제는 내 세상이라고 기뻐했습니다. 그러나 그의 죽은 친구의 몸이 썩어 물이 오염되어 저도 죽을 수밖에 없었다는 것입니다.

이 우화는 자연히 구제를 생각하게 합니다. 그러나 주님께서는 구제는 오른손의 자비를 왼손이 모르게 하라고 하셨습니다(마 6:1~4). 어떻게 그렇게 할 수 있겠습니까? 이것은 레위기의 말씀을 고려해 보면 쉽게 이해됩니다.

하나님께서는 가나안 땅에 들어가서 그 땅을 기업으로 받아 살 때 그의 백성들이 어떻게 살아야 하는가를 규정해 주셨는데 그 중에 하나가 추수에 관한 것입니다. 즉, 추수 때에 밭 모퉁이까지 다 거두지 말도록 했으며 떨어진 이삭도 줍지 말며 포도원의 열매도 다 따지 말고 떨어진 열매도 줍지 말며 남겨 두라고 했으니 이는 가난한 사람과 타국인의 몫으로 하나님께서 정해 놓은 것으로 그렇게 해서 그들의 생존이 보장되게 했던 것입니다.

그러므로 구제는 구제가 아니라 가난한 사람의 생존을 위한 당연한 몫이라고 생각하는 것이 옳습니다(레 19:9~10). 내가 구제한다고 생각할 것이 아니고 하나님께서 정하신 가난한 사람들을 위한 당연한 몫이라고 생각해야 합니다. 왜냐 하면 온 땅이 창조주 하나님께 속하고 심지어는 우리의 생명의 주님이 하나님이시고 존재 자체가 하나님의 은혜며 더욱 그리스도인들은 피로 값 주고 사신 바 되었기 때문입니다.

고린도전서 4장 7절을 보십시오. 받지 않은 것이 없는 인간이 자기가 낸 것으로 생각하여 받지 않은 자처럼 행세하여 구제하면서 생색을 내서는 안 될 것입니다(오늘날은 이렇게라도 자비를 베푸는 것이 필요하기도 합니다만).

이것은 또한 일한 만큼의 정당한 값으로 복을 주소서 하는 기도입니다. 그러므로 일꾼들은 눈가림으로 일해서는 안 되고 마음을 다하여 주께 하듯 하며 또한 주인들도 주께 하듯 하여 의와 공평을 베풀며 품꾼의 삯을 아침까지 밤새도록 두지 말고 정당한 품삯을 즉, 일꾼들의 생존을 보장해 주어야 하고 거짓말을 해서는 안 됩니다(레 19:13~14; 엡 6:5~9; 골 3:22~4:1; 약 5:1~6; 마 20:1~16).

생존권은 그 사회에서 인간답게 사는 것입니다. 우리 나라는 굶어 죽는 것과 같은 절대적 빈곤은 없습니다. 그러나 대부분의 사람들은 웬만큼만 돈을 모으니까 갑작스런 개발로 인한 땅값 상승으로 갑자기 부자가 되면 돈을 주체하지 못하여 이 원수 잘 만났다는 듯 사치에 탐닉합니다. 이럴 때에 그렇지 못하는 가난한 사람들, 예를 들면 집 한 칸 제대로 없이 이사 다니는 사람들에게는 상대적 빈곤을 너무 심하게 느끼게 합니다. 사치나 허영은 잘못입니다. 필요 이상으로 자기 과시를 위해 넓은 평수의 아파트에 살고 있지는 않는지 돌아보아야 합니다.

예를 들어 장롱도 붙박이장이 있으면 얼마나 좋겠습니까? 왜냐하면 목재를 외국에서 수입해다 쓰고 있다는 것과 또 외국의 살림 자원의 황폐도 우리가 살고 있는 하나뿐인 지구를 탕진하는 것이라는 것을 잊지 말아야 합니다. 유한한 지구 자원을 어서 속히 고갈시키고 멸망하고 말자는 식으로 살아서는 안 됩니다.

불로소득과 땅 투기

불로소득과 땅 투기도 잘못입니다. 열왕기상 21장에 보면 아합 왕은 지금까지도 많은 악한 일을 하였으나 하나님께서 용납해 오셨습니다. 그러나 나봇의 가문에 기업으로 주신 포도원을 빼앗는 악행은 그로 하여금 마침내 하나님의 심판을 받아 무서운 최후를 맞게 되는 결정적인 원인이 되는 것을 봅니다.

땅은 하나님께 속한 것으로 인간에게 삶의 터전으로 임대해 주셔서 하나님의 은혜를 기억하며 하나님의 주권을 인정하고 겸손히 살도록 하신 것입니다. 그런데 땅 투기를 한 것은 그만큼 하나님을 잊어버리고 자기 주장의 의지로 하나님의 법을 반역하고 다른 이들의 생존을 위협하고 파괴한 것이어서 이렇게 심한 징벌을 받고 말았던 것입니다. 그래서 선지자 이사야는 말합니다. "가옥에 가옥을 연하며 전토에 전토를 더하여 빈틈이 없도록 하고 이 땅 가운데서 홀로 거하려 하는 그들은 화 있을진저(사 5:8)."

안식년과 희년에 대해서 알아보겠습니다(레 25;26:27~35; 대하 21). 안식년은 7년마다 한 해 동안(7년째) 휴경하여 땅을 쉬게 하는 것으로, 온 땅이 하나님께 속한다는 것을 상기하여 물질적인 탐욕을 막고 영적 생활을 위한 시간을 가지도록 하고 하나님만을 위해 하나님만을 의지하며 살도록 하며 땅의 지력을 회복시키며 장차 올 영원한 안식을 가르치기 위해 세워졌습니다.

희년은 '수양의 뿔(요벨)' 을 뜻하는데 안식년이 일곱 번 지난 다음 해(50년)에 양각 나팔을 불어 그 해의 시작을 알리는 데서 유래합니다. 이때에는 해방이 선포되는데, 빚 때문에 팔았던 토지나 가옥을 원래 기업으로 받은 사람에게 반환하고 부채를 탕감해 주며 몸으로 담보되었던 노예의 신분도 자유인으로 해방이 선포되도록 하여 가나안의 토지가 하나님께서 기업으로 주셔서 하나님께 속한 것임을 가르치고 백성들도 애굽의 노예로부터 구출되어 하나님께 속하기 때문에 사람이 노예가 될 수 없음을 가르쳐서 자유와 사회적 평등의 이상적인 상태를 가져오는 것입니다.

그런데 나아가서는 희년의 나팔소리, 해방의 선포가 죄를 속하는 속죄일에 거행되게 함으로 영원한 해방, 참된 해방, 죄와 사망의 권세로부터의 종말론적인 해방이 있음을 가르칩니다. 하나님의 창조물로서 세상과 하나님의 형상으로 지음 받은 인간은 다 하나님께 속하는데 하나님의 은혜롭고 선하신 다스림으로부터 이탈, 탈락하여 죄와 사망의 권세, 사탄의 지배하에 왜곡과 불협화음으로 가득 찬 세상이 된 역사는 더욱 깊습니다.

그래서 온 창조가 함께 탄식하며 고통해 오면서 썩어짐의 종노릇한 데서 해방되어 하나님의 자녀들의 영광의 자유에 이르는 것을 소망하고 있습니다(롬 8:18~25). 그런데 은혜의 해요 포로된 자에게 해방을 가져오는 진정한 희년의 실현은 그리스도의 인격과 사역으로 하나님의 나라가 임하여 종말론적으로 왔습니다(사 61:1~3; 눅 4:18~

21). 그리고 만유를 창조주이며 소유주이신 하나님께로 되돌려 하나님의 주권을 회복하고 하나님의 나라를 이룩하는 것이 예수님의 재림의 최종적 목표입니다(행 3:19~21; 고전 15:24~28).

소유(은사와 재능과 물질)에 대한 관점을 바르게

마태복음 25장에 나오는 달란트의 비유는 하나님의 나라와 예수님의 재림을 예비할 것을 가르치는 비유로(25:1), 하나님의 나라가 완성되고 우리가 다 반드시 주님의 심판대 앞에 드러나 각각 선악간에 그 몸으로 행한 것을 따라 받는 심판(고후 5:10; 롬 2:6~10)이 있을 예수님의 재림을 예비하는 삶은 어떠한 것인가에 대한 가르침입니다. 반드시 각자의 삶을 결산하는 심판이 있을 것이기 때문에 하나님께서 주신 달란트에 따라 인생과 기회와 소명에 충성할 것을 가르치신 것입니다.

달란트는 누구에게나 예외 없이 각자의 재능에 따라 맡겨집니다. 이것은 주시는 은사와 인생과 기회와 소명의 다양성을 말하지 그것들의 높낮이나 가치의 차이를 말하는 것이 아닙니다. 하나님 나라의 거룩한 선물들을 우리는 풍성하고 무한하게 받았습니다. 그의 백성들이라면 누구나 예외 없이! 하나님 나라에서는 각자의 소명이나 은사가 다를지라도, 각자의 직업이나 지위가 다를지라도! 예외 없이 받습니다. 종이든 주인이든 여자든 남자든 차이가 없습니다(갈 3:28~29).

그러나 달란트는 맡겨진 것으로 끝나지 않는다고 말합니다. 청산의 날이 있습니다. 오래 걸리기는 하지만 반드시 돌아오고 결산할 날이 오는 것입니다. 그러한 풍성한 선물을 받은 사람들로서 얼마나 인생과 기회와 소명에 충성하여 하나님의 나라의 선물들을 풍성하게 나타내고 살았는가 즉, 결산을 할 때에는 능력이나 은사나 소명을 평가받는 것이 아니고 각자에게 주어진 인생과 삶의 기회와 소명 가운데 얼마나 충성하여 하나님 나라의 선물을 얼마나 나타내고 풍성하게 하였는가가 심판대에 오름을 알 수 있습니다.

은사와 물질관을 바르게 가져야 합니다. 사람마다 풍성하고 부요하게 살고 싶어합니다. 그러나 참으로 풍성하고 부요한 인생은 어떻게 사는 것입니까? 물질에 대한 바른 견지가 확립되어 있지 않으면 그리스도인들이라도 세상 사람과 똑같이 되기 쉽습니다.

무엇인가를 '소유' 하는 것은 인간의 삶을 위한 필요조건이지 목적 그 자체가 아닙니다. 그런데 타락한 인간은 가치관이 왜곡되고 부와 신분에 따라서 사회적으로 대우받는 것이 달라지기 때문에 재물과 그 획득을 인간의 삶의 목적으로 하게 됩니다. 물질로 인간을 평가하고 인간관계를 맺으려고 하며 물질로 못할 것이 없게 되는 것입니다.

또한 하나님께 대한 믿음이 없기 때문에 현실의 안전에 대해 불안하고 미래에 대한 영원한 소망이 없기 때문에 물질이라는 안전을 추구하게 됩니다. 내 생명과 존재의 근거를 하나님께 두고 살지 않기 때문에 모든 일에 탐심을 가지고 임하게 됩니다. 그러므로 이러한 왜곡된 시대는 탐심이라는 우상 숭배가 지배합니다. 내 생명과 존재의 근원이신 하나님께 대한 믿음이 없기 때문에 현실과 미래에 대한 확신이 없고 따라서 물질을 의지하고 그것이 미래의 안전을 확보해 주리라고 생각하며 기대하기 때문에 물질 획득이 인생의 목적이 되어 그것을 위해 전체 인생을 걸고 바치게 되는 어리석음에 빠지게 되는 것입니다.

누가복음 12장을 보면 한 번은 어떤 사람이 하나님의 나라를 확립하시는 크신 사명을 지시고 오신 예수님께 와서 그의 권위를 사용하여 자기의 가문의 일에 개입하여 재산을 공평하게 나누어 자기의 정당한 소유를 확보해 주길 요청합니다. "선생님, 내 형에 명하여 유업을 나와 나누게 하소서." 이는 그 시대에 보통 랍비들에게 내놓는 부탁을 드린 것이었습니다. 이에 예수님께서는 자신에게 오해와 잘못된 기대를 가지고 있는 것을 보시고 그것을 지적하며 "이 사람아, 누가 나를 너희의 재판장이나 물건 나누는 자로 세웠느냐"고 하시면서 이러한 일에 자신의 권위 사용을 거부하십니다.

그러면서 그에게 근본적으로 필요한 것이 무엇인가를 가르치십니다. 그가 필요한 것은 더 많은 물질이 아니라 물질과 인생을 보는 바른 자세였습니다. 그러니까 예수님께서는 그에게 와서 무엇인가를 듣고 배우고 변화 받으려는 대신에 그러한 문제해결을 요청하는 그의 태도 가운데서 "필요에 의한 소유"가 아니라 왜곡된 "소유욕"을 보시고 "삼가 모든 탐심을 물리치라. 사람의 생명이 그 소유의 넉넉한 데 있지 아니하니라"라고 하시면서 이 비유를 들어 가르치신 것입니다. 물질을 풍요하게 소유했다고 그 인생이 넉넉해지는 것이 아닙니다. 왜냐 하면 "사람의 생명이 소유의 넉넉한 데 있지 않기 때문"입니다.

이 비유는 우리가 물질의 청지기로 살아야 함을 가르칩니다. 그러므로 "내가 …내가 …내가 내 곡간을 …내가 내 곡식을 …내가 내 영혼에게"라고 말하는 것처럼 자기 본위로, 자기 소유를 해석하고 따라서 자기만을 위해, 자신밖에는 모르는, 물질에 집착된 이기주의에 빠져서 쫓기는 인생을 살고 있는 것은 어리석은 것입니다. 어리석은 부자는 하나님의 청지기로서 하나님께서 주신 물질을 사용해야 된다는 인식이 없었습니다.

우리의 보물 있는 곳에 마음 또한 있다는 말씀은 의미심장한 말씀입니다. 물질에 대한 견지와 물질을 어떻게 사용하느냐는 우리의 믿음과 신심의 본질을 드러낸다는 뜻입니다.

그러므로 물질뿐만 아니라 젊음이나 건강이나 시간의 청지기로서 살아야 합니다. "나는 청지기다"는 인식을 뚜렷이 가지고 살아야 합니다. 우리는 내게 필요할 때는, 세상에서 삶을 부요하게 하기 위해서는, 내 자녀들을 위해서는 얼마나 아낌없이 씁니까? 그런데 주님을 위해서, 구제를 위해서는 얼마나 아낌없이 쓰는지 우리 자신들을 돌아봅시다. 생명의 주인은 하나님이심을 잊지 말아야 합니다. 나는 내 인생의 청지기일 뿐입니다. 주님을 위해서도 물질이든, 시간이든, 젊음이든 아낌없이 써야 하겠습니다.

공동체성 회복을 지향하며

사도행전에는 하나님 나라를 받은 사람들이 지배와 피지배의 세상적인 삶의 철학과 원리로 살던 옛 삶에서 돌아서서 하나님을 섬기고 예수님께서 가르치시고 본을 보이신 섬김의 철학과 원리(요 13)를 따라 삶을 경영하려고 애쓴 흔적이 보입니다. 자기 주장, 자기 중심성과 세상으로부터 전인, 전인격이 돌아서는 회개와 믿음을 가졌던 것을 보여 줍니다. 이렇게 해서 경쟁과 불신과 허위와 속박과 불화 속에서 살던 사람들이 진리와 사랑, 자유와 평화의 나라를 이루는 공동체를 이루게 되는 것입니다.

그래서 오순절의 성령이 임한 후 제자들이 눈에 띄게 변화된 한 가지는 이전에는 서로 하나가 되지 못하고 서로 누가 크냐로 다투고(막 10:35~45; 눅 22:30) 싸웠는데 성령을 받고 나서는 그러한 세상적인 싸움과 다툼이 없이 하나됨을 이룬 것입니다(2:42~47; 4:32~37).

그들은 다 함께 있어 모든 물건을 서로 통용하고 재산과 소유를 팔아 나누어 제 재물을 조금이라도 제 것이라 주장하는 사람이 없어 각 사람의 필요를 따라 나눠주니 핍절한 사람이 하나도 없었고 날마다 마음을 같이하여 모이기를 힘쓰고 집에서 떡을 떼며 기쁨과 순전한 마음으로 음식을 먹고 하나님을 찬미하여 백성들의 칭송을 받았습니다.

이와 같이 성령은 거룩한 교통과 교제를 가져옵니다. 성령은 하나 되게 하십니다(엡 4:1~6). 사도 바울이 지적한 성령의 가장 중요한 사역 중 하나는 코이노니아 교통입니다. 오늘날의 축도의 표준이 된 그의 축도는 성령의 "감화감동"이 아니라 성령의 "교통"이라(고후 13:13)는 것을 주목해야 합니다.

성령의 은사들도 일부 교회들이 하는 행습처럼 개인의 영성과시나 자랑을 위해서 주신 것이 결코 아닙니다. 성령의 은사들과 교회의 직분들도 모두가 그리스도의 몸, 교회를 세우도록 주셨다고 사도 바울은 몸과 지체를 예를 들어 누누이 강조하고 있고 확정하고 있습니다(고전 12; 엡 4).

이렇게 내 뜻 추구에서 하나님의 뜻을 추구하는 사람들과 자기 주장하려는 의지가 청산된 사람들로 이루어진 공동체가 교회입니다 (2:42~47; 4:32~37). 교회는 하나님 나라의 종으로 하나님 나라의 선취이며 하나님의 나라를 이루어 증시하는 장이며 미리 맛보는 것입니다. 세상에 하나님의 나라의 증거로 서서 구원의 실재를 보여 주고 하나님의 나라가 현존함을 세상에 드러내야 합니다. 이와 같이 우리를 세상에 내시고 구속하신 분의 아름다운 덕을 증거하며 드러내는 것이 교회의 사명입니다(벧전 2:9).

그리고 우리는 구원을 개인의 영혼 구원에만 치중하는데, 구원은 개인의 구원뿐만 아니라 세상에 거룩한 새 사회, 예수 공동체를 세워 가고 세상의 소금과 빛이라는 존재로서의 본분과 복음을 선포하는 사명을 다하여 구원의 역사가 일어나게 하는 사명 공동체가 되어야 합니다.

이를 위해서는 오직 모이는 데에만 그쳐서는 안 되고 함께 완성되고 성화되어 가는 지체들로서 그리고 사명을 다하는 데 서로 돌아보아 사랑과 선행을 격려하며 서로 유기체적으로 협력하는 것이 필요합니다(히 10:25; 고전 12; 엡 4). 몸의 통일성과 다양성, 예수님께서 머리되심, 상호 의존과 성숙을 기해야 합니다. 그리스도의 영광스러운 신부로서의 모습을 완성해 가야 합니다.

성경은 하나님께서 인간적인 세력이나 조직보다는 소수의 남은 사람, 소수의 각성된 사람을 통하여 역사하신다는 것을 가르칩니다. 사도행전에 사도들을 통해서 일어난 이적들은 무엇을 가르칩니까?(행 2~4).

그것은 그들이 이방인의 손을 빌려서 십자가에 달아 죽인 예수님께서는 자신이 주장하신 대로 부활하셔서 하나님의 아들이시며 메시아로 지금도 제자들 가운데 살아 역사하셔서 하나님의 나라를 완성해 가신다는 것을 가르칩니다.

뿐만 아니라 이스라엘이라는 국가를 통해서 하나님의 권능의 나라가 임하는 것이 아니라 이제는 보잘것없고 미미하지만 그리스도의 죽음과 부활을 믿으며 그 신앙고백 위에 세워지고 그것을 선포하며 제자도를 실천하는 거룩한 새 사회, 예수 공동체를 통해서 임한다는 것을 가르칩니다.

그러므로 예수님의 죽음과 부활의 신앙고백 위에 터를 두고 서가는 교회, 그리스도의 죽음과 부활의 복음과 그 복음의 도리를 더욱 깊이 깨닫고 하나님의 나라를 선양하는 교회가 되어야 합니다. 그리고 자기 주장하려는 의지가 청산된 사람들로 이루어진 거룩한 새 사회, 예수 공동체를 이루어 가야 합니다. 이런 공동체를 통해서 나면서 앉은뱅이 된 자가 걸으며 걷기도 하며 뛰기도 하며 하나님을 찬미하는 것처럼 하나님의 큰 구원이 이루어지며 인간을 파괴하여 어두움과 죄에 붙들어 매고 있는 어두움의 권세, 파괴 세력인 사탄의 권세를 타파해 버리는 하나님의 권능의 나라가 임하는 것입니다.

그리스도인들은 세상의 소금과 빛으로서 날로 저하되어가는 세상의 삶의 표준을 유지하고 삶의 질을 고조시켜야 하며 복음을 전파하여 생명의 길을 보여 주어야 합니다. 세상을 위해 그리고 세상을 변혁하기 위해 자기를 내어 주고 섬기는 제자도를 행해야 합니다. 오늘날 세상은 너무도 경쟁 사회입니다. 여기에서 낙오된 사람들이나 지친 영혼들을 돌보고 쉼을 갖고 회복을 위한 센터, 예수님의 제자도를 길러 그의 형상을 이루어 가고 실천할 공동체가 필요한 때입니다.

그러므로 이 기도는 세계 곳곳에서 일어나고 있는 인간성 파괴를 보면서 이러한 공동체 운동이 일어나기를 기도하는 것입니다. 교회마저도 세상의 잘못된 성취욕에 도취되어 적극적인 사고비법, 출세, 성공비법을 참 복음으로 가르치는 성공의 복음을 좋아하고 그렇게 해서 목회 성공을 지향해 나가는 때에 기독 교회는 이러한 공동체 회복이 절실하게 요구됩니다.

그리하여 자기 주장하려는 의지로 경쟁 사회, 적자생존, 자연도태, 약육강식의 폭력의 원리가 지배하여 파멸되어 가는 세상 가운데서 자기를 내어 주고 섬기는 사랑의 원리로 살아 이러한 세상이 치유되는 역사가 일어나게 해야 합니다.

순간 순간 하나님을 의존함

매일의 생계를 위한 이 간구는 순간 순간의 생존을 하나님께 전적으로 의존하고 그에게 소망을 두고 그를 신뢰한다는 고백이기도 합니다. 우리는 피조물로서 창조주이신 하나님을 내 생명과 존재의 근원으로 생각하고 그를 의지하고 살아야 합니다. 매일 매일, 순간 순간 하나님을 의지하고 살아야 하는 것입니다. 내 손의 노력으로 사는 것이 아닙니다. 내 손의 수고가 나의 생명과 존재의 근거라는 생각 가운데서 사는 문화는 반드시 탐욕으로 흐르게 되어 있고 스스로를 파괴하게 됩니다.

이스라엘 백성들에게 만나를 주신 것도 일용할 양식으로 주셨고 하루 분 이상을 거두었을 때에는 썩어 버렸습니다. 그러나 그들은 배고 프거나 옷이 헤진 적이 없었습니다. 안식일 분에는 예외가 있었으니 이는 영원한 안식을 예표한 것이었을 것입니다. 영적인 일용할 양식에 서도 마찬가지이기 때문에 하루 과식하고 며칠씩 굶는 불규칙적인 식 사는 영육 간의 건강을 해치게 됩니다(행 17:28; 신 29:5; 출 16:4~30).

그리스도인들은 하나님께서 공급하시는 신령한 양식을 매일 순간 순간 공급받아 살아야 합니다(출 16:3; 17:6; 민 11:4~9; 21:5~9).

그러므로 그리스도인들은 쉬지 않고 기도해야 하는데 이것은 마음 이 끊임없이 하나님께 열려 있어 그와 교통하며 그의 가르침과 승인 과 인도를 받아 신령한 생활을 하는 것입니다(살전 5:21).

그런데 덮어놓고 쉬지 않고 자신의 말만 늘어놓는 식의 기도를 쉬 지 않고 기도하는 것으로 오해하고 있습니다. 그러니 기도회는 많은 데 모양만 내는 것에 그칩니다. 그리고 내 생각대로 또는 닥치는 대로 일을 진행하다가 문제에 부딪히게 되어서야 임시변통으로 다급하게 혼란에 빠져 기도하기도 하는데 이것도 잘못입니다.

때로는 하나님의 응답에 대해 확신을 가지고 기대하면서 강청하는 기도를 드리는 것도 필요합니다(눅 11:5~13). 그러나 이것은 자의적 인 것이라도 무조건 붙잡고 매달리라는 것이 아니고 하나님의 응답을 확신, 기다리면서 끈기 있게 기도해야 할 것을 말합니다. 하나님께서 는 종말론으로 그의 백성들의 모든 필요를 채워 주실 것입니다(마 5:3 ~12). 마태복음 5장 3~12절에는 첫째 복과 마지막 복은 현재형으로 되어 있으나 그밖의 6개의 복은 미래형으로 되어 있어서 모든 죄와 악이 청산되고 핍절이 채워지는 것은 미래에 오는 것을 가르칩니다.

이기적이고 끝없는 욕망을 배제하는 간구

그러므로 이 간구는 우리들의 이기적이고 끝없는 욕심과 욕망을 배제하는 것입니다. 세상이 행하는 것같이 행해서는 영생에 이르지 못하며 더구나 힘써도 못하는 사람이 많음을 기억하십시오(눅 13:24 ~30; 마 7:13~23). 물질에 대한 확연한 견지를 갖고 행하십시오(눅 12:22~31; 마 6:19~34; 약 4:1~5).

그리고 남의 필요나 상황을 이해하지 않고 내 주장만을 관철시키고 내 필요만을 채우려고 할 때 그리고 일하면서 실적만을 올리려고 할 때 인간의 야수성이 발휘됩니다. 이것은 생각이 깊지 못한 데서 오기도 하지만 인간을 일반화시켜 상대하는 데서 옵니다. 동물은 자기 욕구의 충족만을 채우려고 닥치는 대로 잡아먹지만 사람은 하나님의 형상으로 지음 받았으므로 하나님의 심령으로 사람을 보며 이해하며 남의 필요를 채우고 남을 이해하고 수용하는 데서 성숙도 즉, 그의 창조주의 너그러운 성품을 얼마나 닮아 가는가가 드러나는 것입니다.

넷째 간구의 요약

이와 같이 이 간구는 우리의 기도 생활이 하나님을 증거하고 드러내는 삶을 이루도록 해야 한다는 것을 가르칩니다. 우리는 우리가 경험한 하나님을 증거하여 드러내는 삶을 이루게 하는 기도 생활을 해야 합니다. 하나님을 반영한 우리의 삶이 되어야 합니다. 하나님과 그의 사랑과 뜻을 구현하는 삶을 살게 하는 기도가 되어야 합니다.

2. 다섯째 간구 : 우리가 우리에게 죄지은 자를 사하여 준 것 같이 우리 죄를 사하여 주옵시고
(And forgive us our debts, as we also have forgiven our debtors)

빚으로 표현된 죄

원문은 죄가 아니고 빚으로 표현되어 있습니다. 왜 죄를 빚으로 표현했습니까? 인간은 하나님의 형상으로 지음 받아 하나님과 교제할 수 있는 유일한 존재입니다. 또한 의와 지식과 거룩함 등 많은 독특성을 소유하고 있어 그만큼 고귀한 존재로서 하나님의 뜻을 알고 그의 뜻대로 행할 수 있었고 또 행해야 했습니다. 하나님의 창조 성업의 완성의 언약적 동반자로서 책임 있게 하나님의 창조를 계발, 하나님의 영광을 선양하고 하나님의 요구의 수준을 따라서 삶으로 그의 창조주를 중시, 영광을 드러내야 했습니다.

그러나 인간은 그러한 행위 언약에 불복하여 타락, 하나님의 형상으로서 독특성을 상실하여 하나님의 뜻을 분별할 수도, 따라 살 수도, 하나님의 영광을 드러낼 수도, 그의 요구에 따라 살 수도 없고, 그의 영광에 이르지도 못하게 되어 버렸습니다(롬 3:23). 죄책과 오염을 겪게 되었고 이것은 인격을 손상시켰고 그의 창조주와의 관계에서 비인간화되어 버렸습니다. 그 결과 인간은 그 회복이 없이는 즉, 하나님의 절대의의 충족으로 속죄를 통해 하나님과의 관계를 정상화하지 않고서는 하나님의 형상으로서 요구와 표준을 따라 살 수 없고 참된 의미에서 삶을 살 수 없습니다. 이것이 지불되지 않은 빚으로 표현되었습니다. 그것은 실행되지 않은 선이라고도 할 수 있습니다(약 4:13~17). 그래서 선을 행할 기회가 주어졌는데도 선을 행치 아니하면 그것은 죄라고 합니다.

죄, 죄책감, 죄악의 세력으로부터의 자유

여기서 우리는 자기가 죄인이라는 것과 용서 받아야 한다는 것을 아는 것이 중요합니다. 우리의 죄와 죄책감과 죄악의 세력을 아는 것이 복음의 근본입니다.

철학자 키에르케고르가 "기독교보다 더 인간을 불쾌하게 만들고 인간에게 반감을 불러일으키는 종교는 없다"고 말한 것은 옳은 말입니다. 다른 종교는 그러한 요소가 전혀 없습니다. 그러나 기독교는 "모든 사람이 죄를 범하였으매 하나님의 영광에 이르지 못한다(롬 3:23)"라고 말하며 회개하라고 요구합니다.

죄는 하나님께 회개하여 그의 용서를 받지 않으면 반감을 가지고 인간을 자기의 세력권 안에 사로잡아 지배하게 됩니다.

창세기를 보아도 그렇습니다(창 3~4장). 본래 인간은 하나님 앞에 떳떳하게 섰었으나 타락 이후에는 죄책감 때문에 숨게 됩니다. 그리고 숨어 있는 그들을 찾아오셔서 그들에게 무엇인가 조치를 취하시려고 합니다. 그래서 아담에게 먹지 말라고 한 그 열매를 먹었느냐고 물으셨습니다. 그러나 아담의 대답은 죄가 일으킨 반감을 갖고 하나님께 대들고 있는 것을 볼 수 있습니다. "하나님이 주셔서 나와 함께하게 하신 여자 그가 그 나무의 열매를 주므로 먹었나이다."라고 하면서 하나님께 책임을 전가하려는 했습니다. 또한 '내 뼈 중의 뼈요 살 중에 살' 이라고 사랑을 표현했던 이브에 대해서는 적대감을 나타냅니다.

가인도 아벨을 죽이고 나서 하나님께서 그에게 "네 아우 아벨이 어디 있느냐"고 물으시는 하나님께 반감을 나타내며 "내가 알지 못하나이다 내가 내 아우를 지키는 자니이까?"라고 하나님께 대듭니다 (창 4).

그리고 벌거벗었으나 부끄러움이 없이 일체감으로 서로에게 열려 있던 아담과 이브는 이제 그러나 금단의 열매를 먹고 난 후 이제는 서로에게 소원해지고 서로 남으로 인식되게 된 것입니다. 서로 수치감을 갖게 하는 이상한 관계가 되어 버린 것입니다. 그래서 인간은 이것을 가리우려고 무화과나무 잎으로 옷을 지어 입었습니다. 그러나 그것은 죄를 가리울 수가 없이 죄를 그대로 둔 채 일시적으로 감추고 스스로를 속이는 것이 됩니다. 세상의 어떠한 종교적 또는 학문적 또는 무슨 자기의 성취 등 인간의 어떠한 노력으로도 죄를 가리울 수는 없습니다. 오직 하나님께서 지어 주시는 가죽옷의 구원을 받아 입어야 합니다.

가인의 행사를 보면 그는 죄악의 지배를 받아 아벨을 죽입니다. 가인에게 하신 하나님의 "죄가 문에 엎드리느니라(4:7)"는 말씀 가운데 "엎드린다"는 말은 맹수가 먹이를 움키기 위해 포복하는 것이나 괴한이 집안을 덮치기 위해 집안의 동정을 살피는 것을 묘사하는 표현으로 죄가 관념이 아니라 기회를 노리는 탐욕스러운 권세임을 가르칩니다.

가인의 살인과 인류의 죄악을 보면 죄가 하나의 세력으로 자리를 잡아 옛 사람 곧 타락한 아담의 본성을 이루어 사람의 인격 전체를 지배하여 죄가 왕노릇하게 됨과 죄의 무서움을 알 수 있습니다(롬 5:21). 타락한 죄악의 본성이 인격 안에 자리를 잡고 작용, 발휘되어 그 사람의 존재를 만들어 내게 된 것입니다. 이렇게 해서 인간의 죄는 스스로를 파괴하는 살인으로 발전하고 만 것입니다. 그것은 하나님의 창조 질서와 신정을 파괴하는 폭력과 강포로 하나님께 대한 반역인 것입니다.

그런데 이러한 인간으로서는 이길 수도, 피할 수도 없는 죄와, 항상 억눌러서 반감을 일으키며 소외와 온갖 악을 일으키는 죄책감과, 우리를 사로잡아 지배하여 파멸시키는 죄악의 세력으로부터의 용서와 자유는 그리스도의 십자가에서만 가능합니다. 그리스도께서는 우리 죄를 위하여 죽으시고 우리의 의를 위하여 부활하셨습니다. 그렇게 해서 죄와 사망의 권세를 폐하시고 새 생명과 의를 우리에게 주십니다. 그러므로 그리스도 예수 안에 있는 사람에게는 결코 정죄함이 없습니다(롬 8:1).

그러니까 죄를 용서해 달라는 기도는 복음의 도리와 능력을 더 깊이 묵상하고 더 힘껏 붙들며 경험하고자 하는 것입니다. 사도 바울은 "내가 그리스도와 그 부활의 권능과 그 고난에 참예함을 알려 하여 그의 죽으심을 본받아 어찌하든지 죽은 자 가운데서 부활에 이르려 한다"고 했습니다(빌 3:10~11). 그래서 그는 뒤에 있는 것은 잊어 버리고 앞에 있는 것을 잡으려고 푯대를 향하여 그리스도 예수 안에서 하나님이 위에서 부르신 부름의 상을 위하여 쫓아간다고 했습니다(빌 3:12~14).

의롭다 하심을 받고 나서도 짓는 죄

그런데 우리는 의롭다 하심 즉, 관계 정상화를 받고 나서도 마찬가지입니다. 그래서 우리는 하나님 아버지의 성품을 그 나라의 시민이며 중생자로서 다 증거하고 드러내지 못하면서 살고 있습니다. 죄가 인간의 인격과 사회 가운데 하나의 세력으로 자리 잡고 있어서 인간의 본성으로는 죄를 피할 수 없습니다.

그러므로 우리는 위로부터 내리는 능력의 성령을 전적으로 의존해야 합니다. 기도는 순간 순간의 삶을 위로부터 내리는 능력으로 살겠다는 의존과 신뢰의 고백으로 하나님께 전심으로 향하여 그의 능력으로 덧입어 중생자의 삶을 영위하고 정진과 사명자의 길을 걷고자 하는 것입니다(대하 16:9). 그리고 우리의 죄는 우리의 양심을 가로막아 하나님과 계속적인 교제를 막습니다.

그러므로 이 기도를 통해서 우리는 매일 세상을 살면서 범한 죄를 용서받고 날마다 새로워져야 합니다. 목욕을 했어도 매일 발을 씻는 일은 계속해야 하는 것처럼, 죄에 대해 용서받은 확신을 끊임없이 가지고 살아야 합니다. 그리스도의 십자가를 믿고 회개하고 하나님의 얼굴을 구하면 하나님께서는 그리스도께서 십자가에서 행하신 속죄 사역을 근거로 우리 죄를 용서하십니다. 동이 서에서 먼 것처럼 우리의 죄과를 옮겨 주십니다. 다시는 기억조차 않으십니다. 탈색될 수 없는 염료와 같은 붉은 죄, 진홍같이 붉은 죄도 양털같이 눈과 같이 희게 씻어 주십니다.

우리의 죄를 사하여 주옵시고

나의 죄가 아니고 우리의 죄라고 한 것을 주목해야 합니다. 나만 죄짓지 않고 살면 되지 않는가 하는 생각은 잘못된 것입니다. 그리스도인들은 그 사회의 삶의 질과 표준이 저하되는 것에 대한 공동 책임이 있습니다. "세상의" 소금과 "세상의" 빛의 역할을 바라셨기 때문입니다. 하나님께서 자기 백성을 일으키시는 것은 목적이 있습니다. "이 백성은 내가 나를 위하여 지었나니 나의 찬송을 부르게 하려 함이니라(사 43:21).

그리스도인들은 삶의 질과 표준이 저하되는 것을 막는 방부제로서 세상의 소금입니다. 또한 세상에 무엇이 잘못되었는가를 드러내며 진리와 생명의 길로 인도하는 세상의 빛입니다. 소금이 물질 속에 스며들면 그 기능을 다하여 썩는 것을 막습니다.

소돔과 고모라에 살던 롯의 경우를 생각해 보면 그들은 타락한 문화에 오히려 영향을 받았습니다(벧후 2:8). 그리하여 그의 딸들은 소돔과 고모라식으로 하여 자신들의 아버지인 롯과의 사이에서 아이들을 가지게 됩니다.

오늘날 우리 그리스도인들은 이런 점을 감안하여 늘 이웃을 위한 중보 기도를 쉬지 않아야 하며 적극적으로 세상에 영향을 끼치고 변화시켜야겠다는 자세가 있어야 합니다. 등불을 켜는 것은 말 아래 숨겨 두려는 것이 아니고 등경 위에 두어 어두움을 밝히려는 데에 목적이 있습니다. 숨어서 그리스도인 노릇을 하려는 것은 잘못된 자세입니다.

이것은 또한 서로가 살아가면서 입은 상처들을 서로 고하고 용서받고 치유받아 살아야 합니다. 한과 서운함과 미움을 품고 살면 그것들은 질병을 유발할 수 있습니다. 그래서 야고보는 "너희 죄를 서로 고하며 병 낫기를 위하여 서로 기도하라 의인의 간구는 역사하는 힘이 많으니라(약 5:16)"고 했습니다.

우리가 우리에게 죄지은 자를 사하여 준 것 같이
: 우리가 믿는 하나님이 어떤 분이시고 우리가 따라 사는
진리의 성격을 증거하고 드러내는 용서

주님께서 가르치신 기도를 염불 외우듯 잘도 외우는 우리는 이 기도가 무서운 의미를 지닌 것임을 알아야 합니다. "우리가 우리에게 죄지은 자를 사하여 준 것 같이" 우리 죄를 사하여 주시라는 기도는 우리가 용서 못하는 마음을 품는다면 그것은 하나님께 우리를 용서하지 마시라는 의미가 되기 때문입니다.

그런데 이것은 설명과 결과적으로 해석되어야 하는 문장입니다. 실제로 이것은 우리가 우리에게 죄지은 자를 용서하는 정도나 또는 그런 식으로 용서를 구하는 것이 아닙니다. 다시 말하면 하나님의 그 크신 용서를 먼저 체험하고 그 체험에 기초해서 용서의 삶을 사는 것입니다. 복음이 가져다주는 죄용서와 새로운 삶, 영광스러움을 경험한 것이 선행하고 이 복음의 영광스러움에 압도당한 사람의 삶이 있는 것입니다.

이와 같이 하나님께서는 항상 먼저 가능성을 열어 주시고 은혜를 베풀어 경험하게 한 다음 인간으로 하여금 거기에 반응하여 살게 합니다. 여기서 시제가 완료형으로 된 것은 마땅하고 당연히 요구된다는 것을 강조하고자 한 것입니다(누가복음의 주기도를 참고하십시오). 시편 51편과 마태복음 18장 21~35절에서 이 귀절의 해석에 빛을 비추어 줍니다.

시편 51편은 용서를 구하는 기도로 유명합니다. 다윗은 그의 충성스러운 부하 장수 우리아의 아내 밧세바를 범하고 그것을 숨기려고 했지만 우리아의 충성스러움 때문에 여의치 않자 그를 죽음에 빠뜨리고 마침내 그의 아내까지 빼앗습니다. 다윗은 이러한 큰 죄악의 용서를 위해 하나님의 다함이 없는 사랑과 큰 자비에 호소하고 있습니다.

이 가운데 특히 13절은 다윗이 주께서 용서해 주시면 그가 죄인들에게 주의 도 즉, 주께서 회개한 죄인을 어떻게 받아 주시는가를 가르치겠다는 것입니다. 즉, 그 스스로가 체험한 하나님의 자비와 은혜와 사죄와 소생의 능력을 예를 들어 하나님의 크신 사랑과 자비와 능력을 다른 죄악에 눌려 어두움에 앉아 있는 사람들에게 가르쳐서 그들을 하나님께로 돌이키겠다는 말입니다.

그런데 여기서 주의할 것은 이 일이 있기 전에 무엇보다 더 먼저 그 자신이 하나님의 큰 사랑과 용서를 경험해야 했습니다. 그러니까 하나님의 사랑과 용서가 선행되고 다른 사람의 용서는 하나님의 용서를 체험한 결과이며 그 증거입니다.

마태복음 18장 21~35절도 같은 원리를 가르칩니다. 가족과 전 재산을 다 바칠지라도 갚을 수 없는 빚, 무한대의 빚이 그보다 더 큰 자비를 만나서 탕감을 받았습니다. 우리는 하나님으로부터 용서가 불가

능한 죄를 용서받았습니다. 그러니까 하나님의 용서가 앞서고 이것은
다른 형제의 용서의 기초를 제공합니다. 용서받은 사람은 용서받은
그 사실 때문에(ipso facto) 당연히 용서하는 것이 기대됩니다. [27] 그가
받은 자비에 압도당하여 그것이 삶의 근본 동기와 원천이 되어야 하
는 것입니다.

그런데 무자비한 종은 주인이 그에게 베풀어 준 대로 자기 이웃에
게 베풀지 않았습니다. 그래서 먼저 받은 큰 용서가 거두어지고 맙니
다. 하나님의 용서와 그 크기를 진정으로 체험한 사람은 이웃을 용서
할 수 있고 또 그래야 합니다. 35절은 주님께서 우리에게 베푸시는
원리로 이웃에게 베풀지 않을 때는 그것이 철회되어 버린다는 경고
이며 이 간구와 같은 뜻입니다. "너희가 각각 중심으로 형제를 용서
하지 아니하면 내 천부께서도 너희에게 이와 같이 하시리라(마 18:21
~35)."

이 말씀은 이미 하나님의 큰 용서와 사랑을 체험한 제자들에게 하
신 말씀으로 하나님의 큰 사랑을 경험했다면 마땅히 우리는 우리가
경험한 대로 나타내고 살아야 합니다. 하나님의 나라의 거룩한 실재
를 증거하여 드러내고 살아야 합니다. 여기서 우리 주님은 라멕에 의
해 세상에 보급되고 바벨론적 세계관에 의해서 구체화된 복수와 보복
의 삶의 철학을 뒤집어 용서와 원수 사랑을 가르치신 것입니다.

구약의 이스라엘의 선택과 보존에서도 같은 원리가 나타납니다.
이스라엘은 무슨 장점이나 공로가 있어서 선택 받거나 보존 받은 것

---

27) Donald Guthrie, New Testament Theology (Downers Grove : IVP, 1981), 579.

이 아닙니다(반복되는 실패에도). 오직 하나님의 은혜가 원인이었고 이 하나님의 은혜로 구원 받는 도리는 그들이 경험한 대로 온 세계에 나타내야 했던 것입니다(신 7:6~8, 요나서). 그들이 경험한 하나님의 사랑에 압도되어 그 사랑을 세상에 증거하여 드러내야 했던 것입니다. 우리가 경험한 하나님의 사랑은 다른 이들에게 나타나야 하고 이렇게 해서 진리를 소유한 사람으로서의 실체가 나타나 하나님의 사랑을 그들도 체험하도록 해야 하는 것입니다.

어떻게 용서할까
: 하나님의 크신 사랑과 은혜를 경험했다는 증거가 되는 용서

그러므로 우리가 남을 용서하는 것은 하나님의 용서를 경험했다는 증거가 됩니다. 오래 참고 노를 영원히 품지 않으시는 하나님께는 시간이란 우리가 그의 사랑을 깨닫고 거기에 압도당하여 그를 자발적으로 사랑하게 하시는 하나님의 기다리심입니다. 우리는 이러한 하나님의 사랑을 받았습니다.

그러므로 우리가 하나님의 사랑을 경험했다는 증거는 그것을 이웃에게 실천하는 데서 발견됩니다. 조건없는 용서는 하나님의 사랑을 경험했다는 가장 명백한 증거이며 가장 하나님을 닮았다고 할 수 있습니다. 용서뿐 아니라 하나님 나라의 다른 선물들도 구원도 물질도 지위도 생명도 건강도 은혜로 받은 모든 것이 자기에게만 그쳐서는 안 됩니다(마 25:14~30). 혼자 웃는 것은 반 기쁨이 되지만 이웃과 함께 웃으면 그 기쁨을 측량할 수 없는 기쁨으로 온전하게 만듭니다.

그러므로 우리가 구한 무엇이든지 우리의 만족으로 끝나서는 안 되고 다른 이들과 나누는 데까지 나가야 합니다. 하나님께 받은 은혜를 나타내고 살아야 합니다. 이것이 하나님의 나라에 속한 사람들의 특성입니다. 무자비한 종의 비유는 천국의 비유인 것을 기억하십시오. 용서와 이러한 원리는 하나님 나라의 삶의 가장 중요한 표현들 중의 하나입니다. 따라서 주기도가 주어진 뒤 다시 언급되어 강화되고 있습니다(마 6:14~15). 이와 같이 다른 사람을 용서함은 하나님의 은혜의 빛 가운데 있음을 증거해 줍니다. 새로운 신분의 사람이 되었다는 증거가 됩니다.

그러므로 우리는 죄인이라는 사실과 용서받은 사람이라는 것과 큰 사랑을 받은 빚진 자라는 사실을 잊지 않고 그 용서, 그 큰 사랑에 압도당한 사람으로서의 삶을 살아야 할 것입니다. 그리스도 복음에 합당한 삶을 생각해 보면 용서를 받아야 할 사람이 용서해 줄 사람에게 무릎을 꿇는 것이 아니라 용서를 해줄 사람이 오히려 자신을 낮춥니다.

예수님과 하나님을 보아도 용서를 해주시는 분이신 예수님께서 용서를 위해서 오히려 자세를 낮추시고 십자가에 달려 돌아가셨고 타락한 인간이 먼저 하나님을 찾은 것이 아니라 하나님께서 먼저 찾아 오셨습니다. 죄를 정죄하고 심판하실 권세를 소유하셨던 유일하신 분이 죄를 정죄하고 심판하는 대신에 죄를 짊어지시고 십자가에 달려 돌아가셨다는 사실 앞에서 우리는 용서할 자격조차 없는 자신을 발견하게 됩니다. 죄를 알지도 못하신 분이 죄인 앞에, 하나님께서 사람 앞에, 창조주께서 피조물 앞에 서서 심문 당하시고 재판 받아 사형 언도를 받으시고 돌아가셨다는 것을 얼마나 깊이 각성하고 있는가 자신들을 돌아보아야 합니다. 억울하다면 이만큼 억울한 일이 있을 수 있겠는가 생각해 봅시다.

다섯째 간구의 요약
: 우리가 경험한 하나님의 사랑을 증시하게 하는 기도,
또한 은총만이 회복과 치유를 가능케 함

죄의 권세(창 4:7)와 인간의 연약함을 아는 사람들은 같은 기초 위에서 다른 사람들을 수용합니다(마 7:12). 그리고 하나님께 용서를 구하는 기도를 진실로 외식 없이 드리기 위해서는 모든 미움과 복수와 용서 못하는 영으로부터 자유로워야 합니다(cf. 마 5:23, 24).[28]

이때에 그 기도는 참된 기도가 될 것입니다. 이렇게 기도는 삶과 밀접히 관련되어 있어 하나님 나라 시민의 삶의 양식이고 삶 자체인 것입니다. 용서가 그만큼 중요하기에 늘 드리도록 주신 주기도에 포함이 되어 있는 것입니다. 늘 용서하며 살도록, 늘 은총 가운데 살도록 용서가 주기도문에 들어 있는 것입니다.

더욱이 용서는 하나님의 나라의 중요한 특성 중에 하나로 하나님의 나라를 드러내기 때문에 주기도문이 주어지고 나서 다시 언급되고 있는 것을 봅니다(마 6:14, 15; cf. 18:21~35). 이 천국의 특성을 드러내는 비유인 무자비한 종의 비유는 하나님의 나라의 비유임을 기억해

---

28) Douglas, 706.

야 합니다(마 18:23).

이렇게 해서 그리스도인들은 그리스도를 머리로 해서 하나된 지체들끼리 함께 완성되어 가는 지체로서 하나됨을 나타내는 것입니다. 우리는 하나님께 받은 하나님의 나라의 선물을 나누고 살아 진리를 소유한 사람들로서 실체의 삶이 있어야 합니다. 우리가 믿는 하나님께서는 어떤 분이시며 우리가 따라 사는 진리의 성격을 증거하여 드러내는 것이 우리의 삶입니다(cf. 요 13:34, 35).

이렇게 하나님을 증거하여 드러내는 기도 생활이 되어야 하는 것입니다. 우리가 경험한 하나님의 은혜와 사랑을 증거하여 드러내는 삶을 살게 하는 기도 생활이 되어야 하는 것입니다. 하나님을 반영한 삶을 살게 해야 하는 것입니다. 우리 안에 구현된 하나님을 증시하는 삶을 살아야 하는 것입니다.

하나님의 크신 은총을 경험하여 회복과 치유를 경험한 사람들은 오직 은총만이 회복과 치유를 가능하게 한다는 것을 입술과 삶으로 증시해야 합니다. 이렇게 해서 하나님의 나라가 현존한다는 것을 드러내고 그 나라의 증거가 되어야 하는 것입니다. 요한복음에서 율법은 간음한 여인을 정죄할 뿐 회복시키지는 못하는 것을 보여 줍니다. 그런데 예수님의 용서가 그를 회복하고 치료했습니다(요 8:1~11). 교정은 많은 일을 합니다. 그러나 사랑과 용서는 더 큰 일, 온전한 일을 합니다.

빅토르 위고의 「레미제라블」에서 은총이 장발장을 새 사람되게 하는 것을 봅니다. 그에게 새 생명을 주었습니다. 그를 실패한 과거와 단절시키고 새롭게 창조하였습니다. 사랑과 용서의 위력을 경험해 보십시오. 용서하지 않을 때 우리는 자신을 과거의 상처의 감옥에 묶어 두어 자신을 괴롭게 하며 이것은 때로는 질병을 가져오기도 합니다. 그러나 용서는 자신을 그 감옥의 고통과 질병으로부터 해방시켜 줍니다. 용서함으로 용서받는 사람도 새롭게 하지만 나 자신도 새롭게 합니다. 새 사람된 장발장을 20년 동안 찾아다니며 그를 파멸시키고자 했던 자베르 형사는 장발장이 자신을 구해 주자 용서하지 못하는 자신을 발견하고 자살하고 맙니다.

자신을 정죄의 감옥에서 풀어 주어 광명한 자유 가운데 살게 하십시오. 하나님께서 죄를 찾으시면 그 앞에 설 사람이 없습니다. 하나님께서 요구하시는 표준을 지킬 사람은 없습니다. 우리는 그 표준 근처에도 가지 못합니다. 공의의 기준대로만 한다면 우리 모두는 지옥에 앉아 있어야 할 것입니다. 그러므로 은총과 용서로 치유하시려는 하나님의 창조 사역에 참여하시고 자신도 치유 받으며 새롭게 창조되어 회복된 의에 거하는 바 새 하늘과 새 땅을 바라보십시오(벧후 3:13).

3. 여섯째 간구
: 우리를 시험에 들게 하지 마옵시고 다만 악에서 구하옵소서
(And do not lead us into temptation, but deliver us from evil)

영적인 성장과 성화에의 열의를 드러내는 기도

이 간구는 다섯째 간구와 더불어서 적극적으로 영적인 전쟁에 관계된 것입니다. 매일의 성장과 성화에 관심을 두고 있는가와 관계됩니다. 우리는 예수님께서 우리의 죄를 사하시고자 십자가에 죽으셨던 인간의 죄악의 무서움과 비참상을 알고 진실과 용서를 기도한다면 죄를 다시는 짓게 되기를 원치 않고 도리어 적극적으로 죄를 대적하고 성장과 성화와 거룩에의 열의를 가질 수밖에 없습니다.

바르게 가고 있는 가운데서도 자신을 살피게 하는 기도

이 간구는 하나님께서 우리를 시험하신다고 암시하는 것처럼 보이지만 하나님께서는 결코 우리로 하여금 악을 행하도록 시험하시지 않으십니다(고전 10:12, 13; 약 1:13). 자녀들이 말을 듣지 않는다고 그의 자녀들 앞에 덫을 놓을 부모들이 있겠습니까? 이는 한마디로 시편 139편 23~24절에 있는 시편 기자의 심정을 토로한 것입니다.

"하나님이여 나를 살피사 내 마음을 아시며 나를 시험하사 내 뜻을 아옵소서 내게 무슨 악한 행위가 있나 보시고 나를 영원한 길로 인도하소서."

우리는 연약하고 영적 각성이 저급하여 열악한 상태로 마음이 있게 되기 쉽고 그럼에도 불구하고 그것을 또한 정당화하기 쉽습니다. 우리에게 좋은 대로 해석하고 결정하기 쉽습니다. 또한 세상이 모두 그러니까 사회적 통념에 의해 자기 정당화를 하기 쉽기 때문입니다. 우리의 의가 침식당하기 쉽습니다.

그래서 이러한 마음으로 자신을 살피고 바르게 있도록 가누어야 합니다. 열악한 상태에 있으면서도 베드로같이 주님을 배척하지는 않으나 자기들이 기대하는 그 메시아가 되어야 한다고 고집하기가 쉽고 그런 수가 많기 때문입니다. 베드로는 주는 그리스도시요 살아 계신 하나님의 아들이라는 신앙고백을 하고 더구나 예수님을 주님이라고 부르면서도 주님께서 죽으신다고 하시자 그것을 막게 되는데 그것이 주님을 위한 길이라고 생각합니다(마 16:16~23).

이것은 그의 자녀들이 생각 속에서라도 범죄를 했을까 하여 번제를 드렸던 욥과 같이 신중한 심령을 말하는 것입니다(욥 1:1~5). 이와 같이 기도는 그것이 옳다고 생각할지라도 자기를 살피게 하는 것입니다. 자기가 드린 기도를 절대화하여 고집하지 않고 하나님께서 들으실 만한 것인지 그리고 자기 안에 무슨 악은 없는지 살피는 것입니다. 그러니까 곤란한 일로부터 면제된 삶을 기도하는 것이 아닙니다. 죄를 짓게 되는 그러한 시험에 빠져들지 않게 해달라고 기도하는 것입니다.

인생의 일부로 인격을 강화시켜 주지만 우리의 약함 때문에 죄를 짓는 기회가 되기도 하는 시험에 빠지지 않기를 기도함

성경에서 "시험"이라는 말이 우리의 성장을 도와주는 것으로 나타나기도 하고(약 1:2), 악을 행하도록 "시험"을 받는다고도 합니다(약 1:13). 예수님께서는 그의 백성들이 세상으로부터 면제되는 것보다는 악으로부터 보존해 주시기를 기도하고 있습니다(요 17:15). 배는 항구에 안전하게 매어 두려고 만든 것이 아닙니다. 가만히 누워 있는 어린이가 넘어져 다칠 염려는 없습니다. 그러나 그가 생명이기 때문에 활동을 하고 따라서 넘어질 수도 코를 깰 수도 있습니다. 사업을 하는 사람에게 실패가 있을 수 있고 수업생들은 입시에도 떨어질 수도 있는 것이 아닙니까? 실패를 두려워해서는 아무것도 할 수 없습니다. 이것이 인생입니다. 우리는 이러한 인생의 고난과 시험을 피할 수 없습니다.

이런 점에서 우리의 인생은 온갖 종류의 시험과 환난으로 가득 차 있습니다. 그것들은 삶의 일부입니다. 그것들은 우리의 인격을 강화시켜 주는 방편이 되기도 하나 우리의 약함 때문에 악을 행하게 하는 기회가 될 수도 있습니다.[29]

우리가 예수님을 믿으면 현실의 갈등과 고난을 면제해 준다는 약속을 받지는 않았지만 전혀 새로운 관점으로 그것들을 받아들이게 됩니다. 그러나 때로는 새로운 피조물로서 하나님의 뜻대로 살려고 하니 하나님과 이간, 왜곡과 불협화음과 반역으로 가득 찬 세상에서는 공격의 표적이 되어 환난을 겪을 수밖에 없습니다. 무릇 그리스도 예수 안에서 경건하게 살고자 하는 사람은 핍박을 받게 되어 있고 고결한 신앙과 인격을 가지고 살고자 하는 사람은 세상과 사탄의 표적이 되어 자주 시험대 위에 올려집니다(딤후 3:12). 어두움의 권세의 집요한 추적과 방해가 있습니다.

욥의 경우를 보면 하나님께서도 인정하는 그의 경건(욥 1:8)에도 불구하고 까닭 없이 사탄의 공격을 받고 더구나 가정에서 그의 아내에게와 사회적으로는 그의 친구들에게 심한 상처를 받습니다. "죄 없

---

29) Plummer, 102.

이 망한 자 없다. 악을 밭 갈고 독을 뿌리는 자는 그대로 거둔다. 죄를 고백하라(욥 4:7~9)." 그러나 욥은 그러한 고난을 당할 만한 죄를 짓지 않았습니다. 그런데도 극악한 환난을 겪은 것입니다.

여기서 욥은 환난과 역경이 자신의 인격을 형성케 하며 성화에 이르게 해준다고 고백합니다(욥 23:10; cf. 롬 5:1~5). 야고보도 그것들을 더없는 기쁨으로 받아들이라고 합니다.

"내 형제들아 너희가 여러 가지 시험을 만나거든 온전히 기쁘게 여기라 이는 너희 믿음의 시련이 인내를 만들어 내는 줄 너희가 앎이라 인내를 온전히 이루라 이는 너희로 온전하고 구비하여 조금도 부족함이 없게 하려 함이라(약 2:2~4)."

그런데 우리는 시편 73편의 시편 기자처럼 수단과 방법을 가리지 않고 인생을 사악하게 살아가는 악인이 잘되고 경건하여 마음이 정직한 사람이 고난을 겪는 일을 볼 때, 하나님의 선하심과 의로우심을 믿지만 그렇지 못한 때가 있습니다. 우리의 확신이 흔들릴 때도 있는 것입니다. 우리는 사악한 사람들이 형통하고 번영하는 것을 보고 시샘하고 갈등에 빠져 고민하게 됩니다. 나중에는 욥의 말처럼 하나님께서 즉각 즉각 인과응보를 하지 않으셔서 사악한 사람들이 더욱 날뛴다고 불평하고 항의하게 되는 것입니다.

시편 기자의 말을 더 들어보겠습니다. 악인들의 마음은 사악함으로 가득 차 있으나 그들의 인생은 행복 그 자체인 것처럼 보여집니다. 경건하지 못하고 사악한 사람들이, 자기 중심적이고 자기 주장이 강한 사람들이 번영하고 즐기며 삽니다. 그들이 출세하고 성공합니다.

이러한 성공으로 더욱 자만에 찹니다. 외람된 자신감으로 넘쳐 납니다. "하나님이 어찌 알랴?" 하면서 그래서 거칠 것이 없이 사악하게 행하면서도 항상 편하고 재산은 늘어만 갑니다. 그들의 소득은 마음에 계획한 이상으로 넘쳐납니다. 매사가 그렇습니다. "왜 강도의 장막과 하나님을 멸시하고 요령껏 사는 자들은 형통하고 평안히 사는데 그래서 하나님까지 손에 넣었다고 하는데 의인은 고난인가(욥 12:6)"에서 처럼 시편 기자도 이것이 이해되지 않았던 것입니다.

그래서 하나님 앞에서 경건한 것과 곧게 행한 것이 무슨 소용이 있다는 말인가? 하고 자문합니다. "오히려 내게 돌아오는 것은 진종일 괴로움이며 아침마다 징벌이니 …… 악인이 형통하는 것은 그렇다손 치더라도 왜 경건하고 곧게 살려는 사람이 고난을 당하는가? 복은 고사하고라도 고난이 웬 말인가?" 라고 욥은 생각합니다.

이렇게 경건한 의인이 고난에 처하고 사악한 사람이 형통하며 번영하는 인생사 때문에 사람들은 신앙에 회의가 들기도 하고 무신론자가 되기도 합니다. "선하시고 공의로우시며 전능하신 하나님께서 통치하신다면 이럴 수가 있는가?" 그리하여 "에라 모르겠다. 나도 그렇게 살아보자"는 시험에 빠질 수 있는 것입니다. 이렇게 해서 자기를 바라보고 있는 사람들까지도 좌절에 빠져 신앙을 저버리게 하는 어리석음을 범할 수 있는 것입니다.

그런데 시편 기자는 성소에 들어가서야 일의 결국을 깨닫고 일시적으로 의심했던 것을 회개하고 다시 확신에 섭니다. 성소는 하나님의 임재의 장소고 말씀을 보관하는 곳입니다. 하나님을 만나는 곳입니다. 우리도 하나님과의 깊은 기도의 성소에 들어가서 하나님과 거룩한 교통을 가져야 합니다. 하나님의 말씀을 깊이 들어야 합니다. 하나님과 깊은 교제를 가져야 합니다. 기도의 성소에서만이 일의 결국을 깨닫게 되는 것입니다.

그러므로 우리는 기도 가운데 깨어 준비되어 있어야 합니다. 항상 하나님께 마음이 열려 있어 그의 가르침과 인도를 받으며 쉬지 않고 기도하는 상태에 있어야 합니다. 그래야 약해지지 않으며 타락한 세상의 시험에 빠지지 않게 자신을 지킬 수 있습니다. 우리는 이 간구를 통해 "우리는 연약합니다"라고 고백하는 것이며 영적인 승리를 위해 전적으로 하나님을 의존한다는 고백을 하여 "하나님께서 능력으로 역사해 주십시오, 주관하여 주십시오, 기민하게 대처하게 해주십시오, 각성, 깨어 있게 해주십시오" 라고 기도합니다.

예수님께서도 그의 제자들에게 시험에 들지 않도록 깨어 기도하라고 하십니다(마 26:36~42). 이와 같이 해서 우리는 우리의 연약함과 죄의 세력과 죄악의 실재를 인정(창 4:7), 정면으로 대하고 영적인 싸움을 위해 하나님께 전폭적인 의존을 고백하며[30] 죄악을 대항하고자 전열을 가다듬는 것입니다. 영적인 전쟁에서 적극적인 승리를 기도하는 것입니다.

모든 문제와 그 이면의 원흉 마귀로부터 완전한 구원을 기도함

그러나 우리는 연약하여 자주 넘어집니다. 이는 모든 문제의 원흉인 마귀의 공격을 받고 있기 때문입니다. 그래서 우리는 마귀로부터

---

30) Douglas, 706.

완전한 구원을 열망하게 됩니다. 그러므로 "다만 악에서 구하옵소서"라는 기도는 마귀의 공격으로부터 방어를 받고 보호되기를 기도하는 것이며 더 나아가서는 우리들의 일상생활뿐만 아니라 우리 주님께서 모든 죄악의 세력을 멸하시고 의와 거룩의 영원한 나라를 완성하실 것을 기도하는 것입니다.

이때에는 모든 죄와 악, 눈물과 사망을 멸하고 의에 거하는 바 새 하늘과 새 땅이 임하고 우리가 피조성의 혼란과 한계를 벗고 그의 영광스러운 몸의 형체와 같이 변화되어 그의 아드님의 형상을 본받는 몸의 구속이 이루어질 것입니다(롬 8:23~25; 빌 3:20, 21; 계 12:7~12; 21:3~7).

영적 전투에 대비하게 하는 기도

이렇게 이 기도는 우리를 경성하고 깨어 있게 영적 전투에 대비하게 하고 위로부터 내리는 능력과 전신갑주로 무장하게 합니다(마 26:36~42; 엡 6:10~20). 모든 문제의 이면에는 사탄의 역사가 있습니다.

우리의 싸움은 이 사탄과 하는 것이기 때문에 우리는 그것을 볼 수 있어야 합니다. 따라서 사람의 야망으로 하나님이 뜻을 가로막으려는 베드로를 향해 예수님께서는 "사탄아 물러가라"고 하십니다. 우리는 원수를 제어할 권세를 받았습니다(눅 10:19). 기도로 사탄을 제어합니다. 그리스도의 죽음과 부활로 사탄의 권세는 무장해제 되었고(요 12:31~33; 마 12:22~29) 예수님의 이름으로 귀신을 쫓아냅니다. 소년 다윗이 골리앗을 죽인 일을 기억하십시오.

그러므로 기도를 모임의 부수 행위로 생각하지 마십시오. 사탄은 기도 없는 성경공부, 기도 없는 사역, 기도 없는 신앙은 두려워하지 않습니다. 죄악 세상을 기도 없이 산다는 것은 눈감고 산길을 걷는 것과 같아서 넘어지기 십상입니다. 기도는 내 삶의 주권을 하나님께 돌리는 행위이기도 합니다. 우리의 심령과 모든 행사와 걸음을 하나님께서 인도해주셔서 내 삶 가운데서 그의 영광이 드러나고 뜻이 이루어지도록 자신을 하나님께 드리는 행위이기도 합니다.

그리고 큰 문제가 작은 일에서 비롯되는 것을 볼 때 일상생활에서 기도로 사는 것이 얼마나 중요한지 모릅니다. 영적인 활력을 회복하고 자신을 유지하고 거룩을 지키며 받은 은혜의 보존과 증진, 성화를 가져옵니다. 그러므로 우리 하나님을 예배하며 교제하는 가장 숭고한 영혼의 활동인 기도를 쉰다는 것은 하나님께서 주신 큰 은혜를 헛되이 하는 것입니다.

여기서 기도를 쉬는 죄를 범치 않겠다고 한 사무엘의 말은 시사하는 의미가 자못 큽니다(삼상 12:23). 복수 대명사 "우리"는 중보기도의 중요성을 일깨워 줍니다. 기도를 필요로 하는 사람들이 얼마나 많습니까? 영적 전쟁의 최전선 선교지의 선교사들을 위해서, 영적인 지도자들을 위해서, 시험 당한 성도들을 위해서 그리고 또 이러한 영적 무기를 얼마나 사용하고 있습니까? 이와 같이 기도는 죄악을 대항하여 싸우는 전투의 삶이며 영적인 전쟁을 수행하는 것입니다. 자신을 지키고 지체들을 지키는 것입니다. 그러므로 기도하십시오! 기도하십시오! 쉬지 말고 기도하십시오! 기도 가운데 깨어 있으십시오!

사도 바울은 핍박 때문에 다른 지역으로 옮겨 선교하면서도 그곳에서 속수무책으로 있는 것이 아니라 핍박 받는 신생 교회와 성도들을 위한 기도 가운데 씨름을 하고 있는 것을 봅니다. 영으로 마음으로는 그들과 함께하고 있습니다(살전 3:6~13).

우리에게도 이러한 중보기도를 필요로 하는 사람들이 얼마나 많습니까? 그러므로 기도합시다. 기도 가운데 깨어 있어야 하겠습니다. 기도의 씨름을 해야 합니다. 성도의 어려움들을 기도 가운데 함께 나누어지고 가야 하겠습니다. 우리의 싸움은 혈과 육에 대한 것이 아니요 그 이면에 역사하는 어두움의 권세와의 싸움입니다. 신령한 무기인 기도를 사용하여 영적인 전쟁에 참여해야 하겠습니다.

항상 기도함으로 깨어 있어 시험에 들지 않고 낙심하지 말 것을 가르치는 누가복음 18장 1~8절의 불의한 재판관 비유에서 가르침의 참된 의미를 생각해 보십시오(히 10:32~39; 부록 : "말세를 만난 성도들의 기도생활" 참조).

구원의 의미를 새롭게

이 간구는 구원의 완성을 바라보는 기도입니다. 우리는 구원을 받았습니다. 또한 우리는 구원을 받아야 합니다. 그런데 오늘날 대부분의 그리스도인들은 구원의 초보적인 의미와 단계에 머무는 것을 봅니다. 그래서 구원의 의미를 새롭게 생각해 보겠습니다.

하나님 백성의 구속과 형성을 보여 주는 책인 출애굽기는 구원이 노예 해방에 그치지 않고 더 깊은 의미가 있는 것을 가르칩니다. 그것은 애굽의 권세와 우상 숭배와 그 타락한 행습으로부터 완전히 벗어나 하나님의 친백성으로 서는 것입니다. 그의 백성으로 거룩한 성격과 자격을 갖추고 서는 것입니다.

하나님께서 이스라엘을 구속하시고 그의 친백성으로 빚으시는 것입니다. 그러므로 율법을 출애굽의 구원 후에 주셔서 언약적 율례로 삼는 것입니다. 따라서 구속이란 하나님께서 그의 백성들을 흑암의 권세로부터 해방과 하나님과의 특별한 관계들 가운데 하나님의 기업이 되고 하나님께서는 이 기업을 일구어 그의 세계를 향하신 뜻, 하나님의 나라를 이룩하시는 것입니다. 그러니까 어떻게 보면 구원은 흠도 점도 어그러진 것이 없이 하나님의 영광을 드러낼 만한 하나님의 백성을 세워 하나님의 나라를 확립하기 위한 수단이라고 할 수 있습니다.

오늘날도 마찬가지입니다. 구원이란 죄용서에 그치지 않고 죄의 세력으로부터 완전한 해방과 하나님의 거룩한 형상을 회복한 하나님의 친백성으로 서는 것입니다. 그리하여 세상의 소금과 빛으로 사는 것입니다. 그리스도의 장성한 분량의 충만한 데까지 이르러 아무런 제약 없이 하나님의 영광을 드러낼 만한 사람으로 서야 되는 것입니다.

그런데 오늘날 많은 그리스도인들은 소위 "거듭남"과 죄용서와 지식이나 이적의 신앙에 머뭅니다. 이것은 오직 믿음으로만, 은혜로만 구원받는다는 구원의 도리가 이상하게도 율법폐기론에 치우치는 결과로 오는 것이기도 합니다. 그래서 많은 사람들이 행함이 없는 신앙, 죽은 믿음에 그칩니다.

넝마주이가 헌 깡통을 집게로 집어 바구니에 넣는 것을 생각해 보십시오. 깡통이 그 바구니에 들어간 것으로 끝나서는 안 됩니다. 그것은 용광로에 들어가 무엇인가를 담을 만한 용기로 다시 새롭게 만들어져야 됩니다.

"그러므로 너희는 죄로 너희 죽을 몸에 왕 노릇하지 못하게 하여 몸의 사욕을 순종치 말고 또한 너희 지체를 불의의 병기로 죄에게 드리지 말고 오직 너희 자신을 죽은 자 가운데서 다시 산 자같이 하나님께 드리며 너희 지체를 의의 병기로 하나님께 드리라 죄가 너희를 주관치 못하리니 이는 너희가 법 아래 있지 아니하고 은혜 아래 있음이니라 그런즉 어찌하리요 우리가 법 아래 있지 아니하고 은혜 아래 있으니 죄를 지으리요 그럴 수 없느니라 너희 자신을 종으로 드려 누구에게 순종하든지 그 순종함을 받는 자의 종이 되는 줄을 너희가 알지 못하느냐 혹은 죄의 종으로 사망에 이르고 혹은 순종의 종으로 의에 이르느니라 하나님께 감사하리로다 너희가 본래 죄의 종이더니 너희에게 전하여 준바 교훈의 본을 마음으로 순종하여 죄에게서 해방되어 의에게 종이 되었느니라(롬 6:12~18)".

그와 같이 우리의 구원도 신앙고백에만 그쳐서는 안 됩니다. 하나님의 영광을 아무런 제약이 없이 반영하여 드러낼 만한 사람으로 서야 되는 것입니다. "이 백성은 내가 나를 위하여 지었나니 나의 찬송을 부르게 하려 함이니라(사 43:21), … 이는 그리스도 안에서 전부터 바라던 우리로 그의 영광의 찬송이 되게 하려 하심이라 …(엡 1:3~14), 이는 곧 물로 씻어 말씀으로 깨끗하게 하사 거룩하게 하시고 자기 앞에 영광스러운 교회로 세우사 티나 주름잡힌 것이나 이런 것들이 없이 거룩하고 흠이 없게 하려 하심이니라(엡 5:26~27), 우리는 그의 만드신 바라 그리스도 예수 안에서 선한 일을 위하여 지으심을 받은 자니 이 일은 하나님이 전에 예비하사 우리로 그 가운데서 행하게 하려 하심이니라(엡 2:10), 그가 우리를 흑암의 권세에서 건져내사 그의 사랑의 아들의 나라로 옮기셨으니 그 아들 안에서 우리가 구속 곧 죄사함을 얻었도다 … 이제는 그의 육체의 죽음으로 말미암아 화목케 하사 너희를 거룩하고 흠 없고 책망할 것이 없는 자로 그 앞에 세우고자 하셨으니(골 1:3~23)."

또한 오늘 우리는 야고보의 외침을 심각하게 들어야 합니다. 그의 의미는 행함으로 구원을 받는다는 것이 아니라 참된 믿음, 산 믿음은 그 믿음을 중시할 만한 행함을 수반할 수밖에 없다는 것을 가르칩니다.

"만일 형제나 자매가 헐벗고 일용할 양식이 없는데 너희 중에 누구든지 그에게 이르되 평안히 가라, 더웁게 하라, 배부르게 하라 하며 그 몸에 쓸 것을 주지 아니하면 무슨 이익이 있으리요 이와 같이 행함이 없는 믿음은 그 자체가 죽은 것이라 혹이 가로되 너는 믿음이 있고 나는 행함이 있으니 행함이 없는 네 믿음을 내게 보이라 나는 행함으로 내 믿음을 네게 보이리라 네가 하나님은 한 분이신 줄을 믿느냐 잘하는도다 귀신들도 믿고 떠느니라 아아 허탄한 사람아 행함이 없는 믿음이 헛것인 줄 알고자 하느냐 우리 조상 아브라함이 그 아들 이삭을 제단에 드릴 때에 행함으로 의롭다 하심을 받은 것이 아니냐 네가 보거니와 믿음이 그의 행함과 함께 일하고 행함으로 믿음이 온전케 되었느니라 이에 경에 이른바 아브라함이 하나님을 믿으니 이것을 의로 여기셨다는 말씀이 응하였고 그는 하나님의 벗이라 칭함을 받았나니 이로 보건대 사람이 행함으로 의롭다 하심을 받고 믿음으로만 아니니라 또 이와 같이 기생 라합이 사자를 접대하여 다른 길로 나가게 할 때에 행함으로 의롭다 하심을 받은 것이 아니냐 영혼 없는 몸이 죽은 것 같이 행함이 없는 믿음은 죽은 것이니라(약 2).”

흑암의 권세 애굽의 바로가 이스라엘을 애굽에 묶어 두려고 자꾸 제시했던 타협안과 유혹에 자꾸 머물려고 합니다. “내가 너희를 보내리니 … 멀리는 가지 말라(출 8:28), 너희 남정만 가서 여호와를 섬기라(10:11), 너희 양과 소는 머물러 두고 … 가라(10:24)”. 나중에는 무력으로 이를 저지하려고 합니다(출 14).

그러므로 우리는 “주여, 주여 우리가 주의 이름으로 선지자 노릇하고 주의 이름으로 방언하고 귀신 쫓아내고 능력을 행했다”는 등의 신앙 고백과 간증과 종교적인 업적은 대단할 줄 몰라도 “내 너희를 도무지 알지 못하니 불법을 행하는 자들아 다 내게서 떠나가라”는 주님의 심판을 직면할 상태에는 있지 않는가 자신들을 돌아보아야 할 때입니다.

오늘 우리는 노예 근성, 타락한 옛 사람을 벗어버리고 그리스도 안에 있는 새 사람을 입어야 합니다. 헌 옷을 입은 채로 새 옷을 입을 수가 없습니다. 옛 사람은 벗어버려야 합니다. 묵은 밭은 기경을 해야 합니다. 묵은 밭을 그대로 둔 채 아무리 씨앗을 뿌려 보아도 아무런 열매를 기대할 수 없기 때문입니다.

구원의 열매를 우리의 인격과 삶의 모든 면에서 맺어야 합니다. 개인적으로도 모든 생각이나 행실이 새롭게 되고 성화되며 그리스도의 장성한 분량의 충만한 데까지 자라야 합니다. 그의 아드님의 형상을 본받아야 합니다.

국가적으로도 마찬가지입니다. 외국에서는 200년은 건강하다고 하는 다리가 우리 나라에서는 15년 만에 무너졌습니다. 왜 그렇습니까? 입에 풀칠 만하면 된다는 구원받지 못한 노예 근성, 단지 돈만 벌면 된다는 식으로, 단지 출세, 성공만 하면 된다는 식으로 살아왔기 때문에 그렇습니다.

그런데 이러한 경향은 돈, 권세, 지위, 명예를 성공의 기준으로 보는 세상의 생각에 노예로 사로잡혀 있는 한 피할 수 없다는 더 심각한 문제입니다. 사회적으로 높은 지위에 오르거나, 수단과 방법을 가리지 않고라도 정치권력을 잡거나 많은 물질을 획득하면 축하하고 예배까지 드립니다.

그러나 자동차 정비업에 취업했다고 그런 적이 있는가 돌아보아야 합니다. 아무리 문제 있는 자동차라도 그에게 가져가면 아무 일 없었다는 듯 고쳐 주는 자동차 정비업 직원들과 같은 사람들이 장인 정신을 가지고 살도록 도와주어야 하며 열심히 사는 사람들이 훈장도 받고 자랑스럽게 사는 세상이 되어야 하겠습니다.

노예들처럼 미래에 대한 계획이나 전망이 없이 다만 오늘의 당장 눈앞의 이익만을 위해, 현실적인 만족과 쾌락에만 정신이 팔려 있으니 어쩔 도리가 없는 것입니다. 대구폭발사고, 삼풍백화점 붕괴 사고 등은 부실공사가 되든지 말든지 오로지 어서 공사 마치고 돈만 벌어서 성공만 하면 된다는 노예근성이 가져온 열매들이 아닌가 생각됩니다. 그러한 공사를 공사 기간을 단축했다고, 잘했다고 공로를 치하하던 일들이 기억이 납니다.

종교계에서도 순교 사역보다는 성공 목회가 있습니다. 말씀을 선포할 때 이 말씀이 하나님의 뜻과 일치하는가 또는 복음적인가에 관심을 갖기보다는 내 목회 성공에 도움이 될 것인가 안 될 것인가에 초점이 맞추어지기도 합니다. 순교의 복음이 아니고 성공의 복음을 선포합니다. 성공의 복음이 더 인기가 높습니다.

우리는 성공의 신을 숭배하는 우상 숭배로부터 벗어나야 하겠습니다. 우리가 수단과 방법을 가리지 않고 돈을 벌고 뇌물이라도 써서 이권사업을 따내어 남을 이기는 것을 유능하다고 생각하는 죄악을 버리지 않는 한, 그리고 그러한 성공과 출세, 그렇게 해서 획득한 많은 물질과 지위를 소위 "축복"이라고 생각하는 죄악을 버리지 않는 한 우리의 미래는 암담할 뿐입니다.

몇 년 전에 2억 혼수가 적다고 자기 아내를 차고 때려 뱃속에 있는 자기 자식을 유산시켜 버린 사람이 신문에 나서 한때 인구에 회자된 것을 기억할 것입니다. 그런데 그들의 부모들이 사회적으로도 지도층이고 교회에서도 지도층이었습니다. 몇 년 전에 돈 때문에 아버지를 죽인 고교생이나 같은 이유로 72세가 된 자기 아버지를 죽인 교수도 그리스도인 가정이거나 그리스도인이었습니다.

이것은 에서와 같이 미래를 생각지 않고 당장 눈앞의 현실적인 유익이 없다고 영적인 유산인 장자의 명분을 멸시하고(창 25:28~34) 현세에서의 좀더 풍요로운 삶, 안락과 향락과 소비만을 추구하는 등의 노예 정신에서 온 것입니다. 한 개인의 잘못이라기보다는 우리 사회 전체를 지배하는 정신이 문제입니다. 터지지 않았을 따름이지 더 많은 문제가 그와 같은 처지에 놓여 있음을 볼 수 있어야 합니다. 우리는 이와 같은 타락한 옛 사람의 본성을 벗어버려야 한다. 그것은 내일이 없는 노예들의 본성입니다. 영원한 하나님의 나라에 대한 전망이 없습니다.

모세는 수백 년 동안 노예로 뼈가 굳어 노예근성으로 찌든 이스라엘을 출애굽시켜 하나님의 언약의 백성, 하나님의 나라를 건설한다는 막중한 이상과 목표와 사명을 지고 가는 사명의 민족이 되게 했습니다.

우리도 나 자신, 우리의 캠퍼스, 우리 가정과 사회와 공동체, 국가를 옛 죄악의 노예와 옛사람으로부터 출애굽시켜 그리스도 안에 있는 새사람을 입게 하고 하나님 나라를 건설한다는 사명자의 삶을 살도록 해야 하겠습니다.

4. 두 번째 세 간구의 요약

첫번째 세 간구는 두 번째 세 간구로 구체적인 열매를 맺어야 합니다. 우리가 믿는 하나님께서는 어떤 분이십니까? 예수님께서는 하나님의 참된 모습을 세상에 드러내신 분이십니다(요 1:18). 우리는 그리스도 안에서 자기를 계시하신 하나님을 믿습니다.

탕자의 비유는 하나님께서 자기의 형상으로 지으셔서 그의 생명을 나눌 지복을 받도록 했으나 자기 분깃을 요구하고 그를 떠나 핍절과 비참에 빠진 인간을 어떻게 보시고 받아주시는가를 드러내셨습니다.

다 똑같은 하나님의 은혜와 사랑과 배려의 대상입니다. 하나님의 사랑과 은혜는 모두에게 열려 있음을 가르칩니다. 우리는 용서받은 죄인이라는 것과 하나님의 큰 사랑으로 구원받아 새롭게 되었으며 계속 그 사랑을 받고 있는 사람임을 잊지 말아야 히겠습니다. 하나님의 형상으로 지음 받은 인류의 하나됨을 기억하십시오. 행여라도 이것을 잊고 자기 의를 내세워 모두에게 열려 있는 이 사랑을 가로막는 죄악에 빠지지 않도록 조심해야 합니다.

세상은 경쟁에서 이긴 사람만이 살아남고 환영받습니다. 실패한 사람은 낙오자로 버림 받습니다. 왜냐 하면 성공의 신을 우상으로 숭배하고 살기 때문입니다. 이러한 세상적인 견지로 사람을 평가하고 대해서는 안 되겠습니다.

우리 하나님께서 인간을 대하시는 기준은 인간의 자기 의가 동기가 된 공로가 아니라 스스로는 어찌할 수 없는 우리의 필요입니다. 이것은 하나님께는 용서 못 받을 죄와 죄인은 없다는 것을 의미합니다. 아흔 아홉이 다 있어도 잃어버린 한 마리 때문에 생명을 걸고 찾아 나서는 목자이신 하나님. 자기 아들의 생명을 내어 주신 하나님의 사랑을 기억하십시오. 세상은 버릴지라도 하나님께서는 결코 버리시지 않으십니다. 지극히 작은 사람 하나라도 멸망하는 것은 하늘 아버지의 뜻이 아닙니다(마 18:14). 상거가 아직 멀지만 기다리시는 아버지를 생각하십시오.

우리가 어찌 스스로 하나님께 나아갈 수 있겠습니까? 또한 우리 주위에 있는 아직도 불신하고 범죄를 일삼는 사람들을 어떻게 받아들입니까? 이 하나님의 사랑에 압도당한 사람으로서의 삶을 살고 세상으로 그 사랑을 경험하도록 도와주어야 하겠습니다. 하나님께서 어떠한 분이신가를 알게 해주는 삶을 살아야 하겠습니다.

가난한 사람, 억울한 일을 당한 사람뿐 아니라 악인과 불의한 사람에게도 하나님의 사죄와 용서가 필요합니다. 사도 바울은 그의 시대에 임금들과 높은 지위에 있는 모든 사람들을 위해 기도하라고 하면서 "하나님은 모든 사람이 구원을 받으며 진리를 아는 데에 이르기를 원하시느니라"고 했습니다(딤전 2:4). 하나님께서는 아무리 악한 독재자들도 죄 가운데 멸망하는 것을 원치 않으시고 회개하여 구원을 받으며 진리를 아는 데에 이르기를 원하시는 것입니다. 그들과도 하나님의 사랑을 나누어야 합니다.

우리는 하늘 아버지의 사랑을 증거하여 드러내는 삶을 살아야 합니다(벧전 2:9). 하나님께서는 악인과 선인에게 동시에 햇빛과 비를 내리십니다(마 5:38~48; 눅 6:27~36). 아픔과 기쁨을 함께하십시오. 원수까지 사랑하라고 하신 말씀을 기억하십시오. 원수를 사랑하라는 계명을 순종하려고 한다면 우리 이웃에게는 어찌해야 되겠습니까? 이러한 하나님을 드러내는 기도와 생활이 되어야 합니다.

진화론과 세상의 타락한 세계관과 인생관들을 향해서도 이겨야 할 경쟁의 상대가 아니라 함께 지어져 가며 삶을 영적으로 육적으로 나누는 형제 자매라는 사랑의 관계를 이루어 살아야 합니다. 자기를 내어 주는 사랑과 섬기는 제자도를 행하면서 살아야 합니다. 우리가 경험한 하나님을 세상에 증거하고 드러내면서 살아야 합니다. 우리 주님께서는 세상의 어떠한 방법으로도 구할 수 없는 죄인을 은총으로 구원하여 변화시켜 주셨습니다. 그리고 말씀하십니다. "하늘 아버지의 온전하심과 같이 너희도 온전하라(마 5:48)."

그리고 우리의 인생은 온갖 종류의 시험과 환난으로 가득 차 있습니다. 그것들은 삶의 일부입니다. 그것들은 우리의 인격을 강화시켜

주는 방편이기도 하지만 우리의 약함 때문에 악을 행하게 하는 기회
가 될 수도 있습니다(약 1:2~4).

건강할 때는 운동이 건강 증진을 가져다주지만 약할 때는 같은 운
동일지라도 건강을 해치는 것과 같습니다. 예수님을 믿으면 현실의
갈등과 고난을 면제해 준다는 약속은 하지 않았으나 전혀 새로운 전
망 가운데서 그것들을 받아들이게 합니다.

더구나 새로운 피조물로서 하나님의 뜻대로 살려고 하니 하나님과
이간, 왜곡과 불협화음과 반역으로 가득 찬 세상에서는 환난을 겪을
수밖에 없습니다. 거기에 어두움의 권세의 집요한 추적과 방해가 있
습니다. 그러나 환난과 역경은 우리의 인격을 형성케 하며 성화에 이
르게 해줍니다(욥 23:10; 롬 5:1~5).

그러므로 그것들을 더없는 기쁨으로 받아들이라고 합니다. 그래서
우리는 기도 가운데 깨어 있어 준비되어 있어야 합니다. 항상 하나님
께 마음이 열려 있어 그분의 음성을 듣고 그의 가르침과 승인과 인도
를 받고, 쉬지 않고 기도하는 상태에 있어야 합니다.

우리의 싸움은 혈과 육에 대한 것이 아니고 어두움의 공중 권세 잡
은 모든 죄악과 불의의 배후 세력 사탄과의 싸움입니다. 그런데 잘못
하면 어두움의 권세와 싸우는 대신 동역자와 같은 동료 인간들과 싸
움을 벌이게 됨을 기억해서 싸우는 대상과 목표를 잘 보아야 할 것입
니다. 사탄은 전에는 핍박으로 기독교를 공격하였으나 지금은 기독교
인들의 삶을 파괴함으로 기독교를 공격한다는 것을 알아 간교한 사탄
의 전술에 휩쓸려서는 안 됩니다.

6.

첫 번째 세 간구와 두 번째 세 간구의 관계
: 첫 번째 세 간구는 두 번째 세 간구로
  구체적 열매를 맺어야 함

첫번째 세 간구와 두 번째 세 간구와의 관계
: 첫번째 세 간구는 두 번째 세 간구로 구체적 열매를 맺어야 함

기도는 말보다 깊은 것으로 말로 나타나기 전에 영혼 속에 이미 있습니다. 또한 자기 삶을 추구해 나가는 근본 정신이며 방향타입니다. 인생을 추구해 나가는 근본 소원이 무엇입니까? 그 소원대로 삶을 꾸려 가는 것입니다. 주의 나라와 의를 추구해 나가는 삶입니까? 기도를 가장 숭고한 영혼의 활동으로서의 예배라고 했는데 이런 의미에서 예배는 삶을 포함합니다.

구약에서도 성막의 예배는 일상생활이 응집된 형태로 예배는 삶과 일치해야 했습니다. 성막 중심의 삶은 하나님의 존전(Coram Deo)에서의 삶이며 그와 함께하는 삶입니다. 성막은 제사를 드리고 사죄를 받으며 하나님과 사귐이 이루어지는 곳이고 하나님께 감사와 사랑과 헌신이 이루어지는 곳입니다. 성막에서의 예배는 삶을 통해 더욱 구체화되도록 되어 있었습니다. 예배와 삶이 분리될 때에는 둘 다 무의미하게 됩니다. 예배는 대표성을 갖고 삶을 예배화하는 원천이 되어야 합니다. 흐트러진 삶을 회복, 정돈하고 새 삶을 시작하는 원천입니다. 그리하여 전체 삶을 구속하는 것입니다.

신약에서는 전체 삶을 헌신하는 것이 마땅히 드릴 예배라고 가르칩니다(롬 12:1, 2). 삶 전체가 하나님을 섬김을 위한 헌신과 감사로 이루어지고 우리는 하나님의 사랑과 구원의 큰 사실을 입술과 삶으로 증거하고 드러내야 합니다. 우리가 믿는 하나님께서는 어떤 분이시며 우리가 따라 사는 진리의 성격을 증거하고 드러내는 것은 우리의 삶입니다.

그러므로 첫번째 세 간구와 두 번째 세 간구는 떼어 생각할 수 없는 것으로, 첫번째 세 간구의 구체적인 열매가 두 번째 세 간구이며 그렇게 열매 맺혀져야 합니다. 구원받은 새 존재로서의 여러 특성들이 삶의 전 영역에서 확연하게 나타납니다.

참된 믿음은 행함을 수반할 수밖에 없으며 새로운 삶으로 나타나는 에너지이며 삶의 방향을 정하여 나가는 방향타입니다. "믿음"이 우리의 신념에 근거하는 것이 아니라 자기를 계시하신 하나님을 우리가 경험으로 알고 그 앎을 따라 각성과 감동이 오며 이러한 신적 지식의 깨달음과 감동은 인격을 형성하고 또한 그의 삶으로 옮겨지는데 이러한 전인적 내용과 자태가 신앙인 것입니다. 그러니까 이러한 믿음으로부터 오는 삶과 별개인 신앙고백과 기도와 예배는 하나님께서 받아 주시지 않으십니다. 일치해야 합니다. 그러기 위해서 예배가 삶의 일부가 아니라 전체 삶을 지배하고 방향을 지으며 결정하는 중심에 와야 합니다.

우리가 경험한 하나님의 거룩하심, 그의 나라, 그의 뜻, 위대하심, 그의 은혜와 사랑을 증거하여 드러내는 삶이 있게 하는 기도 생활이 되어야 하는 것입니다. 우리 안에 반영되고 구현된 하나님을 드러내야 하는 것입니다.

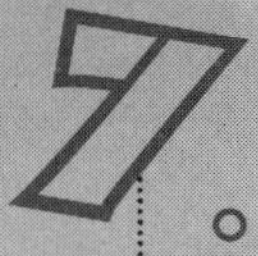

송영 : 나라와 권세와 영광이 아버지께 영원히 있사옵나이다

1. 모든 간구가 응답되리라는 확신의 찬양과 고백인 송영

2. 믿음의 본질과 믿음의 삶

3. 지금은 믿음과 소망으로 드리는 송영, 새 하늘과 새 땅에서는 완료시제로 드리게 될 송영

4. 기도응답의 예들

송 영

나라와 권세와 영광이 아버지께 영원히 있사옵나이다.

1. 모든 간구가 응답되리라는 확신의 찬양과 고백인 송영

이 송영은 우리가 드린 모든 간구가 응답되고 완성되리라는 확신의 찬양과 고백입니다.[31]

예수께서 주신 주기도와 그 내용에 신자들이 믿음으로 드린 확신의 고백이며 찬양입니다. 승리에 대한 확실한 믿음을 고백한 것입니다.

누가복음과 마태복음의 가장 초기 그리고 중요한 사본에는 이 송영이 없습니다.[32]

31) Arthur W. Pink, An Exposition of the Sermon on the Mount
(Grand Rapids : Baker, 1979), 165.

32) GNT, The Greek New Testament (New York : United Bible Societies, 1983), 18~19.

그래서 일반적으로 후대에 주의 기도를 교회에서 예배시의 용도로 채택하도록 첨가된 것으로 간주되고 내용은 아마 역대상 29장 10~25절에 토대를 두고 있습니다.[33]

2. 믿음의 본질과 믿음의 삶

그러면 믿음의 본질은 무엇입니까? 우리의 믿음은 하나님께서 자기를 계시하신 대로 그를 받아들이며 특히 그의 약속에 대한 신실성과 그가 받아 주신다는 확신과 그의 선하신 인도와 능력을 믿고 나아가는 것입니다. 그러니까 믿음의 중요성은 우리에게 있는 것이 아니고 하나님의 신실성과 능력에 있습니다. 다시 말하면 그는 약속을 반드시 지키시며 무엇이든 할 수 있는 전능하신 하나님이십니다.

그러므로 그의 인격과 능력을 성경에 계시하신 대로 배우고 그를 아는 지식에서 자라갈 때에 믿음은 성숙하는 것입니다. 예수 그리스도는 하나님의 인격과 본성, 그의 약속과 능력, 구약에서 여러 부분과 모양으로 계시하신 하나님의 자기 계시의 총화이며 하나님의 사랑의 화신이며 그의 뜻이요 그의 선이며 그의 로고스이며 영광의 광채요 본체의 형상이십니다(히 1:1~3; the radiance of God's glory and the exact representation of his being). 우리는 이 예수 그리스도 안에서

---

33) Bruce M. Metzger, A Textual Commentary in the Greek New Testament (New York : United Bible Societies, 1975), 16~17.

자기를 계시하신 하나님을 믿습니다.

그러므로 예수님을 믿음은 하나님을 그가 계시하신 액면 그대로 받아들임이요 뜻과 약속 등 모든 것을 수용한다는 것을 의미합니다(창 15:6). 또한 예수님을 믿음은 하나님의 선하심을 맛봄이요(시 34:8) 의로우심과 사랑, 치료, 평화, 준비하심, 목자이심, 구원 등을 받아드림에서 시작됩니다. 그러므로 사도 바울은 "우리 주 예수 그리스도의 하나님, 영광의 아버지께서 지혜와 계시의 정신을 너희에게 주사 하나님을 알게 하시고 너희 마음 눈을 밝히사 그의 부르심의 소망이 무엇이며 성도 안에서 그 기업의 영광의 풍성이 무엇이며 그의 힘의 강력으로 역사하심을 따라 믿는 우리에게 베푸신 능력의 지극히 크심이 어떤 것을 너희로 알게 하시기를 구하노라"고 기도하고 있습니다(엡 1:17~19).

그리고 우리의 믿음은 복음의 능력에 대한 것이니 아무리 가망성이 없는 존재라도 그리스도 안에 있으면 새로운 피조물이 되고 구원을 받으며(겔 37; 고후 5:17) 죄와 어두움, 불의와 사망의 권세가 멸망당하고 마침내 하나님의 의로운 통치가 이루어진다는 것을 믿는 것입니다(합 2:4; 눅 18:1~8; 히 10:35~39).

믿음의 조상 아브라함의 믿음은 어떤 믿음이었습니까? 그는 하나님의 말씀을 믿음으로 순종하여 하나님의 구속사의 채널이 되었고 믿음의 조상으로 구속사 가운데 우뚝 서 있습니다. 그의 믿음을 살펴보면 믿음에 대한 바른 교훈을 얻을 수 있습니다.

사람들은 큰 믿음을 소유하기를 소원합니다. 예수님의 제자들도 예외는 아니었을 것입니다. 그들도 믿음을 더해 주시길 주님께 요청하고 있습니다(눅 17:1~6). 그러나 예수님께서는 그들이 더 큰 믿음이 필요한 것이 아니고 바르고 산 믿음이 겨자씨만한 것일지라도 그것이 필요하다고 말씀하십니다.

오늘날 많은 그리스도인들은 믿음을 무슨 요술 램프와 같이 생각해서 그것만 소유하면 만사가 잘 되리라고 기대합니다. 그래서 많은 설교자들도 믿음을 부화하는 방법들을 가르칩니다. 특히 기도와 관련해서 적극적인 사고비법을 가르칩니다. 그러나 성경적인 믿음은 그런 것들과는 여러 면에서 다릅니다. 물론 구원에 이르는 믿음은 하나님의 선물이며 성령의 조명하심에서 받을 수 있습니다(엡 2:8; 빌 1:29).

그런데 세상을 만드시고 섭리하시는 하나님과 그 안에 살고 있는 인간 사이의 살아 있는 관계를 가져오는 믿음은 어디서 오는 것입니까? "믿음"은 우리의 신념에 근거하는 것이 아니고 자기를 계시하신 하나님을 우리가 경험으로 알고 그 앎을 따라 각성과 감동이 오며 이러한 신적 지식의 깨달음과 감동은 인격을 형성하고 또한 그의 삶으로 옮겨지는데 이러한 전인적 내용과 자태가 신앙인 것입니다. 그러니까 이러한 믿음으로부터 오는 삶과 별개인 신앙고백과 기도와 예배는 하나님께서 받아주시지 않으십니다. 일치해야 합니다.

참된 믿음은 행함을 수반할 수밖에 없으며 새로운 삶으로 나타나는 에너지며 삶의 방향을 정하여 나아가는 방향타입니다. 그러려면 예배가 삶의 일부가 아니라 전체 삶을 지배하고 방향지으며 결정하는 중심에 와야 합니다.

우리는 이러한 믿음으로 산 사람의 임상학적인 예를 아브라함에게서 찾아볼 수 있습니다. 말씀으로 천지를 창조하신 하나님께서 인류가 하나님께 불복하고 그를 떠나 이간되고 인간과 그의 창조가 왜곡과 불협화음으로 가득 차 갈 때 언약의 하나님으로 나타나셔서(역사에 개입하셔서) 역사의 방향과 궤도를 바로 잡으시고 구원, 회복하시고자 주권적으로 아브라함에게 구원 전략을 말씀하십니다. 그리고 아브라함은 하나님께서 계시하신 대로, 말씀하신 대로, 약속대로 믿어 순종합니다. 하나님께서 언약하시자 그것을 믿은 것입니다.

이는 믿음이 우리에게서 나오는 것도 더욱이 우리에게서 시작되는 것도 아니라는 것을 보여 줍니다. 그것은 말씀하시는 하나님으로부터 비롯되고 하나님에게서 시작됨을 봅니다. 믿음의 참된 의의는 우리에게 있지 않고 하나님과 그의 말씀에 있습니다.

누군가 우리에게 어떤 사실을 전해 준다고 해봅시다. 그가 거짓말쟁이라면 그가 전해 주는 사실에 대한 우리의 믿음이 생기지 않을 것입니다. 그러나 그가 신실한 인격을 소유했다면 우리는 그것을 믿을 것입니다. 우리 자신이 믿고자 노력해서가 아니라, 그 사실을 전하는 사람의 인격성 때문에 믿음이 생기는 것입니다. 우리의 믿음은 하나님의 신실하신 인격과 그의 말씀에 기초되어 있습니다.

믿음의 조상 아브라함도 믿음이 처음부터 큰 것은 아니었습니다. 그가 일 백 세 때 하나님께서 아이를 낳으리라고 하시자 그는 웃고 있습니다(창 17:15~17). 그리고 처음에는 자기 집에서 길리운 사람이 상속자가 될 것이라고 합니다(창 15:1~7). 그는 믿음 부족으로 인간적인 방법을 동원하여 결국 이스마엘이 태어나고 이스마엘이 태어난 다음에는 이스마엘에 안주하여 이스마엘이나 하나님 앞에 살기를 원한다고 합니다(창 17:18). 이처럼 아브라함도 처음에는 불완전하게 믿은 것입니다.

그러나 하나님께서는 신실하게 약속을 지키셔서 마침내 약속의 자손이며 성령으로 난 사람인 이삭이 탄생하는 것입니다. 인간의 불완전한 믿음에도 불구하고 하나님께서 신실하시게 약속을 지키신 것입니다. 그러므로 우리는 우리 자신에게서 비롯된 확신과 마음 때문이 아니라(그것은 감정과 환경에 따라 변화무쌍합니다) 하나님의 신실성 때문에 구원의 확신을 가질 수 있습니다.

믿음은 하늘에서 신비스러운 체험과 함께 쏟아져 내리는 것이 아닙니다. 아브라함의 경우에서처럼 그의 믿음이 그 자신에게서 비롯된 것도 처음부터 큰 것도 아니었습니다. 하나님께서 창조 세계에 내려진 저주를 복으로 반전시키고 세계를 복 주시려는 하나님의 큰 계획의 일환 가운데 그를 그 핵으로 부르시고 그 계획을 밝히시자 이를 믿고 출발한 것입니다.

다시 말하자면 그를 소명하시고 하신 약속의 성취에 전체 복음이 한데 묶여 있는 즉, 하나님의 구속의 세계적 성취라는 하나님 나라에 대한 경륜을 위한 핵으로 부르심에 응한 것입니다.

또한 아브라함은 하나님과 동행하면서 하나님과의 교통을 발전시키면서 그러한 경험으로 신실하신 하나님에 대한 살아 있는 지식을 얻게 되고 그의 믿음이 발전하게 되었습니다. 그리하여 하나님께서는 아브라함을 "나의 친구"라고까지 선포하십니다(대하 20:7; 사 41:8). 왜냐 하면 그만큼 교제가 깊었고 그러한 관계 속에서 하나님에 대한 바른 지식, 그의 인격에 대해 깊이 살아 있는 지식으로 알게 되어 그의 믿음이 그만큼 성장할 수 있었던 것입니다.

이삭의 출생은 아브라함이 다메섹 엘리에셀(창 15:2)과 이스마엘 (창 17:18)로 옮겨 다니다가 마침내 이삭으로 상속자에 대한 전망이 바뀌어 가는 것을 보여 줍니다. 그러다가 마침내 자연적으로는 불가 능한 가운데 그래서 성령으로 이삭이 출생하고 그를 제물로 드리는 데서 그의 믿음은 확실해집니다.

하나님께서 이삭을 주시겠다고 약속하신 것은 상속자 하나를 약속 하신 것이 아니었습니다. 그는 자신의 인간으로는 불가능한 상황에서 상속자를 주시겠다고 약속하셨을 때 단순히 대를 이을 혈통 하나를 주신다고 믿은 것이 아니라 그 가운데 들어 있는 세상 구원의 섭리를 알고 믿은 것입니다.

아브라함은 그가 소명을 받을 때부터 "땅의 모든 족속이 너를 인하 여 복을 얻을 것이요 네 씨를 인하여 천하만민이 복을 얻으리라(창 12:3)"라는 말씀을 계시로 이미 받았고 하늘의 별과 같이 바다와 같이 네 후손이 많으리라(창 15:5; 22:17)는 것과 열국의 아비가 될 것이라 는 약속을 받습니다(창 17:5).

그리고 인간의 불완전한 능력이나 방법에 의해서가 아니라(이삭을 약속할 때에는 아브라함과 사라 사이에는 나이가 들어 임신할 가능성 이 없었습니다. 그래서 사라는 웃기까지 합니다) 하나님의 능력에 따 른 약속의 자손, 성령으로 태어난 사람에 의한 구원을 약속하신 것입 니다(행 3:19~26). 갈라디아서는 아브라함의 자손이 여럿(seeds)이 아니고 단수(seed)로 지칭하고 있습니다.

그러므로 아브라함은 인간의 지혜와 능력은 완전히 고갈되어 불가 능했던 자신과 사라 사이에서 이삭이 출생했을 때 인간의 지혜와 능력과는 전혀 다른 하나님의 지혜와 능력으로 출생할 하나님의 독생자 예수 그리스도를 보게 된 것입니다(요 8:56~59).

또한 그에게는 하나님의 말씀이면 순종하겠다는 뚜렷한 자세가 되어 있었고 그래서 그의 독자를 제물로 제사 드리라는 하나님의 명령을 순종합니다. 아브라함은 사랑하는 독생자를 제사 드리는 가운데 하나님께서도 그의 사랑하는 독생자를 제물로 제사 드림으로 자신의 공의와 사랑을 만족시켜 세상을 구속하실 것을 계시받았던 것입니다. 그래서 예수님께서는 아브라함이 자기 때 볼 것을 즐거워하다가 보고 기뻐했다고 하십니다(요 8:56~59).

그러니까 아브라함의 믿음은 하나님의 소명과 약속으로부터 비롯되고 하나님을 경험하는 데서 성장해 간 것을 알 수 있습니다. 그러므로 믿음을 키우기 위해서는 인류를 구속하시고 그의 나라를 이룩해 가시는 하나님의 인격과 행위가 기록된 말씀을 듣고(믿음은 들음에서 나옴) 하나님과 삶 속에서 동행하는 데서 발생하고 성숙하는 것입니다. 이는 하나님의 전능하신 능력과 그의 실패하지 않은 선에 대한 전폭적인 신뢰이기도 합니다.

그러나 산을 옮길 만한 믿음으로 기도한다 하더라도 그 기도가 하나님이 도덕적 성품과 구속적인 목적, 즉 하나님 나라의 거룩한 진행과 관계가 없다면 그 산은 결코 움직여지지 않을 것입니다.

그리고 그 믿음은 행함과 분리된다면 죽은 것입니다. 믿음은 하나님을 그가 자신을 계시하신 대로 수락하는 행위로 그의 선에 대한 신뢰이며 이 신뢰로 인해 자신을 하나님의 뜻과 경륜, 경영하심에 전폭적으로 헌신하는 것입니다. 그러므로 믿음은 그의 삶의 방향과 전체를 지배하는 원리이기도 합니다.

하나님께서 그의 창조를 회복하시고 그의 나라를 이룩하시려는 그 거룩한 섭리와 경영, 그 나라의 거룩한 진행, 그리고 반드시 완성하시는 분이심을 배우고 그 나라를 위한 사명자로서의 삶 가운데서 우리의 믿음은 확고히 설 것인데 이것이 구원에 이르는 믿음입니다.

출애굽한 이스라엘은 죄와 악을 정복하여 하나님의 나라를 건설한다는 큰 이상과 사명과 목표를 저버리고 크신 하나님을 불신하고 조그마한 어려움에도 불평과 불만을 일삼고 심지어는 당을 지어 애굽으로 되돌아가려고 했기 때문에 광야에서 다 죽고 말았습니다. 사명의 믿음이 없었기 때문에 가나안에 들어가지 못하고 맙니다.

성도들의 믿음을 살펴보면 믿음이란 하나님의 선하심과 지혜와 영원하심과 능력을 바라보고 하나님의 시각으로 사물을 받아들이고 일에 부딪혀 가며 하나님이 보여 주시는 일에 참여하여 하나님께서 주신 인생의 기회에 충성하며 하나님의 뜻과 정하신 원칙을 따라서 자기의 삶의 방향을 정하고 삶을 이루어 나가며 하나님의 나라를 구현하고자 하는 사명의 길을 가는 것입니다. 이렇게 헌신할 때 하나님께서 그의 삶을 통해서 역사하여 하나님의 큰 구원 역사가 이루어질 것을 믿은 것입니다. 자기가 하나님의 큰 구원 역사의 일부가 되는 것을 믿은 것입니다(창 45:1~9; 50:19~20).

이와 같은 믿음으로 아브라함은 갈데아 우르를 떠나 가나안으로 가기로 결정했고 사랑하는 독생자를 제사 드렸습니다. 리브가도 언약 가문의 일원이 되어 하나님의 크신 구원 사역의 그릇으로 참여하고자 결혼을 결정했습니다. 룻도 그의 늙은 시어머니를 따르고 봉양했으며, 다

니엘도 왕이 먹는 음식으로 자신을 더럽히지 않으리라고 결심했으며,
마리아도 "주의 계집종이오니 뜻대로 되어지이다"고 자신을 헌신했을
때 하나님께서는 그들을 통해서 구원의 큰 역사를 이룩하셨습니다.

그리고 믿는다는 동사가 히브리어 "아멘"과 똑같은 어원으로부터
파생되어 하나님의 구속 경륜을 동의함으로 수락하는 것이 믿음임을
보여 줍니다. 아브라함의 삶 가운데서 우리는 이러한 원칙들을 배우
는 것입니다. 그는 하나님의 구속 경륜을 수락하고 그것을 위해 헌신
하는 믿음에 이삭을 바치는 행위가 수반됨으로 그의 믿음이 살아 있
다는 것이 증거가 된 것입니다.

3. 지금은 믿음과 소망의 고백으로 드리는 송영,
　　새 하늘과 새 땅에서는 완료시제로 드리게 될 송영

우리는 주님께서 주신 기도의 송영을 이러한 믿음 가운데 드려야
합니다. 송영은 우리가 드린 모든 간구가 응답되고 완성되리라는 확
신의 찬양과 고백이며 예수님께서 주신 주기도와 그 내용에 성도들이
믿음으로 드린 확신의 고백이며 찬양입니다. 그리고 이 송영은 우리
의 지상순례가 끝나고 모든 것이 완성될 때 새 하늘과 새 땅에서 완료
시제의 형태로 새롭게 다시 드려지게 될 것입니다.

"하늘에 계신 우리 아버지여 이름은 거룩히 여기심을 받으셨나이
다. 당신의 나라는 완성되고 뜻은 이루어졌나이다. 모든 배고픔과 핍
절은 채워졌나이다. 죄는 용서받고 어두움의 권세는 멸망 받았고 나

라와 권세와 영광은 영원히 아버지께 회복되었나이다. 아멘."

이것은 또한 우리가 드린 기도의 응답과 모든 것을 하나님의 주권적이고 완전하시며 선하신 뜻에 맡긴다는 고백이기도 합니다. 내가 드린 기도가 옳다고 고집하지 않고 하나님의 더 높으신 뜻에 맡기는 것입니다. 기도의 응답의 예를 보십시오. 특히 No도 기도의 응답임을 기억하십시오.

4. 기도 응답의 예들

하나님께서는 우리가 드릴 때 즉시로 응답하시기도 하고 때로는 기도 응답을 우리가 그것을 정당하게 쓸 만한 그릇으로 준비시켜 다음에 응답하시기도 하시기 때문에 우리는 기도응답을 기다려야 할 것입니다. 또한 지체해서 응답하셔서 더 중요한 사실을 깨닫게 하시기도 하며 다르게 또는 No로도 응답하십니다. 김홍전, 신앙의 도리 (서울:백합출판사, 1980), 50~62.

믿음으로 사는 데는 아무런 지름길이 없습니다. 주님께서는 우리가 예수님을 믿으면 현실의 갈등과 고난을 면제해 준다는 것을 약속받지도 않았습니다. 모든 사람과 똑같이 인생들이 겪는 배고픔과 아픔을 다 겪고 삽니다. 그러나 전혀 새로운 관점에서 그것들을 받아들이게 된다는 점이 불신자들과의 차이입니다. 그것들은 우리의 인격을 형성시켜 주는 것이기 때문입니다(약 1:2~4; 욥 23:10).

시편 1편의 복 있는 사람은 하나님께서 특별히 하늘로부터 소나기처럼 복을 쏟아 부어 주셔서 형통하게 된 것이 아닙니다. 그것은 우리가 어디에 인생을 건축했느냐에 따라서 즉, 우리를 내신 분의 길과 도를 따라 삶을 계획하고 경영할 때에 참된 삶이 가능하고 영생과 부요에 이르게 된다고 가르칩니다. 믿음을 무슨 도깨비 방망이처럼 생각하는 것은 잘못입니다. 하나님의 나라의 거룩한 도리에 따라 믿음으로 삶을 이루어 가는 것이 중요합니다.

쉬지 말고 기도하라고 했는데 이것은 식음과 일을 전폐하고 기도만 하고 있으라는 것이 아니고 마음을 항상 주님께 열어 놓고 그와 교통하며 그의 가르침과 인도와 승인을 받아 살려는 자세입니다. 따라서 기도를 드리고 나서 우리는 그 응답을 기다리며 기대해야 합니다.

더욱이 나의 좁은 소견으로 드린 기도를 절대화시키지 말고, 하나님의 영광을 위해 그리고 하나님께서 친히 경영하시고 크신 뜻을 생각하고 그 크신 뜻 가운데 그의 권능과 지혜로 이루실 것을 기대해야 합니다. 신령한 사람은 자기의 필요를 구했을지라도 그것을 절대화하지 않습니다. 오직 그렇게 구하는 것이 하나님께서 받으실 만한 것인지 늘 판단해 나가며 하나님의 뜻을 찾고 그 뜻에 자기를 맞추어 가는 사람입니다.. 이리하여 자기 속에 그의 거룩한 성품을 이루어 이상적인 인간상에 도달해 가는 것입니다.

야곱의 기도(창 32) : 다르게 응답하심

야곱은 그의 형을 속이고 장자권을 빼앗은 일로 인해, 분노하여 자기를 죽이려는 형을 피해 외삼촌의 집에 갔습니다. 거기서 거하는 동안 가정도 이루고 부도 얻어 가지고 많은 어린 자녀들과 함께 고향으로 돌아오게 됩니다. 그러나 분노한 형의 얼굴이 떠올라서 겁이 났습니다. 더구나 형이 사백 인의 군사를 거느리고 온다는 말을 듣자 심히 두렵고 답답했습니다. 그래서 자기의 가족과 재산을 두 떼로 나누고 형 에서가 와서 한 떼를 치면 남은 한 떼를 가지고 피하려고 했습니다.

그래도 마음이 안 놓여 하나님께 자기의 안전을 위해 다급한 기도를 올리고 형의 감정을 풀고자 예물을 듬뿍 보냅니다. 뿐만 아니라 그래도 불안하여 자기 가족은 다 얍복 시내를 건너게 해놓고 자기만 홀로 남아 하나님께 절박하게 기도합니다. 지금까지 자기의 꾀로만 살아온 야곱. 이제 그런 꾀도 소용없고 막다른 골목에 이르자 이제야 하나님만을 붙듭니다. 그가 씨름하는 동안 환도뼈가 위골되었습니다. 그리하여 기운을 쓸 수 없게 되자 "당신이 축복하지 않으면 놓지 않겠다"고 합니다.

그러니까 우리가 보통 교훈 받고 있는 대로 적극적인 사고비법식 기도인 하나님께서는 안 주시려는데 야곱이 강제로 빼앗아 온 것이 아니라 자기의 꾀도 통하지 않고 힘도 쓸 수 없게 되자 그때서야 하나님의 도움을 구한 것입니다. 기도하게 된 것입니다. 진짜 두려워할 분은 에서가 아니라 하나님이시라는 것을 깨닫게 되어 하나님께 부르짖은 것입니다. 그래서 하나님께서는 그 씨름을 야곱으로 하여금 이기도록 해 주고 이름을 개명하여 복을 주십니다. [35]

---

35) Geerhardus Vos, Biblical Theology (Grand Rapids : Eerdmans, 1983), 98.

한 사람의 이름은 인격이며 그 사람을 표현합니다. 그러니까 우리가 보통 생각하는 것처럼 하나님께서 하늘로부터 소나기 내리듯 복을 쏟아 부어 주신 것이 아니라 그의 인격과 삶의 태도를 바꾸어 주신 것입니다. 야곱은 다급하여 자신의 안전만을 구했으나 하나님께서는 그의 인격을 변화시켜 에서를 두려움 없이 만나게 해주며 그 둘 사이에 일어난 악을 극복하게 해주시는 것입니다(창 33:1~12). 그러니까 문제의 원인이었던 야곱 자신을 변화시킴으로 문제를 근본적으로 치료해 주신 것입니다. 그리하여 야곱은 에서에게 형님의 얼굴을 뵈오니 하나님을 뵈옵는 듯하다고 말합니다. 하나님의 응답은 이렇게 신묘막측합니다.

바울의 기도(고후 12:1~10) : NO로 응답하심

기도 응답에 있어서 우리의 정욕의 만족을 위해서 구한 것은 들어주시지 않으십니다(약 4:3). 어떤 경우에는 기도의 응답을 오래 끌고 가시면서 중요한 사실을 깨우치십니다.

사도 바울은 셋째 하늘에 이끌려 가는 체험을 했습니다. 그는 낙원에서 사람으로는 형언할 수 없는 언어를 듣기도 했습니다. 그런데 그에게는 육체의 가시가 있었습니다. 그래서 대사도가 그것을 제거해 달라고 주께 세 번씩이나 간절히 기도했습니다.

그러나 응답은 즉시로 주어지지 않았고 이 간구는 세 번 드려지고 난 다음에야 응답이 왔습니다. 더구나 그 응답은 "내 은혜가 네게 족하도다"고 하시면서 No로 응답하시고 그 가시를 제해 주시지 않았습니다. 그 육체의 가시는 눈병이었는지, 간질이었는지, 또는 선교하면서 굶고 핍박당하고 많이 얻어맞아서 골병이 들어 신경통발작이었는지는 분명하지 않습니다. 그러나 분명한 것은 그것이 너무나 고통스러워 사도는 그것을 사탄의 사자라고 불렀다는 것입니다.

이러한 경우는 자기에게 약점이나 고통이 하나님의 거룩한 뜻과 그리스도의 능력이 나타나는 터전 혹은 재료나 수단으로 쓰인다는 것을 깨우쳐 주심으로 사도로 하여금 그 응답이 자기에게는 더욱이 필요한 것이었다고 고백하며 감사하게 합니다. 그는 그가 주님을 위해서 성취한 선교사역 등 여러 일이나 신령한 여러 은사나 삼층천에 이끌려 간 일이나 더욱 성경을 13권이나 쓴 위대한 업적을 생각하면 정말 자고할 만하였습니다. 그런데 그 육체의 가시가 그것을 막아 주었던 것입니다.

죽은 나사로를 살려주신 응답(요 11:1~44)
: 지체하여 응답함으로 중요한 사실을 일깨워 주심

또한 죽은 나사로를 살려주신 경우를 봅시다. 나사로가 병들었을 때 그의 누이들은 예수님께 사람을 보내어 알렸습니다. 그런데도 예수님께서는 가시려고 생각지도 않고 오래 지체하셨고 마침내 나사로는 죽었고 그것도 나흘이 되어 부패되어 냄새가 나고 있었습니다. 이렇게 지체하신 데는 뜻이 있었습니다. 그들은 예수님의 인격과 사역 그리고 가르침과 비유 행위들을 그렇게 많이 보고 가르침을 받았으면서도 아직도 유대교적인 메시아관에서 완전히 탈피하지 못하고 있었습니다. 예수님께서 크신 권능으로 로마 제국을 정복하여 모세나 다윗처럼 이스라엘 민족을 구원하시고 손바닥 같은 팔레스타인에 왕국을 건설하여 모든 민족 위에 군림하게 해줄 것만을 기대하고 따랐던 것입니다(행 1:3~8).

그래서 주님은 이 사건을 통하여 자기의 인격과 사역으로 하나님의 나라가 역사 안에 들어와 실재한다는 사실을 가르치고 구약에 약속한 메시아의 시대가 임하였다는 사실을 가르쳐서 자신이 부활이며 생명이신 사실과 죄와 사망의 권세로부터 구원해 주실 메시아임을 보이고자 한 것입니다. 이렇게 참 메시아관을 심으셔서 나중에 십자가에 달려 죽으시더라도 확실히 신뢰하도록 하신 것입니다.

이리하여 응답은 더디 되었고 사태는 악화되어 나사로는 죽어 버렸고 부패되어 악취가 나서 더 이상 가망성이 없게 되어 버렸습니다.

그런데 이렇게 악화된 상황에서 나사로를 다시 살리셔서 비로소 예수님만이 부활이요 생명이라는 새로운 메시아관을 심으신 것입니다. 또한 그들은 병만 고쳐 달라고 기도하였지만 그러한 응답을 넘어서서 죽은 자를 살려 주신 희한한 응답을 받았을 뿐 아니라 그리스도 안에 있는 사람은 부활한다는 큰 진리를 깨닫게 되고 주님은 그 신성이 확실히 입증되었습니다. 이렇게 현실에 있어서는 신앙이 작용하지 않는 관념적 신앙을 벗겨 나가신 것입니다.

우리가 하나님의 소명을 받기를 기도하는 것을 지체하여 응답하시는 까닭을 모세의 경우를 통해 알아보겠습니다. 모세는 그가 자기 백성들을 괴롭히는 애굽 사람을 죽이면서 그는 그 형제들이 하나님께서 자기의 손을 빌어 구원하여 주시는 것을 깨달으리라고 생각하였습니다(행 7:25).

그러나 백성들은 깨닫지 못했습니다. 그리하여 애굽 사람을 죽인 것이 탄로나고 미디안 광야로 도망을 가게 됩니다. 모세는 자기 백성을 돌아보고 민족을 위해 일하고자 뜻을 정했던 것은 그의 나이 40세였을 때였습니다. 그는 하나님의 백성들이 노예로서 사는 것이 하나님의 뜻과는 조화될 수 없는 견딜 수 없는 것으로 여기고 감연히 일어났습니다. 그러나 그것은 난폭하게 표현되었고 그 결과는 미디안 광야로 도피할 수밖에 없는 결과를 초래했습니다.

그리하여 민족을 애굽의 학정으로부터 구원하려는 큰 포부를 뒤로하고 미디안광야에서 두 아들의 재롱을 들어 주며 목자로서 40년을 보냅니다. 그는 80세가 되었습니다(행 7:29~30). 하나님으로부터 부름이 이제나 올까 저제나 올까 하여 1년, 5년, 10년 15년, 20년, 30년, 39년을 기다려도 없었습니다.

그런데 하나님의 소명은 80세가 되자 그 때서야 온 것입니다(출 3:1~4:31). 그는 늙어 버렸습니다. 그래서 그는 "제가 무엇이기에 할 수 있겠습니까"라고 자기의 무가치함과 무능함을 토로합니다. 그의 입지 때와는 아주 달라진 모습을 볼 수 있습니다.

그러나 연약한 가운데서 강하게 되어(히 11:34; 출 3:10~14; 4:1, 10, 13; 5:23) 하나님의 부름을 받는 것입니다. 강함 가운데서는 자기의 무모하고 지혜 없는 혈기와 힘만이 나타나 바로에게 쫓기고 그의 백성에게도 거부당했으나(행 7:24~29) 이제는 세상적인 견지를 버리고 하나님이 쓰실 만한 그릇이 된 것입니다. 온 지면에서 가장 온유한 자가 되어 양과 같이 오합지졸의 노예들을 인도할 수 있게 된 것입니다(민 12:3).

이런 점들을 고려해 보면 미디안 망명 시절, 목동 시절은 하나님께서 예비한 학교였습니다. 양을 치면서 그는 지면에서 가장 온유한 사람이 되었습니다. 하나님께서 그렇게 세우셔서 양과 같은 오합지졸의 노예들을 인도할 만한 그릇으로 준비시키신 것입니다. 기도를 이렇게 지체하여 응답하시는 것은 그 일을 감당할 만한 성숙된 인격과 믿음을 길러 주기 위함입니다. 하나님께서 자기의 큰 뜻을 이룩하시고자 그를 위해 예정해 놓으신 목적에 맞도록 그를 훈련시켜 준비하셨던 것을 알 수 있습니다.

그리하여 준비된 모세는 하나님과 그의 이름을 세상으로 하여금 알게 하고 하나님의 백성의 출애굽이라는 큰 구원을 가져왔고 수 백 년간 노예 생활로 잔뼈가 굳어진 오합지졸의 노예들을 해방, 구원하여 하나님의 거룩한 백성으로 세웁니다.

예수님의 형제들과 제자의 예(요 7:2~9; 눅 9:28~35)

어떤 경우에는 우리가 하나님의 영광을 위해서 무엇을 구할지라도 그 의미를 충분히 알지 못할 때는 그것을 정당하게 쓸 만한 그릇으로 준비시켜서 응답하시기도 하십니다. 예수님의 형제들은 예수님을 위한다고 유명하게 되려면 사람들이 많이 모이는 초막절에 예루살렘에 올라가서 한번 꽝 터뜨리셔서 일시에 유명해지고 인기를 얻고 지지자들을 끌어모으라고 합니다.

그러나 예수님께서는 그들의 기도를 응답하시지 않으십니다. 그러나 나중에 그의 형제들이 명절에 올라간 후 자기를 나타내지 않으시고 비밀리에 행하십니다. 그리하여 지금은 그들이 깨닫도록 허락하지 않으셨으나 그의 형제들은 좀더 뒤에야 그의 형님이 참 메시아인 것을 깨닫고 믿습니다. 그리하여 그들 중 하나인 야고보는 예루살렘 교회의 지도자가 되고 야고보서까지 기록합니다.

또한 수제자 베드로는 변화산상에서 영화된 모세와 엘리야와 예수님을 뵙자 놀라서 그곳이 좋다고 거기에 초막 셋을 짓고 함께 거하자고 합니다. 주님을 위해서 그렇게 하자고 제안하는 것이지만 예수님께서는 당신의 죽음과 부활을 통해 속죄 사역을 완성하시고 다시 오실 때에야 의에 거하는 바 새 하늘과 새 땅을 임하게 하실 것입니다. 그래서 내려와서 아직도 그를 기다리고 있는 사람들의 필요를 채우시고 십자가에 죽으시고 부활, 승천하셔서 구속 사역을 완성하시는 것입니다.

이와 같이 하나님께서는 우리를 그가 원하시는 상태로 마음을 끌어올리셔서 응답을 하시기도 하십니다. 그러므로 기도를 드리고 나서 우리는 그 응답을 기대하고 기다려야 합니다. 그의 권능과 지혜로 이루실 것을 믿고 끈기 있게 기다려야 합니다.

즉답하심(왕상 18:16~40; 왕하 19:8~37)

갈멜 산에서 엘리야의 기도를 응답하셔서 하늘로부터 불을 내려 제물을 사르는 것과 히스기야 왕이 앗시리아의 왕 산헤립을 물리칠 때와 같이 즉시 응답해 주시기도 하십니다. 그런데 주의할 것은 이러한 응답은 하나님의 나라의 거룩한 진행과 깊이 관련되어 있다는 것입니다. 무턱대고 일어난 일이 아닙니다.

기도 응답의 요약

오늘날 세상은 이기적인 성취욕에 도취되어서 옳고 그른지 또는 어디로 가고 있는지 또 어떠한 결과를 가져올지는 생각지 않고 다만 남보다 앞서고 이기는 것, 큰 업적과 실적만을 추구하는 야심가가 유능한 사람으로 존경받고 있습니다.

따라서 정치가는 수단과 방법을 가리지 않고 자신의 정치적 야망만을 달성하고자 하고, 학교는 참된 교육보다는 산업 인력과 남보다 앞서가는 인간 양산에 진력하며, 사업가들은 환경 파괴는 생각지 못하고 사업 성공에만 혈안이 되어 있습니다.

심지어는 종교까지도 여기에 편승하여 이기적인 현세적 욕망을 정당화시켜 주고(딤후 4:3) 그와 더불어 성취 방법, 적극적인 사고비법, 출세성공비법까지 고취시켜 주며 사람들을 구름처럼 모아 소위 목회에 성공한 사람이 유능한 종교 지도자로 인기와 존경을 한 몸에 받고 있습니다. "꿩 잡는 게 매"라고 어떻게 하든 목회성공만 하면 그것이 옳은 것으로 통합니다. 성공의 복음을 좋아하고 자기 사욕을 쫓을 스승을 많이 두고 그런 복음을 설교 잘하는 목회자를 찾고 그리하여 성공 목회로 종교적 영웅이 나타나게 되는 것입니다.

그래서 많은 그리스도인이 하나님의 능력도 자기들의 야망을 달성하는 데에 이용할 수 있는 어떤 것으로 생각, 기도하여 기도를 하나님을 끌어다쓰는 수단으로 전락시킵니다(그래서 옛날에는 정치인들도 암암리에 종교를 이용해서 선거 때에 표를 얻으려고 했는데 이제는 조직적이고 공공연하게 이용하려 들고 있습니다. 심지어는 정치가들은 무당과 점쟁이들까지도 선거에 이용하려고 다른 종교와 마찬가지로 조직하고 기독교인들이라고 자처하는 사람들까지도 교회 다닌다는 것 이외에는 다른 점이 하나도 없이 참 하나님을 우상들과 같은 반열에 놓는 무서운 죄악을 저지르고 있습니다. 우리가 알 것은 이런 사람들은 못 저지를 죄악이 없다는 것입니다).

적극적인 사고비법, 출세성공비법식으로 피를 흘리고 무도하게 해서라도 정권잡고 또 다 속사정들이 있겠지만 무리한 사업 확장으로 부도를 내서 내 집 마련하겠다는 가난한 사람들을 등쳐먹는 사업가들이나 2억 혼수가 적다고 자기 아내를 차고 때려서 태중에 있는 자기 아이를 유산시킨 사람이나 돈을 위해서 자기 아버지를 죽인 패륜 등 수많은 무서운 범죄들에 기독교인들이 연루되어 있거나 그 장본인들이었다는 것은 다 이런 악에서 나온 죄악들이며 우리 그리스도인들이 크게 회개해야 할 일입니다.

그러므로 우리는 기도를 주신 데는 거룩한 목적이 있고 기도는 거룩한 기능을 한다는 것을 알아야 합니다. 믿음으로 사는 데는 무슨 지름길이 없습니다. 기적의 떡보다는 땀흘려 농사지어서 먹고 살도록 되어 있습니다.

우리가 예수님을 믿으면 현실의 갈등과 고난을 면제해 준다는 것을 약속 받지는 않았습니다. 모든 사람과 같이 똑같이 모든 인생들이 겪는 배고픔과 아픔을 다 겪고 삽니다. 그러나 전혀 새로운 관점으로 그것들을 받아들이게 됩니다. 그것들은 우리의 인격을 형성시켜 주는 것입니다(약 1:2~4; 욥 23:10).

시편 1편의 복 있는 사람은 하나님께서 특별히 하늘로부터 소나기처럼 복을 쏟아 부어 주셔서 형통하게 된 것이 아닙니다. 그것은 우리가 어디에 인생을 건축했느냐에 따라서 즉, 우리를 내신 분의 길과 도를 따라 삶을 계획하고 경영할 때에 참된 삶이 가능하고 하나님과 교제하는 새로운 질의 삶으로 영생과 부요에 이르게 된다고 가르칩니다. 믿음을 무슨 도깨비 방망이처럼 생각하는 것은 잘못입니다. 성령의 도우심을 힘입어 하나님의 나라의 거룩한 도리에 따라 믿음으로 삶을 이루어 가는 것이 중요합니다.

그러니까 날마다의 결정들과 인생 행로와 여러 일에 대응들이 하나님의 나라의 거룩한 도리를 따라서 이루어져야 믿음으로 사는 것이 됩니다. 내 인생의 형편을 하나님께서 잘 아시고 기억해 두시며 행한 대로 갚아 주시며 악까지도 영원하신 지혜와 능력으로 마침내 합력하여 선을 이루게 하실 하나님과 그의 선을 믿음으로 사는 것입니다. 이러한 믿음 때문에 악을 악으로 욕을 욕으로 갚지 않고 도리어 복을 빌어 주고 사랑으로 대응하는 것입니다(벧전 3:8~22).

그러므로 우리는 기도 응답이 지체될 때에도 의심하지 말고 그것을 통해 말씀하시는 하나님의 뜻을 찾고 그렇게 이루어 주시는 하나님의 뜻과 성품을 알아 그 거룩한 뜻과 성품 가운데 서가야 할 것입니다. 또한 하나님의 크신 권능과 한량없는 사랑과 영원한 지혜를 절대 신뢰하고 응답에 있어서도 그의 크신 뜻에 맡기고 기다려야 합니다.

그리고 어떤 응답에 대해서도, 심지어는 No로 응답하시는 것에 대해서도 감사하고 기쁨으로 받아들여야 합니다. 하나님께서는 다 그의 영원하신 지혜와 선 가운데서 우리의 선이 되도록 응답하십니다. 이러한 사실을 믿으십시오. 하나님의 미련한 것이 사람보다 지혜 있고 하나님의 약한 것이 사람보다 강하십니다(고전 1:25).

마감 : "아멘"
기도 내용에 진실 되고 뜨거운 마음으로
동의와 참여를 고백함

기도 내용에 진실 되고 뜨거운 마음으로 동의와 참여를 고백함

"아멘"은 히브리어에서 직접 온 말입니다. 그것은 "진실로, 참으로, 그렇게 되어지어다" 등의 뜻으로 언약을 확정할 때 쓰는 말입니다 (민 5:22).[36] 전달된 말 그대로 동의, 수락함을 확인하는 것이었습니다 (왕상 1:36). 그것은 하나님의 "~하리라"는 말씀에 인간의 "그렇게 되어지어다"는 수락과 순종의 반응을 표현하는 것이었고 기도와 찬양에 대해 진실되고 뜨거운 마음으로 "그렇게 되어지어다" 하는 고백입니다. 이것은 강조되고 명백한 "예"(Yes)입니다.[37] 드린 주기도에

36) W. E. Vine, Expository Dictionary of New Testament Words
    (Nashville : Thomas Nelson, 1983), 17 & 25.
37) Packer, 240.

대해 명확히 "예"(Yes)하는 것이며 이 기도를 드리는 이들은 그들의 마음을 아멘으로 표현해야 합니다.

이것은 뜨거운 열정으로 방금 드린 기도에 자신을 포함시키며 드린 기도대로 행하겠다는 헌신으로의 마음을 정한 결단입니다. 이 확신과 믿음이 우리의 삶을 방향 짓고 결정하도록 하며 그러한 믿음으로 삶을 경영해야 합니다. 이런 점에서 기도는 우리의 믿음을 삶이 되게 하는 원동력이며 삶 자체라고 할 수 있습니다.

9.

결론과 제안

결론과 제안

결 론

주기도는 오늘날까지 유일하고 탁월하여 비할 바 없는 것으로 참된 기도의 정신과 원리와 요소를 몇 마디 말로 정형화된 것입니다. 따라서 기도의 원형이라고 합니다.

주기도는 기본적으로 기도가 하나님과의 교통을 위해 고안된 영혼의 가장 숭고한 활동이라는 것을 가르칩니다. 이것이 으뜸되는 기도의 기능입니다.

기도의 목적은 자기 충족이나 자기 추구가 아니라 하나님의 영광과 나라와 뜻의 임함이 으뜸가는 관심사이고 우리의 필요를 구할 때도 하나님의 영광을 드러내도록 드려져야 함을 가르칩니다. 우리의 영육간의 필요를 구할 때도 하나님의 영광과 그의 나라와 그의 뜻이 이루어짐을 위해 드려져야 합니다. 기도는 삶을 추구해 나가는 방식이며 그 근본 정신이며 삶의 양식입니다(마 6:33).

그리고 이 기도가 완전히 응답될 때에는 다른 필요가 채워지고 마침내 온갖 핍절과 고통이 없는 평화와 의의 세계가 오게 됩니다(마 6:33; 5:3~12; 벧후 3:13). 파괴 세력 사탄이 멸망하고 우리도 영화되어 더 이상 시험과 죽음의 희생이 사라집니다(계 21:3~7). 이 기도는 요한복음 17장의 예수님의 대제사장적 기도와도 일치됩니다. 하나님의 영광(1), 지상에서의 하나님의 사역의 완성(4), 하나님의 이름이 영화로움을 받음(6), 악과 사악한 이로부터 지킴을 받는 것(15) 등이 그것입니다.

그러므로 하나님의 뜻을 자기의 불안전한 뜻에 굴절시키려는 정신으로 기도해서는 안 되고 자기의 뜻을 하나님의 완전하신 뜻에 굴복시키고 맞추어 가서 마침내 그의 성품으로 화하여 그의 아드님의 형상을 본받으며, 내가 변화되고, 내가 아니라 하나님을 증거하여 드러내려는 것이 참된 경건이요 종교입니다. 하나님께 나가는 데에 있어서 간구하는 사람의 바른 정신과 태도는 바로 이것이어야 합니다.

오늘날 많은 사람들의 경향이 왜곡되어 있습니다. 하나님의 뜻을 도덕적 이상 사회 건설 정도로 생각하여 성경에서 도덕적 교훈을 얻는 데 치중하고 있는 것을 볼 수 있습니다. 그것은 하나님과 말씀을 크게 오해한 것입니다. 물론 성경은 고도의 도덕적 표준을 제시하기 때문에 세상의 도덕의 원동력이 됩니다. 그러나 하나님의 계획과 뜻은 하나님의 나라를 가져오는 것이지 결코 도덕적 이상 사회가 아닙니다.

말씀을 구속사와 하나님의 뜻의 계시로 받고 순종하려는 자세를 가져야 합니다. 복음화의 개념도 첫째는 하나님과의 새로운 관계, 영혼 구원과 그 다음 이웃과 세상과의 새로운 관계, 세상의 소금과 빛이라는 양면에서 파악되어야 합니다.

기도는 죄악의 세력의 실재와 우리의 연약함과 그러한 죄악의 희생되기 쉬움을 인정하고 순간 순간의 삶을 하나님께 전적으로 의존한다고 고백함이요 위로부터 내리는 능력의 성령께 삶을 맡기는 것입니다. 기도 속에 깨어 있어 하나님의 존전임을 의식하고 살지 않으면 영적인 감화 대신 권위와 강압에 호소하기 쉽고 잘못하다가는 어두움의 권세와 싸우는 대신 동역자들과 싸우게 됩니다(고후 10:4~5; 엡 6:10~20; 삼상 19:21~24; 삼하 3:11).

영적인 전투를 수행하는 데에 무기로서 기도(엡 6:12~20; 고후 10:18)를 가르치고 이 전투를 치루러 가는 데에 있어서 그리스도인들이 하나됨을 나타내야 됨 즉, 중보 기도의 중요성을 가르칩니다. 그러므로 기도를 필요로 하는 사람과 일이 얼마나 많음을 직시하고 자신을 지키고 지체들을 붙들어 주는 데에 기도의 무기를 잘 사용해야 합니다. 모든 사람과 지도자들을 위해서도 기도하여 모든 경건과 단정한 중에 고요하고 평안한 생활을 가져야 합니다(딤전 2:1~2).

사도 바울은 핍박 때문에 다른 지역으로 옮겨 선교하면서도 그곳에서 속수무책으로 있는 것이 아니라 핍박 받는 신생 교회와 성도들을 위한 기도 가운데 씨름을 하고 있는 것을 봅니다. 영으로 마음으로는 그들과 함께하고 있습니다(살전 3:6~13).

우리에게도 이러한 중보기도를 필요로 하는 사람들이 얼마나 많습니까? 그러므로 기도합시다. 기도 가운데 깨어 있어야 하겠습니다. 기도의 씨름을 합시다. 어려움을 기도 가운데 지고 가야 하겠습니다. 우리의 싸움은 혈과 육에 대한 것이 아니고 그 이면에 역사하는 어두움의 권세와의 싸움입니다. 신령한 무기인 기도를 사용하여 영적인 전쟁에 참여해야 하겠습니다.

우리는 사치나 극도의 풍요를 위해 기도하도록 명령받지도 약속받지도 않았습니다. 인류가 한 가족이라는 의식 가운데 일용할 양식을 간구하고 하나님의 나라의 선물들을 나누면서 살아야 합니다. 기도는 받은 은혜의 보존과 증진을 가져다 줍니다(고후 6:1). 하나님의 은혜와 사랑은 그대로 다른 이들에게 나타낼 때에 증진되고 그렇지 않을 때는 쓰지 않는 몸의 기관이 퇴화되듯이 퇴화, 철회되어지고 맙니다.

기도는 우리가 경험한 하나님의 사랑과 은혜를 드러내게 하는 것입니다. 진리를 소유한 사람으로서 그 실체를 중시하는 것입니다. 우리 안에 반영되고 구현된 하나님을 증거하여 드러내는 삶을 있게 하는 기도 생활이 되어야 하는 것입니다. 그의 은혜와 사랑에 압도된 심령이 그의 뜻에 헌신하는 동기유발을 가져오는 기도 생활이 되어야 하는 것입니다. 그리하여 우리가 믿고 따르는 분이 어떤 분이신가를 세상으로 하여금 알도록 도와주어야 합니다.

적극적인 사고비법, 출세성공비법식 기도는 우리가 피해야 할 가장 무서운 기도습관입니다.

무엇이든지 원하는 대로 기도하면 들어 주신다는 약속은 먼저 포도나무와 가지를 통해서 연합의 중요성이 강조되고 있고 그의 말씀이 기도자의 삶 가운데 생명의 원리로 살아 역사할 때, 그의 뜻과 일치를 이루고 있을 때 기도응답을 해주신다는 것입니다(요 15). 덮어놓고 기도하면 다 이루어 주시는 것이 아닙니다. 마음을 어디에 두고 사는가가 중요합니다.

옛날에는 예수님을 믿는다는 것을 좁은 문으로 들어가는 길이며 세상과는 다르게 하나님의 뜻을 따라 경건, 거룩하고 삼가며 살아가는 것으로 받아들였는데(눅 13:24) 이제는 복 받아 잘 살고 출세하고 과시하는 길로 받아들여지고 있습니다. 우리 자신이 무엇이 얼마나 잘못되었는지조차도 알기가 힘들게 타락한 풍조가 도도하게 흐르고 있습니다.

실적주의, 물량적 성장주의적 성공목회, 기복신앙, 종교적 영웅중심으로 모여드는 등 권력과 맘몬주의 등에 빠져 있으면서도 무엇이 잘못되어 있는지도 모르는 것입니다. 그러나 우리는 좁은 문으로 들어가기를 힘쓰는 참된 그리스도인으로 살려고 노력해야 하겠습니다.

요즈음 많은 그리스도인들이 영어로 feeling good만을 추구하고 있는 것을 봅니다. 예수님의 발자취를 따르고 그를 본받고자 하는 거룩한 삶에의 의욕은 없으면서도 성령충만의 실재를 경험했다고 떠들며 성령충만의 실재로 고조된 감정체험을 추구하며 따라서 회개도 행동의 변개함이 없이 다만 feeling good만으로 끝나고, 주님의 뜻을 행하는 일은 없이 feeling good만으로 만족하는 경우가 허다합니다. 조심해야 할 시대 조류입니다.

믿음의 중요성은 우리에게 있지 아니하고 하나님의 신실하신 인격과 약속에 있습니다. 이는 "믿음"이 우리의 신념에 근거하는 것이 아니라 자기를 계시하신 하나'님을 우리가 경험으로 알고 그 앎을 따라 각성과 감동이 오며 이러한 신적 지식의 깨달음과 감동은 인격을 형성하고 또한 그의 삶으로 옮겨지는데 이러한 전인적 내용과 자태가 신앙인 것입니다. 그러니까 이러한 믿음으로부터 오는 삶과 별개인 신앙고백과 기도와 예배는 하나님께서 받아 주시지 않으십니다. 일치해야 합니다. 참된 믿음은 행함을 수반할 수밖에 없으며 새로운 삶으로 나타나는 에너지며 삶의 방향을 정하여 나아가는 방향타이기 때문입니다. 그러기 위해서는 예배가 삶의 일부가 아니라 전체 삶을 지배하고 방향 지으며 결정하는 중심에 와야 합니다.

또한 우리는 그를 경험하여 아는 지식에서 자라야 합니다. 그때 우리의 믿음은 증진될 것입니다. 그리고 믿음은 삶을 방향 짓고 결정하며 삶의 경영이 여기서 나와야 합니다. 기도는 우리의 삶이 되게 합니다.

주기도는 단순히 모델 기도를 넘어서서 삶의 양식이나 태도입니다. 주님께서 가르치신 기도의 원리를 따라 기도할 때 우리의 삶은 예수님의 삶과 일치하게 될 것입니다. 우리의 기도가 이기적일 때 우리의 삶 또한 이기적이 될 수밖에 없습니다. 말씀을 듣고 배워 하나님의 생각이 자신의 생각이 되게 하십시오. 하나님의 음성 듣는 시간으로 기도 생활을 습관화하십시오. 기도는 단순히 입술의 행사가 아니라 삶을 추구해 나가는 방식이며 그 근본 정신이며 원동력입니다. 무엇을 소원하며 나아가고 있는가를 돌아보십시오.

"하나님께만 영광"이 지도자의 영이 되어 온 세계에 온 하나님의 영광이 충만케 되는 기도가 되어야 합니다. 이것이 우리가 하나님 앞에서 이르러야 할 본상입니다.

기도가 잘 안 되는 그것이 훈련받아야 할 부분입니다. 대부분의 성도들은 기도할 시간이 없다고 합니다. 그러나 꼭 짜여진 일정 속에서도 식사는 거르지 아니하며 꼭 하고 싶은 일에는 아무리 바빠도 시간을 내는 것을 생각해 볼 때, 근본적으로 문제는 시간이 아니고 뜻과 의지입니다. 우선 순위를 어디다 두느냐에 달려 있습니다. 예수님께서는 기도하시기 위해 사역을 중단하셨습니다. 우리는 어떻게 해야 옳겠습니까? 기도가 빈약하고 지지부진한 것은 기도를 필수적이고 근본적인 중심이라고 생각하지 않고 부수적이라고 생각하기 때문입니다.

기도는 노역입니다(롬 15:30; 히 5:7; 골 4:12, 29; 고전 9:25; 딤전 6:12). 이 성경구절에서 기도를 수식하는 "애써, 씨름, 고뇌, 간구" 등의 단어들은 완전히 지칠 때까지, 죽을 힘을 다해, 필사적으로, 전력하여 힘쓰고 애써 더욱 간절히 기도하는 것을 의미합니다(눅 22:44). 초대 교회의 합심기도는 베드로의 기적적인 출옥을 가져왔습니다(행 12:5). 하나님을 믿으십시오(마 18:19; 막 11:22~24). 추수할 일꾼을 보내어 달라고 기도하십시오.

제 안

마지막으로 여기서 참된 기도 생활을 위한 가장 중요한 제안은 하나님과 교통하며 동행하는 경건의 시간을 매일 쉬지 않고 가지라는 것입니다.

구약의 에녹을 보면 그는 그냥 산 것이 아니라 하나님과 동행하였습니다(창 5:24). 하나님과 동행하는 이것이 경건의 본질입니다. 물론 특별한 필요를 위해서 기도할 수 있고 기도원과 같은 특별한 곳을 찾을 필요도 있습니다. 요즈음처럼 바쁜 세상에서는 정말 조용한 기도원을 찾아 하나님과 은밀하고 깊은 교통의 시간을 갖는 것이 매우 요구됩니다.

그러나 근본적인 것은 매일의 삶 가운데 하나님과 깊은 교제를 나누면서 동행하는 것입니다. 그의 음성을 듣고 그의 가르침과 인도와 승인을 받아 인생을 살아가는 것이 중요합니다. 하나님으로 하여금 내 삶에 구체적으로 말씀하시게 하십시오. 매일 그의 음성을 들으며 그 음성에 순종하여 살아 심령과 행사와 길을 인도함 받아 살아야 합니다. 하나님의 말씀이 내 안에서 생명의 원리로 작용할 때 내게 거룩한 구원의 열매가 풍성하게 맺혀지게 되는 것입니다.

구원의 열매가 구체적으로 그리고 항상 맺혀야 하나님께 영광이 되고 그것이 주님의 능력과 은혜, 하나님의 나라의 선물들을 더욱 풍성하게 누리게 해줍니다. 이것이 더 큰 은혜 가운데로 인도하며 우리에게 확신과 기쁨과 평안을 가져다줍니다. 이러한 기쁨과 평안은 세상이 주는 것과는 다릅니다. 그러므로 옛 성도들은 핍박을 받으면서도, 심지어는 순교를 당하면서도 평안을 잃지 않고 의연하게 대처할 수 있었으며 기뻐 찬송 부르며 오히려 핍박자들을 위해 기도할 수 있었던 것입니다.

그런데 이러한 열매가 없을 때에는 우리의 삶은 메마르게 되고 갈등과 시험에 빠져들며 수많은 인생을 낭비하거나 헛된 방황을 하기도 합니다. 다른 평안을 얻는 길을 찾다가 이단에 빠져들기도 하고 다른 종교로 배교를 하거나 좌절에 빠지게 되는 것입니다. 구원의 구체적인 열매가 풍성할 때에는 헛된 길을 기웃거리지 않게 됩니다.

그러면 열매맺는 비결은 무엇입니까? 요한복음 15장에서 예수님께서는 포도나무의 비유를 통해 그리스도와 생생한 연합이 풍성한 열매를 맺게 해준다고 가르치십니다. 예수님께서는 우리의 삶에 거룩한 구원의 열매를 맺게 하는 우리 생명의 원동력이십니다.

그리스도 안에 거하는 것은 최우선적인 그리스도인들의 경험입니다. 그리스도께서는 주도권을 잡으시고 우리 안에 내주를 하십니다(4, 5절). 이것은 우리의 공로에 대한 선물이 아닙니다. 우리를 그릇으로 받아 주시고 청결케 하신 것은 예수님께서 이루어 주신 일입니다(3). 이렇게 해서 우리는 그리스도 안에 거하게 되었고 이것이 열매맺는 삶의 원천입니다(4~5절). 가지가 포도나무에서 떨어져 나가면 그 가지는 약해지고 마침내 말라서 죽습니다. 포도나무로부터의 분리는 무서운 결과를 초래합니다(2, 6절). 제함을 당하고 모아져서 불살라집니다.

그러므로 우리는 그리스도 안에 거해야 합니다. 여기서 "거한다"는 원문의 시제는 계속적으로 항상 거해야 한다는 것을 가르칩니다.

그러므로 우리는 그에게서 생명의 진액을 항상 쉬지 않고 공급을 받아야 하는 것입니다. 그렇지 않으면 약해지고 마침내 말라죽게 되는 것입니다. 그러나 그 안에 계속적으로 거하는 사람은 열매를 많이 그리고 항상 맺을 뿐만 아니라 더욱 더욱 풍성히 맺게 되는 것입니다.

이것은 그리스도와의 생생한 연합을 말합니다(갈 2:20; 3:27). 그리스도를 신뢰하고 그에게 삶을 열어 놓고 그와 연합하는 믿음의 생활을 말합니다. 이 연합으로부터 우리는 구원의 열매를 풍성히 맺고 누리게 되는 것입니다. 우리가 그리스도의 은혜 안에 거하게 되면 그것은 더 깊고 풍성한 은혜 가운데로 인도함을 받게 되는 것입니다(2, 5, 8절). 그러므로 그 안에 항상 거해야 합니다. 그와 생생하고 신비한 연합을 유지해야 합니다. 그에게 항상 마음을 열어 놓고 그와 교제하며 그의 음성을 듣고 그의 인도와 승인과 가르침을 받아 살아야 합니다. 쉬지말고 기도하는 가운데 깊은 교통이 있어야 합니다.

그러면 어떻게 그리스도 안에 구체적으로 거할 수 있습니까? 우리는 그의 말씀 안에 거해야 합니다(7~8). 이것은 그리스도께서 우리 안에 내주를 하신다는 외적인 증거이기도 합니다. 하나님의 말씀이 우리 안에서 생명의 원리로 뚜렷이 역사하게 해야 하는 것입니다(7, 10절). 항상 말씀을 듣고 그와 교통하며 그의 인도와 가르침을 받는 삶을 살아야 합니다.

그러므로 경건의 시간을 풍성하게 가져야 합니다. 하나님께서는 말씀으로 우리를 깨끗케 하는 일들을 하십니다. 그러니까 우리가 하나님의 말씀에 마음을 열어놓고 받아들이고 그 말씀이 생명의 원리로 우리 안에서 뚜렷이 역사하게 될 때 하나님께서는 우리 안에서 말씀을 통해 그의 구원을 구체적으로 이루어 가십니다. 모든 생각이나 행실이 새롭게 되고 성화되며 그리스도의 장성한 분량의 충만한 데에까지 자라게 하시는 것입니다.

그러므로 경건의 시간 계획을 세워 풍성하고 깊은 하나님과 교통의 시간을 가지십시오. 그렇게 해서 그와 동행하는 삶을 사십시오. 그를 깊이 경험하는 시간을 가지십시오. 하나님으로 하여금 내 삶에 구체적으로 말씀하시도록 하십시오. 그의 음성을 듣는 시간을 깊이 가지십시오. 이것이 이 책을 끝내면서 드리는 제안입니다.

성막의 원리를 생각해 보십시오. 성막은 언약궤가 있는 곳입니다. 그런데 하나님의 백성의 최고, 최종적 권위를 갖고 이스라엘의 국가적 삶을 규제하는 헌장인 성문으로 계시된 십계명을 보관하는 언약궤가 있다는 것은 그곳에 하나님께서 임재하심을 말합니다. 하나님께서 그곳에 임재하시고 이스라엘을 다스리시는 것입니다. 또한 성막은 에덴이 세계의 중심으로 하나님의 성소인 것과 이스라엘이 세상에 대해 중심이 되는 것처럼 이스라엘의 중심이 되어 하나님의 통치를 이스라엘과 세계에 구현하는 것입니다.

그러므로 성막 중심의 삶은 하나님의 존전에서(CORAM DEO)의 이스라엘 사람들은 성막을 중심으로 해서 삶이 이루어졌으니 하나님의 존전에서 삶을 새롭게 시작했던 것입니다. 성막에서 제사를 통해 죄용서를 받고 관계를 새롭게 하며 하나님과 교제함으로써 영혼이 구속받고 하나님의 통치가 이루어지고 새로운 삶이 출발됩니다. 그 다음에 음식, 그리고 성, 그리고 윤리, 그리고 전체 삶으로 하나님의 통치가 확대되어 본래 하나님의 형상의 회복 그리고 온 창조 세계의 회복과 완성으로 이어지게 했던 것입니다.

이와 같이 우리가 기도 생활을 할 때 우리 전체 삶이 구속받으며 우리 가운데 반영된 하나님을 증거하고 드러내게 되는 것입니다. 아무런 제약 없이 하나님의 영광을 반영하여 드러내는 것입니다.

경건의 시간을 그와 같은 의의가 있게 가져야 하겠습니다. 하나님과 만나 그와 교제하며 그의 음성을 듣고 그의 뜻을 뚜렷이 발견하여 그 뜻에 따라 하루하루를 시작하고 살아야 하겠습니다. 이렇게 할 때 전체 삶이 구속적 의미가 있게 될 것입니다. 기도는 하나님 존전에서의 삶이요 하나님 중심의 삶입니다. 하나님과 함께 시작하는 하루하루가 되어 승리하고 기도를 주신 거룩한 기능과 목적이 삶에서 나타나게 하며 그와 영원히 함께하는 영생을 사모하십시오.

기도하려고 앉으면 5분도 못 되어 일어서버리는 영적인 천박함과 엉성함, 나태, 메마름은 내게 없는가 생각해 보십시오. 하루에 5분만이라도 진정한 기도를 드리십니까? 진정 예수님같이 되기를 원하신다면 그의 가르침과 발자취를 묵상하여 그것들을 우리의 것으로 삼아야 하겠습니다. 우리의 재능이나 은사가 우리의 미래를 결정 짓는 것이 아닙니다.

금주법에 1%의 알코올을 포함하는 물질은 취하게 하지 않는다고 규정하고 있습니다. 그 정도로는 알코올의 영향을 느끼지 못하며 따라서 우리의 지각과 행하고 말하는 데에 아무런 영향을 미치지 않는다고 합니다.

그러면 우리는 얼마동안 기도해야 합니까? 우리의 하루 1%로는 안 됩니다. 정답은 우리가 그 기도의 효과를 느끼며 기도가 우리의 지각과 행하고 말하는 데에 변화를 일으킬 때까지입니다. 이것이 최소한입니다. 더 깊은 은혜 가운데로 인도 받기를 원하십니까? 그렇다면 더 깊은 기도 생활이 필요합니다.

예수님의 가르침과 행습을 배우고 묵상하는 습관을 개발하십시오. 우리의 미래가 거기에 달려 있습니다. 오늘 우리의 행위와 습관을 돌아보십시오. 그것들이 우리의 미래를 결정짓습니다. 꾸준하고 견고한 행습은 영광스러운 미래를 보장합니다. 경건의 시간의 시간 계획을 새롭게 세워 보십시오.

만일 수많은 신학적 지식을 쌓고도 경건과 이웃사랑이 없어 내 삶이 하나님을 기쁘시게 못한다면 그것은 아무 유익이 없음을 아십시오 (고전 13).

인간의 최고 목표는 하나님과 함께하는 것, 그와 거룩한 교제 가운데 있는 것이 아닙니까? 그렇다면 우리는 기도와 예배드리는 시간을 가장 사모해야 할 것입니다.

10.

부록
: 말세를 만난 성도들의 기도 생활

(누가복음 18장 1~8절의 강해)

말세를 만난 성도들의 기도 생활
(누가복음 18장 1~8절의 강해)

서 론

우리에게 익숙한 불의한 재판관의 비유. 그런데 이것을 잘못 해석해서 인간의 자의적인 기도라도 번거롭게 자꾸 조르면 하나님께서는 마지못해서 응답하시고 만다는 그릇된 기도를 가르치는 본문으로 오용되어 왔습니다. 그러므로 하나님의 거룩한 뜻을 생각지 못하고 기도는 그 본래 기능 즉 하나님과의 거룩한 교제, 자기를 부인하고 자기와 자기의 삶 가운데 하나님의 뜻이 이루어지기를 구하며 자기를 변화시키고 하나님의 아드님의 형상을 본받는 성화, 하나님 나라의 사상이 마음과 생각과 삶 속에 뿌리내려 열매맺게 함, 영적인 활력의 회복, 타락한 세상에서 자신을 지킴, 어두움의 세력과 싸우는 영적인 무기, 받은 은혜의 보존과 증진 등의 기능을 못하고 한갓 인간의 소원 성취를 위한 수단이 되어 하나님의 뜻을 자기에게로 굴절시키려는 데서 이기심만을 키우는 결과를 가져옵니다.

그리하여 구원의 큰 사실을 입술과 삶으로 증거하여 드러내지 못하여 세상의 소금과 빛의 역할을 못하고 오히려 주님의 영광과 뜻보다는 자기의 영광과 뜻을 이루고 자기 주장하려는 의지로 파멸되어 가는 세상을 더욱 경쟁 사회로 만드는 데에 일조하기도 합니다.

오늘날 세상은 인간 타락의 근본인 자기 주장하려는 의지의 지배를 받아 이기적인 성취욕에 도취되어서 옳고 그른지 또는 어디로 가고 있는지 또 어떠한 결과를 가져올지는 생각지 않고 오직 남보다 앞서고 이기는 것, 큰 업적과 실적만을 추구하는 야심가가 유능한 사람으로 존경받고 있습니다. 그들에게는 하나님의 능력도 자기들의 야망을 달성하는 데에 이용할 수 있는 어떤 것으로 간주, 기도하여 기도를 하나님을 끌어다쓰는 수단으로 전락시킵니다.

그러므로 오늘날 철야기도, 금식기도, 40일 작정기도, 등 무슨 기도회는 많고 기도운동도 벌이는 등 모양만 많이 내는 데 그치고 오히려 욕심과 야망으로 넘쳐 납니다. 그리하여 이웃을 사랑하여 자기를 내어 주고 섬기는 참된 제자도와는 거리가 먼 삶을 살고 거룩한 열매는 없는 것입니다. 거룩한 은혜의 방도로 주신 그 거룩한 목적과 기능을 잘못 인식하고 기도를 오용하고 있는 것입니다.

그러면 불의한 재판관의 비유의 참된 교훈은 무엇입니까? 그것은 말세를 당하여 살아가는 성도들의 기도 생활의 중요성을 가르친 것입니다. 죄악과 불의와 자연도태, 약육강식, 적자생존의 폭력의 원리의 지배가 더욱 교묘하고 현저해 가며 영적인 각성이 점점 저급해져 가는 세상 가운데서 하나님의 선하심을 바라보고 하나님의 거룩하고 의로우신 통치가 이룩되는 하나님의 나라가 완성될 것을 믿음으로 깨어 있게 하기 위해서입니다. 왜냐 하면 그러한 타락한 문화로부터 자신을 지키고 불의가 왕노릇 하는 세상에서 낙망치 않고 믿음으로 의연히 사는 원동력으로 기도를 가르칩니다.

1. 이 비유의 배경(17:20~37).

성경은 문맥을 따라 해석해야 정확한 의미에 이를 수 있습니다. 특히 이 본문은 그러합니다. 어떤 배경에서 가르치셨습니까(17:20~37)? 성경의 장과 절은 예수님께서 나누신 것이 아니라 프랑스의 어느 신부가 나눈 것입니다. 그러므로 18장은 17장과 다른 배경 하에서 독립적으로 새로운 주제를 가르치신 것이 아니라 17장부터 계속되는 것입니다. 이 배경을 알아보겠습니다.

1) 하나님의 나라가 어느 때에 임할 것인가에 대한 바리새인들의 질문은 무엇을 의미합니까(20)?

바리새인들은 율법에 나타난 하나님의 뜻을 철저히 지켜 선민의 이상을 실현하려고 헌신하는 사람들로, 로마의 통치를 싫어하고 나중에는 열혈당의 무력운동을 지원하여 A.D.66년에 로마에 대항하여 반란을 일으키게 됩니다. 그러니까 그들이 기대하는 하나님의 나라는 로마 제국을 무찌르고 다윗과 솔로몬의 성세와 같은 세상적인 신정국이 임하여 예루살렘은 세계 지배의 센터가 되고 이방인 위에 군림하는 것이었습니다.

그래서 예수님을 수락하지는 않으나 그의 사역으로 나병환자들이 낫는 것을 보고 이러한 이적은 종말론적인 은혜의 통치의 시대, 메시아 시대의 도래를 시사하는 것이고 최소한 예수님께서 선지자적인 은사는 소유했다는 것을 부인할 수 없게 되었기 때문에 언제 메시아가 왕국을 세울 것인가에 대한 예수님의 의견을 물어 본 것입니다.

2) 예수님의 대답은 하나님의 나라에 대해 무엇을 가르칩니까(20~21)?

하나님 나라는 바리새인들이 기대하는 것처럼 정치적이고 세상적이며 육적인 나라가 아니고 내적이고 영적이기 때문에 볼 수 있는 과정을 거쳐서 임하는 것이 아니고 또 여기 있다 저기 있다고도 못한다고 하시면서 예수님께서는 "하나님의 나라는 너희 안에 있느니라"고 하셨습니다.

이것은 자기의 인격과 사역으로 그들 가운데(여기서 "그들"은 부정대명사로, 질문을 한 바리새인뿐만 아니라 그곳에 모인 전체 사람들을 가르친다)와 역사 안에 현재적으로 임하여 실재하는 하나님의 나라를 가르치신 것입니다.

실재로 하나님 나라의 왕이시며 그 나라 자체이신 예수님께서 그들 가운데 계심에도 불구하고 예수님을 받아들이지 아니하면 그 질문

자체가 어리석은 일이 되는 것입니다. 왜냐 하면 예수님의 사역은 구약의 종말론적인 소망의 구체적인 성취이며 예수님께서는 자신의 재림으로 하나님의 나라가 완성될 것이지만 지금 자기의 인격과 사역으로 자신의 세대에 이미 임하였다고 가르치셨기 때문입니다.

🌀 하나님 나라의 현재성과 미래성

하나님 나라의 현재성 (현재하는 종말)

예수님의 인격과 사역을 통해서 구약의 하나님 임하심이 구현되고 하나님의 통치가 실현되었습니다. 예수님께서는 스스로 하나님의 나라가 가까웠다고 가르치셨습니다(막 1:15; 마 4:17; 눅 10:9~11). 이것은 하나님께서 사탄의 권세를 꺾고 그의 구원을 가져올 그 시간이 임박했고 벌써 여기에 도착했다는 것입니다.

구약과 유대 묵시 문학의 가르치심대로 이 세상이 종결되어지고 하나님의 나라가, 새 세상이, 하나님의 임하심이 나타날 것을 기대하고 있던 유대인들에게 그 시간이 벌써 와서 지금 시작되었다고 하신 것입니다.

하나님께서 임하실 때, 그 통치권을 행사하실 때에는 그의 백성들의 원수를 심판하고 그의 백성을 구원하기 위해 오셨습니다. 그런데 그러한 통치의 실제가 그의 백성들의 궁극적인 원수인 사탄을 결박짓고 그 부하들을 쫓아내고 그들을 왕으로서 짓밟으시고 죄와 사망을 그리고 온갖 고통으로부터 그의 백성들을 구원하시는 그의 사역 가운데서 현재가 되고 있다고 하신 것입니다.

그래서 예수님의 최초의 사역은 40일 금식 후의 사탄의 시험을 물리친 일인데 이는 첫 사람 아담의 패배를 승리로 바꾸어 놓은 일로 법적으로 사탄은 치명상을 입었습니다. 예수님께서는 세상의 파괴 세력 사탄보다 강한 분으로서 사탄을 무장해제시키고 사탄의 권세 아래 있는 백성들을 구원해 내는 데서 하나님의 왕권과 그의 능력이 자신을 통해 나타나고 있다고 하신 것입니다(마 12:22~29; 눅 11:14~22).

예수님께서는 하나님의 나라를 비유로도 가르치셨고 더불어 비유 행위들도 많이 하셨습니다. 회개한 죄인들과 먹고 마시는 잔치를 즐겨 베풀어서 자기가 베푼 잔치 가운데서 하나님의 사랑이 실재가 되고 있다는 것을 웅변하기도 하시고, 중풍병자의 병을 고치기 앞서 죄용서부터 하심으로 하나님만이 하실 수 있는 죄용서를 직접하심으로 자기의 인격과 사역으로 하나님의 사랑과 용서가 현재가 된다는 것을 증시하신 것입니다.

이렇게 하나님의 나라는 예수님 안에서 그와 더불어 그를 통해서 현재가 되었고 그리스도 안에 숨겨진 상태로 가까이 와 있으나 회개하고 그를 믿는 자들에게는 구원의 능력이 행사되며 영적인 실재로 그들 가운데 임하는 것입니다(눅 17장). 그래서 오늘은 구원의 날이라고 했습니다(고후 6:2)!

이리하여 죄와 어두움, 증오와 분열, 죽음과 파멸로 흐르던 역사의 흐름을 중단시키시고 역사의 물꼬를 되돌려 의와 빛, 사랑과 일치, 평화, 생명과 하나님께로 역류를 시작하셨습니다. 역사를 질적으로 전혀 다른 새 시대로 열어 제치셨습니다. 종말론적인 구원의 날이 동이 튼 것입니다. 역사가 구원받기 시작한 것입니다.

하나님 나라의 미래성 (장차 완성될 종말)

그러나 주의할 것은 예수님께서는 하나님 나라가 남은 부분이 없이 완전히 임하였다고 하시지는 않았습니다. 그렇기에 하나님의 나라의 임함을 위해 기도할 것을 가르치십니다(마 6:10; 눅 12:31). 하나님의 나라가 아직 완전히 임하지 않았기 때문에 그것을 기도의 제목으로 삼으라는 명령입니다. "이 악과 고난의 세상을 종결짓고 하나님께서 직접 다스리는 그 새로운 시대를 가져오소서. 그리스도 안에서 현재가 된 그 나라를 완성하소서" 라는 기도로 하나님 나라가 미래에 완전히 오는 것을 나타냅니다.

하나님께서는 창조주이시기 때문에 벌써 법적으로, 원칙적으로 통치하시고 계십니다. 그러나 실제로는 사탄이 공중 권세를 잡고 이 세상을 사악한 방법으로 지배하고 있습니다. 예수님의 죽음과 부활로 죄와 사망의 권세, 사탄의 권세는 전복되었으나 아직 흑암의 권세 사탄은 인간을 어두움과 죄악에 붙들어 맴으로써 그리고 죽음으로 채찍질하여 지배하고 있습니다(요 12:31~33; 히 2:14~15). 그래서 죄악과 고통이 있습니다.

그러므로 법적인 통치를 실제로 확립하셔서 죄와 사망의 권세, 사탄을 완전히 격멸하고 죄악을 청소하시고 타락, 왜곡되고 불협화음으로 가득 찬 세상을 정화하시고 구원, 회복하소서 하는 기도인 것입니다. 이것은 하나님의 나라의 완성은 미래에 오는 것으로 가르치신 것입니다.

보잘것없는 미미한 시작에도 불구하고 하나님의 주권적인 능력과 비밀이 그 가운데 있어 권능과 영광 가운데 그의 주권적인 계시가 나타나고, 겨자 식물은 모든 만물을 포괄하는 하나님의 통치의 우주성을 상징하는 묵시적 예언의 나무가 되어 그 아래서 온 인류가 완전하고 영원하게 안식할 것이며 이 하나님의 주권은 예수님의 겸손한 사역에서 시작되어 하나님의 우주적 심판과 통치의 승리로 완성되며 모든 부분을 뚫고 들어가 변혁할 것입니다(막 4:26~29; 겔 17:22~23; 31:6; 단 4:10~12; 시 104:12).

하나님 나라의 현재성과 미래성과의 관계

마태복음 13장의 하나님 나라의 비유는 현재성과 미래성과의 관계를 잘 드러내고 있습니다. 씨뿌리는 비유는 하나님의 나라를 가져오시는 분이 인자, 곧 다니엘서의 하나님의 대권자로(단 7장), 하나님의 나라를 대적하는 흑암의 권세들을 멸하시고 하나님의 백성을 창조하시고 모으셔서 영원한 하나님의 나라를 세우시는 예수 그리스도이십니다.

그래서 하나님 나라는 파종의 때가 있는데 씨는 이미 뿌려졌습니다. 하나님 나라는 그리스도 안에서, 그와 더불어 그를 통해서 이미 동이 텄습니다. 그리고 막는 것들이 있으나 받아들이는 사람들의 자세에 따라 30배, 60배, 100배로 풍성한 수확을 거둘 것입니다. 물리적인 힘이나 권모술수에 의해서 임하는 것이 아니라 말씀과 인간이 믿어 순종함으로 임하고 성장합니다.

악과 함께 자라고 때로는 가라지가 알곡을 압도해 버리는 것 같지만 정화에의 심판의 추수 때가 반드시 있습니다(가라지와 그물의 비유). 미미한 시작이나 순식간에 이방인까지 포괄해 버립니다(겨자씨의 비유). 시작한 것은 창조를 새롭게 하실 하나님의 전능하신 사역으로 전 영역, 전체를 다 변혁하실 것입니다(누룩의 비유).

보화와 진주의 비유는 율법 준행을 통해 자기 의와 성취로 들어가는 것(바리새인들이 추구하듯)도, 무력이나 이데올로기적인 혁명(셀롯당이 추구하듯)에 의해서도 엄격한 금욕으로 들어가는 것(에세네파가 추구하듯)도 아니고, 오직 발견 즉, 은혜로 되고 그 나라의 위대함을 깨달은 사람들의 전체 삶의 전환과 헌신을 가져온다(감추인 보화와 진주의 비유)는 것을 가르칩니다. 예수님의 인격과 사역 안에서 그리고 그의 인격과 사역으로 하나님의 나라는 역사 안에 현재로 실재하며 미래에 완성될 것입니다.

이와 같이 하나님의 나라는 그리스도 안에서 "이미" 성취되었고 "아직" 완성과 종국을 향하여 전진해 가고 있습니다. "하나님의 나라는 두 가지 큰 순간을 포함하고 있는데 역사 내에서의 성취와 역사 끝의 완성"이요 "성취와 완성"의 양면성을 가르치고 이중적으로 실현되는 것입니다.

바리새인들의 반응에 대한 예수님의 지적

그럼에도 불구하고 예수님을 거부하고 세상적이며 정치적인 나라의 임함을 기대하고 있는 바리새인들에게 그들의 기대대로 임하지 않는다는 것을 말씀하시고 당신의 인격과 사역 안에 실재하는 하나님의 나라를 지적하신 것입니다. 그 나라의 실재가 예수님의 인격과 사역으로 나타나고 있는데도 더구나 그 나라의 왕이시며 그 나라 자체이신 예수님께서 그들 가운데 임석하여 있는데도 불구하고 믿지 않고 잘못된 의식과 기대 가운데 있는 그들에게 예수님께서는 하나님의 나라의 현재성을 가르치시고 특히 제자들에게는 당신이 당하실 고난과 그 나라의 미래성에 대해 말씀하시는데 미래에는 자기의 재림으로 최종적인 하나님의 나라가 갑작스럽게 예고 없이 임하게 될 것과 종말 시대의 특성들을 가르치셔서 경고와 주의를 함께 주시는 것입니다.

3) 제자들에게 하신 말씀은 하나님의 나라에 대해 무엇을 알게 해줍니까(22~27)?

제자들은 바리새인들과는 달리 예수님을 영접하고 따랐기 때문에 예수님의 인격과 사역 안에서 현재로 실재하는 하나님의 나라의 잔치에 이미 참여하고 있었습니다(막 2:15~22; 마 13:16,17; 눅 7:19~22). 그래서 그 나라의 미래에 대해서 말씀하시고 계십니다. 인자의 재림으로 역사가 종국에 이르러 하나님의 나라가 최종적으로 완성될 텐데 승리와 심판자로서 인자의 재림은 번개가 번쩍임같이 돌연히 어디서든 누구나 동시에 볼 수 있게 임할 것입니다(마 24:27~31).

그러나 하나님의 크신 뜻을 생각지 않고 다만 화나 면하겠다는 그릇된 생각으로 그 나라에 들어가려면 회개하려는 여유도 없이 이루어질 것입니다(cf. 행 1:3은 재림 날짜는 물론 그날에 대한 과도한 추구와 호기심까지도 금하고 마태복음24:36은 그 날과 그 시는 하나님 아버지 외에는 어느 누구에 의해서도〈천사도 아들도〉 계산되어서는 안 되고 될 수도 없다고 합니다).

주의 날에 대하여

이 마지막 날에 그리스도께서 영광스럽게 다시 오십니다. 그런데 이 예수님의 재림은 주로 세 가지 용어로 묘사됩니다. 첫째는 parousia(행 1:11)로 임재 또는 도착을 뜻하는 말로 왕이 자기의 영지를 방문할 때 쓰여지는데 이는 왕이신 그리스도의 최후의 구속사적인 자기 백성 방문을 말합니다.

그리고 apokalupsis(살후 1:7)는 계시나 드러냄을 뜻하며 그리스도께서는 지금 하나님 우편에서 왕으로서 영적으로 다스리는데 종말에는 그의 왕권이 세상에 볼 수 있게 완전히 드러날 것을 말하는 것입니다.

마지막 epiphaneia(딤후 1:10)는 나타남을 뜻하며 그의 재림이 비밀리에 일어날 것이 아니고 모두가 볼 수 있게 영광스럽게 이루어질 것을 가르칩니다.

이 용어들은 예수님께서 초림 때와는 달리 재림 때에는 영광스럽게, 역사 안에, 인격적으로, 모두가 동시에 볼 수 있게 오실 것을 말하는 것입니다. 이때 예수 그리스도께서는 권능과 영광 가운데 임하여 그 안에서 죽은 사람들을 부활시키고 자기 백성들을 그에게로 모으시며 악을 멸하실 것입니다. 그리고 그의 왕권과 주되심이 명백하게 드러나 마침내 예수님께 모든 무릎을 꿇고 모든 입이 그를 주라고 시인하게 될 것입니다.

이 마지막 구속사적인 날은 "주의 날" 또는 "그리스도 예수의 날" 또는 "그 날" 등으로 표현되며 구약에서는 크고 두려운 진노와 심판의 날로 그의 백성의 원수들에게 보복하시는 날이었고 그의 백성들에게는 구원의 날이었습니다.

더 나아가서는 자기 백성들마저도 정화하시며 그의 의로우심을 입증하시는 공의의 심판을 집행하시는 날이었습니다(암 5:18~20). 그러니까 하나님께서 모든 사악한 사람들을 심판하시고 지상에 그의 의로운 통치를 실현하시기 위해 인류 역사에 관여하시는 어느 때를 가르킵니다.

신약에서는 구속이 강조되고(엡 4:30) 그래서 소망과 기쁨과 승리가 지배적입니다. 그리스도는 인자로서 산 자와 죽은 자에게 심판을 집행하시어(요 5:27; 마 24:27, 30) 양과 염소를, 의로운 자와 불의한 자를, 신자와 불신자를 갈라내어 영생 또는 영벌에 처하십니다. 불신자들에게는 심판이 있고,. 성도들에게는 영광스러운 부활이 있습니다. 죄와 악은 영원히 제거되고 의에 거하는 바 새 하늘과 새 땅이 임하고(벧후 3:13; 계 21:1) 영원한 하나님의 나라가 서게 됩니다. 그러므로 주의 날은 그리스도인들에게는 영광스런 소망으로 대망할 날입니다.

4) 그러나 이에 앞서 무슨 사건이 선행할 것입니까(25)?

예수 그리스도는 바리새인을 포함해서 불신과 패역한 동시대인들에게 거부당하며 고난받아 십자가에 달려 죽으실 것입니다. 하나님의 나라 선포가 회개하고 믿음으로 하나님의 은혜로운 통치 가운데로 초대장을 발급한 것이라면 이러한 그의 고난과 죽음은 대속과 새 언약을 세우는 제물로 자신을 제사드리는 것으로 인간들을 하나님께 화해시키고 사탄의 모함과 고소(참소)를 무력화하고 사탄의 무기인 죄와 사망의 권세를 폐하여 그 초대장의 효력을 발생시키는 것입니다(요 12:31~33; 히 2:14, 15; 계 12:10~11; 창 3:1~7; 욥 1, 2).

그렇게 해서 하나님의 나라를 담지하여 세상에 그 나라를 증거하여 드러낼 하나님의 백성들을 창조하시고 새로운 공동체를 세우실 것입니다(고후 5:17; 엡 2:1~10; 행 2:37~47).

그런데 바리새인들과 같이 예수님께서 정치적이고 세상적인 나라를 가져오시리라는 의식과 기대 가운데 있는 제자들에게는 예수님의 고난과 죽음이 커다란 충격을 가져다줄 것입니다. 그리고 온 인류가 제기해 온 역사에 대한 질문을 하게 될 것입니다. "진리는 항상 교수대에 서고 허위는 항상 왕좌에 앉는 것이 아닌가?" 예수님의 죽음을 보고 세상이 끝나버리고 불의가 항상 득세하는 것이 아닌가 라고 생각하고 실제로 절망과 좌절이 그들을 덮게 됩니다(눅 24:13~35). 그래서 제자들은 도망치고 흩어지고 예수님을 부인하고 좌절하고 말았습니다(마 26:56, 69~75).

5) 그의 재림을 선행하는 징조로 노아와 롯의 시대를 들었는데 그것은 무슨 의미입니까(26~33; 창 6~8장; 18~19장)?

노아와 롯이 살던 시대는 영적인 각성이 극도로 둔하고 깊이 타락했던 시대였습니다. 그 시대인들은 먹고 마시고 시집을 가고 장가를 들고 사고 팔고 즉, 일상생활이 문제가 된 것이 아니라 주님이 문제삼으신 것은 일상생활 이상의 다른 것은 전혀 없었던 것 즉, 영적인 일에는 전혀 무관심했던 것입니다.

노아의 시대는 하나님의 아들들 즉, 셋의 경건한 후손들이 하나님의 길을 떠나 자기의 기호와 취향대로 성적인 매력만을 보고 결혼, 동물적인 본능에만 매여 살고 네피림의 문화를 이루어 죄악이 관영하고 강포와 폭력의 원리로 사는 시대였습니다. 그리고 노아가 방주를 바닷가가 아니라 산 위에 그것도 오랜 동안을 만들었으니 그것의 의미에 대해 얼마나 많은 의문과 그에 따른 해명 즉, 하나님의 심판이 있을 것이니 회개하고 돌아오라는 경고가 주어졌겠으나 그것을 믿지 않고 영적인 각성이 없어서 적절한 반응 즉, 회개치 않고 세상사에 취생몽사가 되어 살았던 것입니다.

롯의 때도 사람들이 부요하게 살면서 재물에 대한 끝없는 애착심과 세상사와 쾌락에 취생몽사가 되었습니다. 성적으로 도착되어 눈을 멀게 하는 무서운 징계가 내렸는데도 깨닫지 못하고 천사들을 상관하려고 문을 찾기에 곤비하였습니다. 심판이 있다는 경고를 듣고도 농담으로 여겼고 롯의 딸들은 소돔과 고모라의 문화대로 자기의 아버지 사이에서 아이들을 낳았던 것입니다. 또한 롯의 아내는 물질에 대한 집착 때문에 뒤를 돌아보았는데 말세에도 그와 같이 물질에 대한 애착심이 사람들의 발을 붙들게 될 것입니다.

마지막 때에 죄악의 밤이 깊어 새벽이 가까왔다는 징조들이 보임에도 불구하고 죄악 세상에 취생몽사되어 무감각상태로 자면서 영적인 일에는 무관심하고 진화론적인 사상에 매여 정화에의 심판이 반드시 있을 것을 생각 못하고 진보로 역사가 끝없이 반복될 것이라는 생각을 가지고 끝없는 쾌락, 편리추구형 문화에서 빠져 헤어나지 못하게 될 것입니다.

6) 이 세상에서 자기의 목숨을 보존하고자 하는 사람은 참된 삶, 영생은 잃게 됩니다(31~33).

31절은 일차적으로는 임박한 위기인 예루살렘의 멸망을 묘사한 것입니다. 예수님의 재림 때에도 같은 현상이 일어날 것입니다. 예루살렘의 심판과 멸망은 그의 재림 때에 온 세상에 임할 심판과 멸망에 대한 예표적 성격을 지니고 있습니다. 노아와 롯의 시대인들처럼 영적인 각성이 저급하고 물질과 세상사에 취생몽사되어 예수님의 동시대인들은 예루살렘의 멸망 때에 심판을 피하지 못했습니다. 말세의 사람들도 같은 전철을 밟을 것입니다.

예수님의 재림은 예고 없이 예기치 않은 때에 돌연히 일어날 것입니다. 그래서 피하지 못합니다. 그리고 이 세상에서 자기들의 쾌락과 부와 명예를 위한 삶을 추구하는 사람들, 예수님께서 말씀하신 것과 같은 재난을 피하기 위하여 세상적인 것을 의지하고 소유에 집착하는 사람들도 참된 삶, 영원한 생명을 잃게 될 것입니다(33). 그러므로 세상사와 재물과 쾌락에 취생몽사되지 않도록 주의해야 합니다.

7) 그렇다고 특별한 종교적 행사만을 일삼고 있어야 데려감을 받습니까(34~36)?

주의할 것은 데려감을 받은 사람들이 특별한 종교적 행사를 하고 있었기 때문에 데려감을 받은 것이 아니라는 것입니다(눅 17:34, 35). 그들은 잠을 자다가 맷돌을 갈다가 일상생활을 하다가 데려감을 받았습니다. 일상의 삶 가운데서 자기를 정돈하고 깨어 있어서 예비하고 자기의 일에 충성하여 그 집사람들을 맡아 때를 따라 양식을 나누어 주는 일을 하는 중 재림을 맞는 사람을 복이 있다고 했습니다(마 24:44~46). 우리는 하나님의 나라의 선물들을 개발하고 나누어 남기는 충성스런 삶을 살아야 할 것입니다(마 25:1~30).

양과 염소의 비유도 양으로 분류된 사람들은 위대한 일을 행했기 때문이 아니라 일상생활에서 어려운 소자들의 모습으로 나타나신 주님에게 베푼 작은 인정 때문에 양으로 분류된 것입니다(마 25:31~46). 그들의 고백을 보면 자신들이 무슨 크게 특별히 선한 일을 했다는 기억이 없습니다. 그만큼 일상의 삶과 관련되어 있습니다.

한편 염소로 분류된 사람들은 주님이 어려움에 처했더라면 그들이 가만히 있었겠느냐고 오히려 항의합니다. 그러나 그들이 염소로 분류된 것은 큰일을 행치 않아서도 또 큰 범죄 때문에도 아닙니다.

오늘날 우리 세대는 어떻습니까? 주님께서 어려움을 당하고 있다면 서로 먼저 도우려고 장사진을 칠 것입니다. 자기 이름이 나는 큰일은 잘도 하지만 어려운 소자에게는 무관심하기 쉽습니다. 그러나 주님께서는 소자와 자기를 동일시하십니다(cf. 행 9 : 4~5).

화나 면하고 보자는 그릇된 생각이나 재주껏 살면서 천국이 있다는데 이것도 재주껏 해서 들어가 보자는 식으로 해서는 안 될 것입니다. 전체 삶은 마음대로 살면서 한두 가지 특별한 일이나 이따금씩 자선을 행하는 것으로 신앙생활을 잘하고 있다는 생각은 하루살이는 걸러 내고 약대는 통째로 삼키는 것과 같습니다. 전체 삶을 경영하는 삶의 근본 자세와 태도가 중요합니다.

8) 제자들이 "어디 오니이까?" 묻는 물음에 대답하신 예수님의 말씀, "주검이 있는 곳에 독수리가 모이느니라"(37)의 뜻은 무엇입니까?

예수님께서 예루살렘의 멸망과 그의 재림을 가르치시면서 주의 날에 앞서 일어날 현상 즉, 예루살렘의 멸망과 재림의 징조를 말씀하신 후 두 가지 격언성을 지닌 표현으로 요약하셨습니다. 즉, "주검이 있는 곳에는 독수리들이 모일지니라"(마 24:28; 눅 17:37)와 무화과나무 가지가 연하여지고 잎사귀를 내면 여름이 가까운 줄을 안다는 말씀이 그것입니다.

먼저, 주검이 있는 곳에는 독수리들이 모일지니라는 말씀은 시체가 있는 곳에는 어김없이 독수리가 모여드는 현상과 같이 그러한 징조가 나타나면 반드시 예루살렘의 멸망(이미 일어남)과 재림(앞으로 일어남)이 있을 것을 말합니다. 예수님의 초림으로 유대인들에게는 하나님의 나라가 구원과 심판으로 임하였습니다. 이 격언성을 지닌 표현은 특히 심판으로 예루살렘의 멸망과 하나님의 의로운 통치의 나라를 완성하실 재림이 반드시 어김없이 있다는 데 그 강조점이 있습니다.

그리고 무화과나무 가지가 연하여지고 잎사귀를 내면 여름이 가까운 줄을 안다는 말씀은 무화과나무 가지가 연하여지고 잎사귀를 내면 그러한 현상은 여름이 가까웠다는 신호인 것처럼 현상은 눈에 띄지 않는 사실을 신호해 준다는 말로 예루살렘의 파괴와 재림에 앞서 그것을 알리는 징조가 있을 것을 가르치신 것입니다.

II. 그러면 예루살렘의 멸망이라는 다가올 위기 때의 제자들과 말세를 당한 그리스도인들은 어떻게 살아야 합니까? 불의한 재판관의 비유가 가르치는 바를 통해 알아보겠습니다(18:1~8).

1) 제자들은 아직도 바리새인들과 같은 의식에서 벗어나지 못하고 있었기 때문에(막 10:32~45; 행 1:3~8) 하나님의 크신 뜻을 생각 못하고 여기서도 "어디, 언제, 어떻게"에 관심을 가지고 있으나 예수님께서는 어디에 관심을 갖고 계십니까(1)? 그리고 우리는 어떠합니까?

먼저 알 것은 이 비유는 17장의 종말론적인 주제와 관련되어 있다는 것입니다. 이는 이 비유의 마지막 8절, "인자가 올 때"라는 말씀도 그것을 분명히 합니다. 그러면 비유의 뜻을 차근차근 알아보겠습니다.

우리 주님께서는 17장에서 말씀하신 것과 같은 일이 일어날 텐데 즉, 자기가 고난 당하고 죽을 텐데 그때 제자들은 어떻게 될 것인가(마 26:31~75), 뿐만 아니라 종말이 되면 죄악과 불의가 기승을 부려 악이 선을 적극적으로 배척하여 진리는 항상 교수대에 서고 허위는 항상 왕좌에 앉는 일들이 만연할 텐데 그때에 그리스도인들은 어떻게 될 것인가?, 영적인 각성이 저급하거나 없어져 극도로 타락할 텐데 어떻게 그리스도인들이 자기의 거룩을 지킬 수 있을 것인가?, 예수님 당시의 이스라엘과 노아와 롯의 시대인들이 빠졌던 그런 상태에 빠지지는 않을까?, 그러면 어떻게 해야 할까? 등에 관심을 가지고 계셨습니다.

정말 예수님의 우려대로 제자들은 예수님께서 고난 당하시고 십자가에 달려 죽으시자 뿔뿔이 흩어져 도망하고 부인하여 낙심해 버리고 말았던 것을 볼 수 있습니다(마 26:56, 69~75; 눅 24:13~35).

이런 일들이 일어날 때 시편 기자가 말하고 있는 것같이 "내가 내 마음을 정히 하며 내 손을 씻어 무죄하다 한 것이 실로 헛되도다"(시 73:13). 하고 낙심에 빠질 수도 있고 신앙이 약해져서 하나님의 선하심과 의로운 통치의 하나님의 나라에 대해 회의가 생겨 시험에 들 수도 있으며 세상 사람들같이 폭력에 호소하기 쉽게 되는 것입니다(눅 22:47~53).

그러니까 우리 주님께서는 타락하여 죄악과 불의와 폭력이 난무하는 세상 가운데에서 살아가는 성도들의 안전 바로 여기에 관심을 가지셨던 것입니다. 그래서 주님께서는 제자들과 성도들이 그런 침륜에 빠지지 않도록 그 방안을 가르쳐 주신 것이 바로 18장의 기도에 대한 가르침인 것입니다(cf. 요 17:9~26).

2) 그리스도인들이 과부로 비유되는 것이 왜 합당합니까(3)?

세상은 죄악과 불의와 자연도태, 약육강식, 적자생존의 폭력의 원리, 가인과 라멕에 의해서 보급된 복수와 보복의 원리가 지배합니다. 이러한 삶의 원리는 바벨론적인 세계관을 통해 더욱 발전되어 나타납니다.

바벨론의 창조 신화는 마르둑신이 티아맛신을 죽여 그 시체와 피로 세상을 창조했다는 세계관으로 복수와 보복을 인간 존재의 근본 동기로 만듭니다. 그래서 남을 앞서고 이기고 짓밟고 군림하고 파괴하는 데서 존재 의미와 성취감을 찾습니다. 이기는 자만이 역사에서 살아남는다고 하여 수단과 방법을 가리지 않고 이기려고 합니다.

인류 역사는 이러한 정복과 보복이 악순환이 되어 오고 있습니다. 니체의 말대로 권력에의 의지가 인간 최고의 덕으로 추앙 받고 있습니다. 우리 주님께서 지적하신 대로 권세를 부리며 대인이라고 일컫게 하고 섬김을 강요합니다(막 10:41~45; 눅 22:24~27). 이것이 세상입니다.

이러한 세상 가운데서 진리와 의와 사랑의 원리로 사는 그리스도인들의 모습은 과부와 같은 상태입니다. 이웃을 사랑하여 자기를 내어 주고 섬기는 제자도(마 5:38~48)로 사는 그리스도인들은 정말 배경을 가지지 못한 과부와 같은 위치에 있는 것입니다. 좁은 문으로 들어가기 때문에 참된 그리스도인들은 숫자적으로도 적고, 폭력이 난무하고 악인이 형통하는 죄악과 불의가 지배하는 세상 속에서 살기 때문에 무방비의 상태에 있습니다.

그러므로 성도들이 과부로 비유되는 것도 당연합니다. 그러나 성도들은 선하시고 의로우신 재판장이신 하나님께 기도하고 호소할 수 있는 특권을 주셨습니다. 어쩌면 예수님께서는 이러한 세상 가운데서도 항상 기도하고 낙심치 않고 또한 죄악 세상에 침륜되지 않도록 말세를 만난 성도들에게 기도의 중요성을 가르치신 것이 불의한 재판관의 비유입니다.

3) "원한을 풀어 주다"(3, 5절 : Vindicate or Grant me justice ~ I will vindicate her ; 7, 8절 : God will make the vindication of His chosen ones, who cry out to Him, or bring about justice)의 바른 뜻은 무엇입니까?

그것은 "변호해 준다" 즉, "의로움을 입증해 주다" 또는 "공정한 재판을 받게 해주다"는 뜻입니다. 종말론적으로는 하나님께서 죄와 악을 청소하시고 그의 의로운 통치를 확립하셔서 모든 눈물을 씻기시고 구원해주실 것입니다. 그리고 성도들의 밤낮 부르짖는 부르짖음이란 무엇입니까? 성도들은 죄와 악, 불의와 폭력의 지배와 난무함을 볼 때 탄식하며 부르짖습니다.

인간 죄악의 비참상과 수많은 인생의 낭비를 보면서 애통해 합니다(마 5:4). 나아가서는 하나님의 창조의 왜곡과 불협화음들을 보면서, 인간성의 황폐함을 보면서 의에 주리고 목말라 하는 부르짖음입니다. 불의의 희생이 되면서도 하나님의 절대완전하신 의로운 통치를 사모하며 죄와 악, 불의와 폭력, 그 이면의 원흉 사탄이 심판 받고 멸망하며 그의 백성들에게는 영원한 구원을 가져오고 하나님께서 그의 의로움을 입증하실 주의 재림의 날, 그의 나라가 완성됨을 기다리며 염원하는 것입니다. 그러한 나라를 바라보면서 불의와 폭력이 난무하는 세상 속에서도 굴하지 않고 살아가는 것입니다.

공정한 재판은 피해자에게는 구원이요 가해자에게는 심판을 의미합니다. 그러니까 그리스도인들은 종말론적인 심판과 구원을 바라보고 현재의 고난을 이기고 살아갑니다. 의인 아벨의 피의 부르짖음을 들으셔서 가인에게는 심판이요 아벨에게는 셋을 주셔서 아벨 대신 주신 씨라고 하여 아벨의 부활을 가져오신 하나님을 기억하십시오 (창 4).

하나님께서는 종말론적인 의로 악과 불의를 심판하실 것입니다(마 13:24~30; 고전 15:26). 모든 죄와 악, 불의와 폭력, 죽음 그리고 그 이면의 원흉인 사탄까지도 멸망시키시고 마침내 하나님의 의로운 통치의 나라를 완성하신다는 계시록과 다니엘서의 메시지를 기억하십시오.

어떤 사람들은 재림 시간표 설정과 그 시간표에 모든 것을 짜맞추기에 치중하고 괴이하게 재림 날짜를 잡으려고 하는데 조심해야 합니다.

바른 종말론적인 신앙은 하나님께서 그리스도 안에서 우리를 위해 행하신 구속 사역뿐만 아니라 다시 오셔서 구원의 완성과 죄와 악과 죽음, 사탄을 멸하시고 하나님의 나라를 완성하실 것을 믿고 우리를 구속하시고 새 생명 주시고 사명을 맡겨 주셨는데 이렇게 하신 분의 본 뜻을 완성하시는 그 시간을 기다리며 그 목표 향해 명료한 의식 가운데 정진해 나가는 삶입니다.

화를 면하고 보자는 식으로 세상에서도 재주껏 살면서 천국도 있다고 하는데 그것도 재주껏 쟁취해 보자는 식으로 해서는 안 됩니다. 한두 가지 특별한 일이나 이따금 자선 행하는 것으로 신앙생활을 잘한다고 생각하는 것은 하루살이는 걸러 내고 약대는 통째로 삼키는 것과 같습니다. 전체 삶과 인생을 하나님의 나라의 거룩한 도리를 따라서 이루어가는 것이 중요합니다.

4) 불의한 재판관과 선하고 의로우신 재판관이신 하나님을 비교해 보겠습니다(2~8).

불의한 재판관	선하고 의로우신 재판관
하나님을 두려워 아니함	아버지 되심, 우리를 택하심
사람을 무시함	아들까지 아끼지 않으시고 내어 주심
자주 가서 괴롭힘	밤낮 부르짖음
겨우 마지못해 들어줌	?

"하물며"라는 표현은 불의한 그래서 재판을 왜곡되게 내리는 재판관이라도 번거로우니까 마지못하여 들어주는데 하물며 우리를 택하시고 사랑하여 아들까지도 아끼지 않고 우리 모두를 위해서 내어 주신 선하시고 의로우신 재판관이신 하나님께서는 더더욱 응답하시어 성도들의 억울함을 신원하시고 그의 의로우신 통치, 하나님의 나라를 이룩하실 것은 확실하다는 말입니다.

그러니까 인간의 자의적인 기도라도 번거롭게 자꾸 조르면 마지못해서 응답하시고 만다는 것이 아닙니다.

우리 하나님께서는 아무런 의식도 없이 번거롭게 하면 겨우 들어 주시는 그런 분이십니까? 이것은 우리의 신관이 잘못되어 있어서 벌어지는 오해입니다. 무속 종교나 우상 종교는 신들을 인간들의 자기 편의에 따라 자기들의 상상과 사상들에 따라 고안하여 자기들의 손으로 만들었기 때문에 공의라든가 사랑과는 관계없이 다만 사람들이 쌓는 치성에 따라 그들의 죄악은 불문곡직하고 소원을 들어주는 신으로 인식되어 있습니다.

우리 나라의 인현왕후전을 보아도 장희빈이 취선당을 지어 인현왕후의 화상을 그려 걸어 놓고 자신은 그 화상의 가슴에 활을 쏘아 대고 우상의 제사장인 무당으로 하여금 인현왕후가 죽도록 날마다 치성을 쌓게 합니다.

이러한 신들은 인간들보다 못한 존재로 미래에 대한 계획이나 경륜도 없이 기분 내키는 대로 행하고 힘이 우상화되어 있습니다. 제우스 같은 신은 다분히 그리고 무소부위하게 문란하고 그의 부인 헤라는 그렇게 당한 인간을 죽이기도 하고 다른 목석으로 바꾸어 버리는가 하면 그리스의 여신은 질투가 심해서 어떤 여왕이 자기보다 딸들을 더 예쁘다고 했다고 자식들을 다 죽이기까지 해코지를 하는 신들입니다. 그래서 온갖 잡동사니 신들의 전시장이나 신들의 품평회라도 열어 놓은 듯합니다.

또한 우상들은 그들을 섬기는 민족이나 국가의 흥망성쇠에 따라 운명이 좌우되었습니다(사 36:18~20; 37:8~13). 이것은 그들이 인간들에 의해서 자기들의 권위를 세우고 백성들에게 공포를 주어 지배하기 위해 고안한 허황된 신이거나 그들의 조상들을 영웅화하기 위해 고안한 신들인 것입니다.

그러나 우리의 하나님께서는 어떤 분이십니까? 우리 하나님께서는 그러한 미신과는 다른 거룩하시고(사 37:21~38) 공의로우시며 인애가 크신 인격적이고 도덕적인 하나님이십니다. 그래서 창조하시고 자기를 알리시고 말씀하시며 인간과 교통하시며 자기의 창조성업의 완성에 인간을 참여시키십니다.

또한 창조주시고 전능하신 분이시지만 그의 통치는 무모한 힘에 기초를 두지 않고 의와 공평이 그의 보좌의 토대입니다(시 90~99; 특히 96~97). 또한 그는 우리를 내신 분이시며 우리의 됨됨이를 아시고 우리가 티끌로 지어진 연약한 존재임을 아시고 은혜를 베푸시는 분이십니다(시 100~106).

그래서 그의 아들을 십자가에 내어 주셔서 온 인류에게 내릴 진노와 심판을 그에게 쏟으시고 우리를 구속하여 주셨습니다. 십자가에서 하나님의 공의와 사랑이 서로 완벽하게 맞추어졌습니다. 긍휼과 진리가 같이 만나고 의와 화평이 서로 입맞추었으며 진리는 땅에서 솟아나고 의는 하늘에서 하감하였습니다. 의가 주님 앞에 앞서가며 주께서 가실 길을 닦았습니다. 공의와 사랑이 예수님의 십자가에서 충족되었고 이리하여 구원이 우리에게 가능하게 되었습니다(시 85).

우리 하나님께서는 영원하신 계획과 경륜 가운데서 역사를 주관하시고 마침내 가라지를 골라내어 불살라버리는, 죄와 악을 청소하는 정화에의 심판을 집행하신 의로우신 하나님이십니다. 그러므로 불의한 재판관을 우리 하나님과 동일 선상에 놓지 마십시오.

지금 예수님께서 강조하시고자 하신 것은 하나님을 두려워하지 않고 사람을 무시하는 불의한 재판관이 번거로움 때문에라도 겨우 과부의 송사를 들어주는데 선하시고 의로우신 재판관이신 하나님이 불의와 그 불의의 희생이 되는 하나님의 백성들의 부르짖음을 그냥 보고 계시겠느냐는 것입니다.

기도는 하나님의 선하심과 의로우심과 사랑과 영원하신 지혜와 능력을 바라보고 모든 것을 그의 영원하신 계획과 경륜 가운데서 그의 시간에 그의 방법으로 이루어 주시고 예수님의 재림으로 죄와 악과 불의를 멸하시고 그의 의로운 통치가 완결되어지는 하나님의 나라를 완성하신다는 믿음에서 나옵니다. 오직 의인은 믿음으로 삽니다(합 2:4; 시 73; 욥 1).

우리가 예수님을 믿을 때에 모든 환난을 면제해 준다는 약속을 받지는 않았습니다. 그러나 전혀 새로운 관점에서 인생과 고난과 시험을 보게 됩니다. 그것들은 우리와 우리의 인격을 다듬어 그리스도적 인격으로 형성시켜 주는 것입니다(롬 5:1~11; 약 1:2~4; 요 17:15; 욥 10:23). 따라서 성도들은 온갖 시험을 만나거든 온전히 기쁘게 여기라고 하고 인내를 온전히 이루라고 하십니다. 이렇게 인생을 살고 부딪쳐 나가는 것이 하나님의 선하심과 의로움을 믿는 삶입니다.

그러므로 본문 누가복음 18장 8절에서 "그러나 인자가 올 때에(그렇게 악하고 죄와 불의와 폭력이 난무할텐데 하나님의 선하심과 의로우심을 믿음으로 동요하지 않고 의연할) 믿음을 보겠느냐"고 반문하신 것입니다.

히브리서에서 믿음을 알아보겠습니다(히 10:22~39; 11~12:1). 특히 히브리서 10장 35~39절을 읽어보십시오. "그러므로 너희 담대함(확신)을 버리지 말라. 이것이 큰 상을 얻느니라. 너희에게 인내가 필요함은 너희가 하나님의 뜻을 행한 후에 약속을 받기 위함이라. 잠시 잠깐 후면 오실 이가 오시리니 지체하지 아니하시리라. 오직 나의 의인은 믿음으로 말미암아 살리라 또한 뒤로 물러가면 내 마음이 저를 기뻐하지 아니하리라 하셨느니라. 우리는 뒤로 물러가 침륜에 빠질 자가 아니요 오직 영혼을 구원함에 이르는 믿음을 가진 자니라." 이는 불의한 재판관의 비유의 요점을 기록하고 있습니다.

그러므로 어떤 일이 닥칠지라도 주님을 믿고 확신함으로 나아가야 합니다. 그런데 이 비유를 잘못 해석해서 자의적인 기도라도 번거롭게 자꾸 조르면 하나님께서 마지못해서 응답하시고 만다고 가르치며 그에 따라 기도 생활을 하고 있으니 큰 일입니다. 따라서 하나님의 거룩한 뜻을 생각지 못하고 기도는 그 본래 내신 기능을 못합니다.

오늘날 세상은 인간 타락의 근본인 자기 주장하려는 의지의 지배를 받아 이기적인 성취욕에 도취되어서 옳고 그른지 또는 어디로 가고 있는지 또 어떠한 결과를 가져올지는 생각지 않고 다만 남보다 앞서고 이기는 것, 큰 업적과 실적만을 추구하는 야심가가 유능한 사람으로 존경받고 있습니다.

따라서 정치가는 수단과 방법을 가리지 않고 자신의 정치적 야망만을 달성하고자 하고 학교는 참된 교육보다는 산업 인력과 남보다 앞서가는 인간의 양산에 진력하며 사업가들은 생태계와 환경 파괴, 공해, 자원고갈은 생각지 못하고 사업 성공에만 혈안이 되어 있습니다.

심지어는 종교까지도 여기에 편승하여 이기적인 현세적 욕망을 정당화시켜 주고(딤후 4:3) 그와 더불어 성취방법, 적극적인 사고비법, 출세성공비법까지 고취시켜 주며 사람들을 구름처럼 모아 소위 목회에 성공한 사람이 유능한 종교 지도자로 인기와 존경을 한 몸에 받고 있습니다.

그래서 사람들은 성공의 복음을 좋아하고 성공의 복음을 전합니다. 그들에게는 하나님의 능력도 자기들의 야망을 달성하는데 이용할 수 있는 어떤 것으로 생각하여 기도하여 기도를 하나님을 끌어다 쓰는 수단으로 전락시킵니다.

　오늘날 철야기도, 금식기도, 40일 작정기도 등 무슨 기도회는 많고 기도운동도 벌이는 등 모양은 많이 내는데 기도가 한갓 인간의 소원 성취를 위한 수단이 되어 하나님의 뜻을 자기에게로 굴절시키려는 데서 이기심만을 키우는 결과를 가져옵니다. 거룩한 은혜의 방도로 주신 그 거룩한 목적과 기능을 잘못 인식하고 기도를 오용하고 있는 것입니다.

　그러므로 거룩한 진보가 없이 오히려 욕심과 야망으로 넘쳐 납니다. 그리하여 구원의 큰 사실을 입술과 삶으로 증시하지 못하여 세상의 소금과 빛의 역할을 못하고 오히려 주님의 영광 대신에 자기를 주장하려는 의지로 파멸되어 가는 세상을 더욱 경쟁과 지옥 사회로 만드는 데에 일조하기까지 하는 것입니다.

5) 우리의 필요를 아시지만 그래도 기도하라 하셨는데 그렇게 하신 목적과 기도의 거룩한 기능은 무엇입니까(마 6:8)? 기도는 적극적인 사고방식으로 내 야망을 달성하기 위해 하나님의 능력을 끌어다 쓰는 수단이 아니라 다음과 같은 거룩한 일을 하는 것입니다.

　기도가 얼마나 은혜의 시간이고 풍성한 시간이라는 것을 경험해 본 사람들이라면 다 잘 알 것입니다. 참된 기쁨이 있고 독수리처럼 새로운 청춘으로 새 힘이 솟아나며 안식이 있으며 하나님의 뜻을 깨닫고 그 뜻을 따르려고 마음이 정해져서 큰 확신과 능력이 넘치게 하는 시간이며 우리 하나님과 깊은 교통 가운데 우리 하나님과 그의 영광과 선하심을 경험하는 시간이기도 합니다.

그래서 기도는 무의미한 말의 성찬이 아니라 하나님과의 깊이 교제하는 가장 숭고한 영적 활동이며 예배입니다. 기도는 안식이며 노역이며 영적인 활력의 회복을 가져다줍니다. 받은 은혜의 보존과 증진을 가져오고 자신을 지탱하며 거룩을 지켜줍니다. 또한 하나님 나라의 거룩한 사상이 생각과 삶 속에 뿌리내려 열매 맺게 하고 자기를 부인하고 자기와 자기의 삶 가운데 하나님의 뜻을 수용, 온전히 이루어 그의 형상을 이루는 성화에로 정진함이며 자신의 경건을 증진시켜 줍니다. 타락한 세상에서 영적으로 깨어 있게 하여 자신을 지키고 어두움의 세력과 싸우는 영적인 전쟁이며 무기이며 자신을 들어올려 부패된 본성이 고개를 들고 발휘되는 것을 막는 능력입니다.

나아가서는 하나님께서 주신 다른 은혜들도 마찬가지지만 기도도 세상에 거룩한 성격을 지닌 하나님의 백성, 먼저 주의 나라와 주의 의를 추구하는 즉, 그것을 인생의 목적으로 삼고 살아가는 하나님의 백성을 지어 세우고 아무런 제약이나 제한이 없이 하나님의 영광을 반영하여 드러내게 하시며 하나님의 나라를 확립하셔서 하나님께서 영광을 받으시는 것입니다(사 43:21). "이 백성은 내가 나를 위하여 지었나니 나의 찬송을 부르게 하려 함이니라".

'짓는다'는 말은 무엇인가를 지혜와 심혈을 다해 공교하게 깎아내는 조각가의 사역을 나타내는 말입니다.

그러니까 하나님께서 우리를 사랑하여 그리스도의 속죄 사역을 통해 구속하여 주시고 새 생명 주시고 세상의 모든 것 가운데 역사하시며 이모저모로 이끄시어 세워 가시는 것은 하나님의 백성으로 뚜렷하게 세움 받아 하나님의 영광을 선양하도록 하기 위한 것입니다. 다만 세상사나 자기 욕망에 사로잡혀서 살다가 흙으로 돌아가는 부질없는 인생을 살게 하신 것이 아닙니다.

이와 같이 거룩하고 목적을 가지고 중요한 기능을 하는 기도를 무시하고 특히 하나님과 거룩한 교제와 자신의 경건을 증진시키는 은혜의 방편으로 하나님의 백성으로 세우고 하나님의 나라를 확립하며 하나님의 뜻을 이룩하며 하나님께서 영광을 받으시는 것을 생각지 않고 무엇인가 자기 삶을 불리는 수단으로, 자기 야망을 효과적으로 달성하는 수단으로 기도를 오용한다면 어찌되겠습니까? "우리가 하나님과 함께 일하는 자로서 너희를 권하노니 하나님의 은혜를 헛되이 받지 말라!(고후 6:1)"

돌이켜 보면 기도는 하나님과 교통하는 은혜의 방편으로 주신 것인데 오늘날 기도만큼 남용되고 헛되이 받는 은혜도 없을 것입니다. 그러므로 우리는 우리의 기도 생활을 반성하고 기도에 대하여 다시 생각하고 배워 기도 생활을 새롭게 해야 합니다. "사람이 귀를 돌이키고 율법을 듣지 아니하면 그의 기도도 가증하니라(잠 28:9)."

기도는 또한 하나님께서 일하시도록 자기를 내어드리는 행위입니다. 성령님께서 활동하실 수 있도록 마음을 그의 활동 무대로 내어드리는 것입니다. 하나님의 뜻을 자기 뜻에로 굴절시키려는 것이 아니라 자기를 내어드리고 자기의 변화를 가져와 하나님의 뜻에 맞추어 가는 기도가 되어야 합니다. 하나님을 찾고 그의 뜻을 깨달으며 분별하고 거기에 자기를 헌신해 가는 것입니다.

우리는 주님께서 가르치신 기도 "뜻이 하늘에서 이루어지는 것같이 땅에서도 이루어지이다"고 잘도 외우면서도 나의 삶 속에서 이루어지는 일에는 무관한 것으로 생각할 때가 많습니다.

그러므로 우리의 기도 생활을 돌아보아야 합니다. 우리는 보통 내 생각대로 또는 닥치는 대로 일해 나가다가 무엇인가 문제에 부딪히면 그때에야 임시변통으로 기도합니다. 그때 그때 임시로 당하는 문제를 다급하게 아룁니다. 그러므로 영적인 성숙이 없고 문제에 부딪히면 금방 혼란에 빠지고 맙니다. 우리는 그때 그때 임시변통으로 문제에 부딪혔을 때만 기도할 것이 아니라 인생 전체에 대한 하나님의 가르침과 인류 역사와 개인의 생애에 대한 하나님의 계획과 경륜과 우리에게 향하신 하나님의 뜻을 알기를 힘쓰고 그 가운데서 기도해야 합니다.

다시 성경 본문으로 돌아가 보겠습니다. 그러니까 예수님께서는 불의한 재판관의 비유를 통해서 하나님의 사랑과 선하심과 신실하심을 신뢰하고 하나님께서 마침내 죄악, 불의, 사망의 권세, 모든 문제의 근원인 사탄을 멸하시고 그리스도 안에서 우리를 구속하시기 위해서 행하신 일뿐만 아니라 우리들의 구원의 완성을 가져올 것을 확신하고 비록 자신이 불의와 폭력의 희생이 될지라도 항상 기도하고 낙심한다거나 타락한 세태와 문화에 침륜되지 않도록 자기를 지키고 깨어 있게 하는 기도를 가르치신 것입니다.

특히 재림이 지연되는 것은 치명적이어서 우리들의 믿음이 참인가 아닌가를 시험할 것입니다. 불의와 폭력이 난무하는 것을 보고 자기가 거기에 희생이 되고 악한 사람들이 오히려 잘되는 것을 볼 때 시편 기자와 같은 고민에 빠지고 믿음이 약해지고 시험에 들기가 쉬운 것입니다(시 73).

의인이 고난 당하고 악인이 형통하며 번영하는 이 세상은 자주 진리는 교수대에 불의는 왕좌에 앉습니다. 이러한 역사 현상을 보면서 자칫 욥처럼 "인구 많은 성중에서 사람들이 신음하며 상한 자가 부르짖으나 하나님이 그 불의를 돌아보지 아니하신다(욥 24:12)"고 좌절하기 쉽습니다.

성도들이 털어놓는 고민을 보십시오(시 73). "하나님께서는 마음이 정직한 사람에게 선을 베푸시는 분이건만 나는 그 확신을 잃고 넘어질 뻔했구나. 믿음을 저버리고 미끄러질 뻔했구나. 그것은 내가 거만한 사람을 시샘하고 악인들이 누리는 평안을 부러워했기 때문이다." 이것은 시편 기자의 고민만은 아닙니다. 오늘 우리의 고민이기도 합니다. 역사를 통하여 사회와 정치 현장에서 눈이 시리도록 봐 온 것입니다.

시편 기자는 그가 이렇게 시험에 빠질 뻔한 것은 의인은 고난을 당하고 오히려 사악한 사람들이 잘되는 것을 보고 교만한 사람들과 그들의 형통함을 시샘한 탓이었다고 말합니다. 여기서 '넘어진다'는 말과 '미끄러진다'는 말은 믿음의 길에서 벗어나서 정도에서 탈선하는 것을 말합니다.

수단과 방법을 가리지 않고 인생을 사악하게 살아가는 악인이 잘되고 경건하여 마음이 정직한 사람이 고난을 겪는 일을 볼 때 우리는 하나님의 선하심과 의로우심을 믿지만 그렇지 못한 때도 있습니다. 우리의 확신이 흔들릴 때도 있는 것입니다. 우리는 사악한 사람들이 형통하고 번영하는 것을 보고 시샘하고 갈등에 빠져 고민하게 됩니다.

나중에는 욥의 말처럼 하나님께서 즉각 즉각 인과응보하지 않으셔서 사악한 사람들이 더욱 날뛴다고 불평하고 항의하게 되는 것입니다.

악인들의 마음은 사악함으로 가득 차 있으나 그들의 인생은 행복 그 자체인 것처럼 보여집니다. 불경건하고 사악한 사람들이, 자기 중심성과 자기 주장이 강한 사람들이 번영하고 즐기며 삽니다. 그들이 출세하고 성공합니다.

이러한 성공으로 더욱 자만에 찹니다. 외람된 자신감으로 넘쳐 납니다. "하나님이 어찌 알랴?" 그래서 거칠 것이 없이 사악하게 행하면서도 항상 편하고 재산은 늘어만 갑니다. 그들의 소득은 마음에 계획한 이상으로 넘쳐 납니다. 매사가 그렇습니다. "왜 강도의 장막과 하나님을 멸시하고 요령껏 사는 사람들은 형통하고 평안히 사는데 그래서 하나님까지 손에 넣었다고 하는데 의인은 고난인가?(욥 12:6) 시편 기자는 이것이 이해되지 않았던 것입니다."

그래서 더구나 하나님 앞에서 경건한 것과 곧게 행한 것이 무슨 소용이 있다는 말인가? 하고 자문합니다. "오히려 내게 돌아오는 것은 진종일 괴로움이며 아침마다 징벌이니 … 악인이 형통하는 것은 그렇다 하더라도 왜 경건하고 곧게 사는 사람이 고난을 당하는가? 복은 고사하고라도 고난이 웬 말인가?"

이렇게 경건한 의인이 고난에 처하고 사악한 사람이 형통하며 번영하는 인생사 때문에 사람들은 신앙에 회의가 들기도 하고 무신론자가 되기도 합니다. "선하시고 공의로우시며 전능하신 하나님께서 통치하신다면 이럴 수 있는가?" 그리하여 "에라 모르겠다. 나도 그렇게 살아보자"는 시험에 빠질 수 있는 것입니다. 이렇게 해서 자기를 바라보고 있는 사람들까지도 좌절에 빠져 신앙을 저버리게 하는 어리석음을 범할 수 있는 것입니다.

그런데 시편 기자는 성소에 들어가서야 일의 결국을 깨닫고 일시적으로 의심했던 것을 회개하고 다시 확신에 섭니다. 성소는 하나님의 임재의 장소며 말씀을 보관하는 곳입니다. 하나님을 만나는 곳입니다. 우리도 하나님과의 깊은 기도의 성소에 들어가서 하나님과 거룩한 교통을 가져야 합니다. 하나님의 말씀을 깊이 들어야 합니다. 하나님과 깊은 교제를 가져야 합니다. 기도의 성소에서만이 일의 결국을 깨닫게 되는 것입니다.

다니엘과 세 친구들을 기억해 보십시오. 바벨론과 느브갓네살의 말발굽 아래 모든 나라들이 멸망당하고 자신들도 포로로 끌려가는 그 시대인들의 눈에는 바벨론과 느브갓네살이 세계를 좌우하는 역사의 주권자로 비추어졌을 것입니다. 그러나 다니엘과 세 친구들은 하나님께서 역사의 주권자이심을 믿음으로 행하여 느브갓네살과 바벨론, 그리고 페르샤의 다리우스로 하여금 하나님께서 역사의 주권자이심을 고백하게 만들고 하나님 앞에 무릎을 꿇게 합니다.

이렇게 그들은 하나님께서 역사의 주권자이심을 극명하게 증거하여 드러내었습니다. 그리하여 그들의 믿음으로 사람들은 옳은 대로, 믿음으로 돌아오게 되었던 것입니다. 그래서 그는 하나님의 나라에서 청사에 빛나고 있지 않습니까(12:3)? 우리도 믿음으로 행해야 합니다.

이를 위해서는 그리스도인들은 늘 깨어 있어야 합니다. 늘 기도하고 있어야 합니다. 기도 속에서 깨어 있지 않으면 하나님의 음성을 들을 수 없고 따라서 인내하여 자기의 믿음을 지킬 수 없으며 따라서 낙망, 시험에 빠져 세상 사람들과 같은 삶의 예와 자태에 침륜이 되지 않을 수 없게 되는 것입니다.

구약의 하나님의 백성들도 하나님께서 공의를 이루어 가시는 것을 기다려야 했습니다(시 25:2~3). 신약의 성도들도 마찬가지입니다. 순교자들은 하나님의 심판과 신원해 주심을 기다려야 합니다(계 6:9~11). 재림의 지연은 인간적인 관점에서는 오래 걸리는 것처럼 보이지만 얼마 남지 않았으며 갑작스럽게 재림하셔서 하나님의 비밀은 다 알려지게 될 것입니다(계 10:6~7). 주님은 속히 오셔서 신원해 주실 것입니다(계 22:20).

그동안에 우리는 끊임없이 악의 문제에 부딪히게 됩니다. 역사에 있어서는 선과 악이 동시에 자라가고, 더욱 악이 선을 압도해 버리는 것과 같이 보이는 이러한 상황 가운데서 우리는 우리의 믿음을 지키기 위해서는 끊임없이 기도 가운데 깨어 있어야 합니다. 이러한 기도 생활 가운데서 끈기 있고 참을성 있는 믿음이 나옵니다.

하나님 나라의 비유인 가라지의 비유(마 13:24~30; 36~43)에서 우리 주님께서 가르치시고 있는 대로 알곡과 가라지가 동시에 자라가지만 즉, 역사에 있어서는 선과 악이 동시에 성장해 가지만, 더욱 악이 선을 압도해 버리는 것처럼 보이지만 역사가 끝없이 반복되는 것도, 무의미하게 끝나는 것도 아닙니다. 반드시 가라지를 골라내어 즉, 죄와 악을 청소해 버리는 하나님의 정화에의 심판으로 역사가 종결되는 것입니다. 이러한 역사의 종국에 대한 믿음으로 우리는 살아야 합니다.

이러한 믿음은 끊임없는 기도 가운데서 나옵니다. 그러므로 우리는 "밤낮 부르짖으면서" 예수님의 재림 ~ 하나님께서 우리를 신원해 주시어 죄와 악을 멸하시고 의에 거하는 바 새 하늘과 새 땅을 가져오시며 그의 의로운 통치를 완성하실 날을 기다려야 합니다. 이렇게 각성되어 있어야 "인자가 올 때에 세상에 믿음을 보겠느냐"는 주님의 질문에 "제가 여기 있습니다, 제 믿음을 보십시오"라고 할 수 있을 것입니다.

III. 인자가 올 때 즉, 말세에 두드러지게 나타날 악한 현상들은 무엇입니까(8)?

"인자가 올 때에 세상에 믿음을 보겠느냐?"는 말씀을 감안해 보면 말세는 분명히 핍박도 심하고 악이 더욱 준동하여 적극적으로 선을 배척할 것이기 때문에 믿음을 지키기가 어려울 것입니다. 그러면 말세에 나타날 악한 현상들은 무엇입니까? 우리는 그것을 기억하고 그러한 일이 나타나는 것을 이상하게 생각할 것이 아니고 이제 주님이 오실 신호구나 하고 생각하고 소망 가운데 인내하며 기다려야 할 것입니다.

1) 전무후무한 대환란이 있게 됩니다(마 24:21).

사람들의 타락이 극에 이르면 죄악의 삶에 침륜될 뿐만 아니라 사탄의 지원을 받아 어두움이 빛을 미워하듯 의를 적극적으로 배척하게 됨으로써 무서운 핍박이 있을 것이며 지금까지의 폭력과 무력으로 인간을 몰아가던 것에 더해서 경제와 정보로 인간을 지배하고 몰아가는 시대가 되고(계 13) 전무후무한 자연적인 재난(눅 21:11, 25; 롬 8:22)으로 기근과 흉년, 인간관계가 극도로 비루해져서 강포와 범죄와 무질서가 극에 달할 것입니다(딤후 3:1~5; 유 18; 벧후 3:3 ,4).

그리하여 정치적인 혼란, 세계 상황도 전쟁과 난리로 가득 차고(막 13:7,8; 눅 21:9~11), 가정의 무질서, 공포와 불안의 급증으로 생활의 고갈, 질병과 정신병이 만연하게 될 것이며(마 10:34~36; 24:12; 막 13:12), 악이 꽃이 피어 도덕적인 진공상태에 빠져 인간답게 살기가 극도로 어려워지게 될 것입니다. 양심과 법과 질서의 원칙을 있게 하신 일반 은총을 거두어 버리는 것은 아닌지(살후 2:7) 그래서 유대인들은 메시아 왕국이 완전이 임하기 전에 새로운 세계의 탄생을 위한 메시아의 진통의 시기가 있으리라는 사상을 가지고 있습니다.

2) 유래 없는 대배교가 있게 됩니다(살후 2:3).

이것은 몇몇 사람의 배교가 아니라 바른 기독교의 도리로부터 대단위적으로 떨어져 나갈 것을 말합니다. 현생의 끝없는 쾌락과 쾌적과 편리 추구형 문화와 그것들이 주는 쾌락에 침륜이 되어 그것을 추구, 합리화하기 위해 바른 도리들을 왜곡시킬 것이며 그들의 자기 추구와 취향을 합리화시켜 주고 북돋아 줄 가르침들을 좋아하고 따를 것입니다(딤후 4:3~4).

하나님의 말씀의 깊은 도리와 크신 뜻을 생각지 않고 안심 입명하고 출세와 성공의 길로 종교를 하나 갖는 정도로 적극적인 사고비법으로 마음에 평안과 환희와 행복감과 안도를 얻으며 전체 삶은 재주껏 마음대로 살면서 이따금씩 자선 행하여 천국에 가려고 하는 종교적 공리주의와 이기주의를 가지고 사는 사람들은 구약 이스라엘이 빠졌던 배교에 빠지기 쉬운 것입니다.

기독교를 자기 추구형 종교로 믿는 사람들은 경건하게 살려고 하면 많은 것을 포기해야 되고 사탄의 지원을 받는 죄악의 세력의 적극적인 배척과 핍박도 받게 되며, 다시 말하면 복 대신에 환난이니 수가 틀려 진리에서 떨어져 나가게 되는 것입니다. 이때 적그리스도가 출현, 인본주의적인 처방과 길을 제시하면 진리를 버리고 그것을 따르고 하나님께 대한 인간의 반역은 극에 이를 것입니다(살후 2:1~12).

3) 적그리스도가 출현합니다(마 24:23~28; 살후 2:1~12; 요일 2:18 ~22; 4:1~6).

적그리스도는 불법의 사람, 멸망의 아들 또는 대적하는 사람으로 기독론을 변경시켜 예수님께서 그리스도이심을 부인하는 자며 육체로 오신 성육신하심을 부정하며 대환란과 대배교에 발맞춰 자신이 메시아 곧 구원을 줄 수 있고 또 인류의 소망이라고 하며 마침내는 자신을 예배의 대상으로 숭배케 하며 그렇게 하도록 엄청난 기적과 능력을 과시할 것입니다(계 13:11~18).

역사에는 사탄의 지원을 받아 하나님을 반역하고 의인들을 핍박하는 죄악의 세력이 항상 있어 개인이나 국가나 문화 등으로 형상화되어 메시아적인 행세를 해왔으나(예를 들면 자신들을 신으로 숭배하게 강제하고 그것을 거부했던 그리스도인들에게 큰 핍박을 가했던 로마의 황제 숭배처럼) 종국에는 사탄이 자기의 때가 얼마 남지 않은 것을 알고 가장 무섭게 악랄하고 발악적으로 나타날 것입니다. 무력과 폭력에 경제와 정보가 더해져서 엄청난 권세를 휘두르고 무섭게 세계 지배를 하고 인간을 채찍질해 갈 것입니다(계 13).

4) 영적인 각성이 극도로 둔해질 것입니다(마 24:29~31; 눅 17:26~30).

노아와 롯의 때처럼 앞으로 될텐데 노아의 시대는 하나님의 아들들 즉, 셋의 경건한 후손들이 하나님의 길을 떠나 자기의 기호와 취향대로 결혼하고 네피림의 문화를 이루어 죄악이 관영하고 강포와 폭력의 원리로 사는 시대였습니다.

그리고 노아가 방주를 바닷가가 아니라 산 위에 그것도 오랫 동안을 만들었으니 그것의 의미에 대해 얼마나 많은 의문과 그에 따른 해명 즉, 하나님의 심판이 있을 것이니 회개하고 돌아오라는 경고가 주어졌겠으나 그것을 믿지 않고 영적인 각성이 없이 합당한 반응인 회개를 하지 않고 세상사에 취생몽사가 되어 살았던 것입니다.

롯의 때도 사람들이 부요하게 살면서 재물에 대한 끝없는 애착심과 세상사와 쾌락에 취생몽사가 되고 성적으로 도착되어 눈을 멀게 하는 무서운 징계가 내렸는데도 깨닫지 못하고 천사들을 상관하려고 문을 찾기에 곤비하였다고 합니다. 심판이 있다는 경고를 듣고도 농담으로 여기기까지 했습니다(창 6~8; 18~19).

마지막 때에도 죄악의 밤이 깊어 새벽이 가까왔다는 징조들이 보이는데도 죄악 세상에 취생몽사 되어 무감각상태로 자면서 영적인 일에는 무관심하고 진화론적인 사상에 매여 정화에의 심판이 반드시 있을 것을 생각 못하고 진보로 역사가 끝없이 반복될 것이라는 생각을 갖고 끝없는 쾌락, 편리추구형 문화에서 빠져 헤어나지 못하게 될 것입니다.

그리고 주님의 말씀대로 "인자가 올 때에 세상에 믿음을 보겠느냐"라고 했습니다. 즉, 자기들의 믿음을 지킬 사람들을 보기가 힘들어질 것입니다.

결 론

이제 불의한 재판관의 비유의 뜻은 명백해졌습니다. 예수님께서는 이러한 것들을 내다보시고 그러한 삶의 자태에 빠져 침륜되지 않도록 그 방편으로 항상 기도 속에서 깨어 있을 것을 가르치신 것입니다. 예수님께서는 17:20∼37에서와 같은 현상들이 제자들의 시대는 물론 말세에도 나타날 텐데 그때 성도들은 어떻게 해야 자기를 지킬 수 있는가를 가르쳐 주신 것입니다.

다시 말하면 도도하게 흐르는 타락의 물결에 휩쓸리지 않고 자기와 믿음을 어떻게 하면 지킬 수 있느냐를 가르치신 것입니다. 그리스도인들은 그들의 선하시고 의로우신 하나님께 기도할 수 있는 특권이 있습니다. 그러므로 그리스도인들은 쉬지 않고 기도해야 합니다. 늘 깨어 있어야 합니다. 늘 기도하며 있어야 합니다. 하나님과 깊은 교통 가운데 그의 음성을 듣는 시간을 쉬지 않고 가져야 합니다. 이렇게 기도 속에 깨어 있지 않고 각성되어 있지 않은 상태에서는 인내하여 자기의 믿음을 지키지 못하고 따라서 종말론적인 현상을 볼 때 낙망하고 시험에 빠져 위에서 언급한 세상 사람들과 같은 삶의 자태에 빠지지 않을 수 없게 되는 것입니다. 좌절하거나 세상 사람들의 예를 따라가지 않을 수 없게 되는 것입니다.

그러나 항상 기도한다는 것은 식음과 일을 전폐하고 앉아 있으라는 것이 아니고 항상 하나님께 마음을 열어 놓고 그와 교통하며 그의 음성을 듣고 그의 가르침과 승인과 인도를 받아 살아야겠다는 것입니다. 또한 돈이나 젊음을 오용하면 행복 대신에 자기 파멸을 가져오는 것과 마찬가지로 기도도 적극적인 사고비법식으로 하나님의 능력도 자기들의 야망을 달성하는 데에 이용할 수 있는 어떤 것으로 생각하여 기도를 하나님을 끌어다쓰는 수단으로 오용하게 되면 심각한 영적인 위기에 처하게 되는 것입니다.

그러므로 오늘날 철야기도, 금식기도, 40일 작정기도, 등 무슨 기도회는 많고 기도운동도 벌이는 등 하지만 모양내는 데에 그치고 오히려 욕심과 야망으로 넘쳐 납니다. 그리하여 이웃을 사랑하여 자기를 내어 주고 섬기는 참된 제자도와는 거리가 먼 삶을 살고 거룩한 열매는 없는 것입니다. 이것은 거룩한 은혜의 방도로 주신 그 거룩한 목적과 기능을 잘못 인식하고 기도를 오용하기 때문인 것입니다.

그러므로 우리는 우리 자신을 내어 드리는 기도 생활, 나를 변화시켜 하나님의 뜻에 맞추는 기도 생활을 해야 할 것입니다.

그리고 기도하려고 앉으면 몇 분도 못 되어 일어나 버리는 영적인 메마름 가운데 기도 생활을 해서는 안 되겠습니다. 기도는 하나님께 예배와 그와의 거룩한 교제로서 가장 숭고한 영적인 활동입니다. 그러므로 기도는 그리스도인의 삶의 으뜸과 중심이 되어야 합니다. 기도는 필수적이고 근본적인 부분입니다. 성경공부나 예배를 마감하는 데 쓰이는 요식행위나 부수적인 것이 결코 아닙니다.

예수님의 생애에서도 그것은 사실입니다. 그는 하나님이셨지만 사역을 중단하시고 기도하시려 한적한 곳을 찾으셨고(눅 5:16; 마 14:23) 밤을 세우면서도 기도하셨으며(눅 6:12) 아버지와 함께 영광 중에 선재하셨기 때문에 그의 뜻을 잘 알고 계셨으나 아버지와 기도를 통해 항상 긴밀한 친교를 가지셨습니다. 그래서 아버지의 뜻을 벗어나신 적이 없으셨고 따라서 확신을 갖고 하나님의 뜻을 행하셨으며 하나님의 계시의 총화이셨습니다(요 3:32; 5:17~19, 30; 8:29; 11:41, 42; 마 26:36~46).

그러므로 우리는 마땅히 기도에 힘써야 할 것이며 시간을 따로 떼어 두고 시간을 정하여 기도해야 하며 쉬지 말고 기도해야 할 것입니다. 또한 하나님과 거룩한 교통의 방편임을 알고 그 앞에서 자신을 삼가고 서야 할 것입니다(전 5:1~3). 기도는 또한 말보다 깊은 것으로 말로 나타나기 전에 영혼 속에 이미 있습니다. 기도를 통해서 하나님의 임재 앞에서 하나님 중심의 삶을 살아야 합니다. 우리는 "밤낮 부르짖고" 있으면서 예수님의 재림의 날 즉, 하나님께서 우리를 신원해 주시어 죄와 악을 멸하시고 의에 거하는 바 새 하늘과 새 땅을 가져오시며 그의 의로운 통치를 완성하실 날을 기다려야 합니다.

참고문헌

김홍전, 신앙의 도리

Bauer, Walter. A Greek ~ English Lexicon of the New Testament and Other Early Christian Literature

Beaseley Murray, G. Jesus and the Kingdom of God

Berkhof, Luise. Systematic Theology

Botterweck, G. J. and H. Ringgren, eds. Theological Dictionary of the Old Testament 6 vols.

Bromiley, G. W., gen. ed. International Standard Bible Encyclopedia 4 vols.

Brown, Colin, ed. Dictionary of New Testament Theology. 3 vols.

Brown, Francis. Hebrew and English Lexicon of the Old Testament

Bruce, F. F., gen. ed. The New International Commentary on the New Testament

_________________. God' s Kingdom and Church

Bullinger, E. W. Figures of Speech Used in the Bible

Carson, D. A. The Sermon on the Mount

Douglas, J. D. org. ed. New Bible Dictionary

Dumbrell, W. J. Covenant and Creation

Eichrodt, Walther. Theology of the Old Testament 2 vols.

Elwell, Walter A., ed. Evangelical Dictionary of Theology

France, R. T. Tyndale NT~Commentary ~ Matthew

Freedman, David Noel, ed. in chief. The Anchor Bible Dictionary 6 vols.

Gaebelein, F. E. gen. ed. The Expositor' s Bible Commentary 12 vols.

Gaffin, Richard B. Jr. ed. Redemptive History and Biblical Interpretation, The Shorter Writings of Geerdus Vos.

GNT, The Greek New Testament

Goppelt, Leonhard. Theology of the New Testament 2 vols.

Guthrie, Donald. New Testament Introduction

Hallesby, O. Prayer

Harris, R. Laird, ed. Theological Wordbook of the Old Testament 2 vols.

Harrison, R. K. gen. ed. The New International Commentary on the Old Testament

Harrison, R. K. Introduction to the Old Testament

Hubbard, David A., Glenn W. Barker, gen. eds. Word Biblical Commentary
Jeremias, Joachim. New Testament Theology

____. The Prayer of Jesus

Kaiser, Walter C. Jr. Toward Old Testament Theology

Kittel, Gerhard and Gerhard Friedrich, eds. Theological Dictionary of the New Testament 10 vols.

Kuzmic, Peter. The Church and the Kingdom of God

Ladd, G. E. A Theology of the New Testament

__________. The Gospel of the Kingdom

__________. The Presence of the future

Lane, Dennis, God' s Powerful weapon

Lloyd Jones, D. M. Studies in the Sermon on the Mount

Marshall, I. Howard. Tyndale New Testament Commentaries ∼ ACTS

_________________. New International Greek Testament Commentary ∼ Luke

Martens, E. A. God' s Design

McComiskey, T. E. The Covenants of Promise

Metzger, Bruce M. A Textual Commentary on the Greek New Testament

Murray, John. The Epistle to the Romans : The New International
Commentary.

Packer, J. I. I want to be a Christian

Pink, Arthur W. An Exposition of the Sermon on the Mount

Plummer, Alfred. An Exegetical Commentary on the Gospel according to
St. Matthew

Pritchard, J. B. ed. Ancient Near Eastern Texts relating to the Old
Testament

Ridderbos, Hermann. The Coming of the Kingdom

Robertson, O. Palmer. The Christ of the Covenant

Snyder, Howard A. The Community of the King

Vos, Geerhardus. Biblical Theology

________________. The Kingdom of God and the Church

________________. The Pauline Eschatology

________________. The Self~disclosure of Jesus